DAAT ACADEMY 총서 9

정지(正知)와 정행(正行)

그리스도교의 영성이란 무엇인가

남택률 목사 정년 은퇴를 기념하며

✠
이 책
《그리스도교의 영성이란 무엇인가》는
KR컨설팅(대표: 이강락)의 재정 지원으로 출간되었습니다.

DAAT ACADEMY 총서 9

그리스도교의 영성이란 무엇인가

남택률 목사 정년 은퇴를 기념하며

남택률 김종헌 이준섭 전준범 조한상 유해룡 강성열

참된 영성의 확립을 위하여

강성열 교수(다아트 아카데미 원장)

하나님의 말씀을 바르게 알고(正知) 바르게 실천(正行)함을 뜻하는 히브리어 '다아트'(호 4:6, "지식")를 목표로 하여 설립된 다아트 아카데미가 벌써 아홉 번째 학기를 주님 은혜 가운데 잘 마쳤습니다. 2021년 초부터 시작했으니 햇수로 따지면 지금 진행 중인 학기를 마칠 경우 5년째의 하반기를 넘어서는 셈입니다. 하나님의 은혜가 아닐 수 없습니다. 처음에 시작할 때만 해도 얼마나 갈 수 있으려나 생각했는데, 다아트의 삶에 관심을 가진 사람들이 꾸준히 자기 자리를 지키다 보니, 다아트 아카데미 총서를 여덟 번째 권까지 출간하게 되었고, 이제 이렇게 아홉 번째 총서의 발간을 앞두고 있으니 얼마나 감사한 일인지요!

주님 은혜에 감사하는 마음으로, 그동안 지나왔던 길을 다시금 돌이켜 봅니다. 첫 학기(2021-1학기)에 우리는 인간의 마음이야말로 신앙생활의 핵심이요, 생활신앙의 요체라는 인식을 바탕으로 하여, 마음에서 길을 찾도록 돕는 여러 강사들의 강의를 들었으며("마음에서 길을 찾다"), 두 번째 학기(2021-2학기)에는 마음 다스림의 영성이 마음과 영의 차원을 넘어 몸으로 실천하는 차원으로 나아가지 않으면 안 된다는 가르침에 주목하고자 했습니다("몸살이 영성으로의 초대"). 그리고 세 번째 학기(2022-1학기)와 네 번째 학기(2022-2학기)에는 그리스도 안에서 내가 죽고 주님이 사는 신앙이 중요한 것임을 성찰함과 아울러("사즉생의 신앙: 죽음에서 생명으로"), 그러한 사즉생의 신앙이 하나님 나라 공동체 안에서 이루어질 때 비로소 온전해질 수 있다는 깨달음을 얻고자 했습니다("함께 배우는 하나님의 나라").

이어지는 다섯 번째 학기(2023-1학기)와 여섯 번째 학기(2023-2학기)에는 우리가 믿는 하나님이 누구이며("당신은 누구십니까?: 하나님 바로 알기") 그를 신앙의 대상으로 하여 살아가는 인간이 어떤 존재인지("나는 누구인가?: 올바른 인간 이해")를 폭넓게 공부하고자 했습니다. 그러다가 위기에 직면한 한국교회의 현실 앞에서 우리가 할 일이 무엇인지를 찾아야 하지 않겠느냐는 반성이 일면서, 지금의 한국교회가 절망적인 위기의 길을 치닫고 있지만, 그래도 여전히 교회 안에 희망이 있음을 놓쳐서는 안 된다는 절박감이 우리 모두에게 있었기에, 일곱 번째 학기인 2024-1학기에는 "그래도 교회가 희망이다"를 총괄 주제로 하여 다섯 차례의 세미나를 진행하였습니다.

그리고 여덟 번째 학기(2024-2학기)에는 "하나님의 마음을 담다: 마음 치유의 길"이라는 총괄 주제를 가지고서 다섯 차례의 세미나를 진행하였습니다. 마음이 지정의(知情意)가 자리한 곳으로 사람의 중심을 이루고 있음에도 불구하고, 오늘 우리 시대에 마음의 상처를 안고 살아가는 사람이 적지 않은 것 같기에, 하나님의 마음을 담아 우리의 상처 입은 마음을 치유하고자 하는 의도에서였습니다.

이어서 아홉 번째 학기인 2025-1학기에는 "그리스도의 영성이란 무엇인가?"라는 총괄 주제를 중심으로 하여 다섯 차례에 걸쳐 세미나를 진행하였습니다. 2025-1학기의 다섯 차례 세미나에서 강의해 주신 분들께 깊은 감사를 드리며, 그 원고들을 모은 이 책이 이 땅을 살아가는 그리스도인들에게 참된 영성의 본질이 무엇인지를 올바로 통찰하게 해 주고, 성경이 가르치는 영성 회복의 길이 무엇인지를 바르게 통찰하도록 돕는 귀한 열매가 되기를 바라는 마음 간절합니다.

아울러 다아트 아카데미를 위해 기도해 주시고 다양한 방식으로 후원해 주시는 모든 분들에게도 동일한 감사를 드립니다. 이들의 열심과 기도와 후원이 없었다면, 다아트 아카데미가 지금 진행하고 있는 열 번째 학기까지 순탄하게 달려오지 못했을 것입니다. 그리고 몇 년 전부터 다아트 아카데미 총서의 출간을 재정적으로 지원해 주신 KR컨설팅(대표: 이강락)과 다아트 아카데미 총서를 제1권부터 지금의 제9권까지 꾸준히 출간해 주신 한들출판사의 정덕주 사장님께도 깊은 감사를 드립니다. 이 책을 만나는 모든 분들이 하나님과 이웃, 그리고 창조 세계 전체와의 유기적인 관계 속에서 올바른 그리스도교의 영성을 회복하는 복된 삶을 누리시기를 간절히 기도하며, 모든 영광을 주님께 돌리고자 합니다.

2025년 9월 22일
강성열 삼가 씀

차례

"길 위에서 길을 묻다"

■ Interviewee: 남택률 목사
■ Interviewer: 강성열, 강재익, 김종헌, 최미숙 목사
　　　　　　(다아트 아카데미 원장 및 이사)

■ 주제 설명 : **"길 위에서 길을 묻다"**

사람은 '길 위에 있는 존재'이다. 그리스도인에게 길은 '부르심의 자리'이다. 그래서 길을 걷는다는 것은 기도이며 묵상이다. 그런데 예수 그리스도가 참된 길이요 진리이다. 그러므로 우리는 그리스도의 길 위에서 묻고 답할 것이다. 특별히 그리스도의 은혜로 더 많은 길을 경험한 '남택률 목사'에게 그 길을 묻고 들을 것이다.

김종헌: 안녕하세요! 오늘 사회를 맡은 로고스문화교회 김종헌 목사입니다. 사람을 길 위에 있는 존재라고 합니다. 그런데 그리스도인에게 길은 '부르심의 자리'입니다. 저희는 오늘 부르심의 자리에서 맡겨주신 사명을 다하고, 은퇴를 앞둔 유일교회 남택률 목사님과 함께 '길 위의 인생'에 관한 말씀을 나누고자 합니다. 특별히 예수님께서는 "나는 길이요 진리"라고 말씀하셨습니다.

목사님은 우리보다 먼저 부르심의 길 위에서 사명을 감당하셨습니다. 하나님이 주신 목사님의 지혜를 저희가 묻고, 목사님의 답변을 듣고자 합니다. 먼저 강성열 교수님께서 질문해 주시기 바랍니다.

1. 회고와 성찰

강성열: 사도 바울은 다메섹으로 가는 길 위에서 부활하신 예수님을 만났습니다. 목사님의 소명의 자리는 어디이며, 언제인가요? 그리고 신학을 공부하게 된 계기가 무엇인가요?

남택률: 저도 주님과 실존적이고 인격적인 만남이 있었습니다. 그런데 저는 성경을 읽고 묵상하면서 주님을 만납니다. 저는 꽤 이성적이고 합리적인 사람입니다. 그러나 하늘이 땅보다 높은 것 같이 내 생각보다 훨씬 높으신 주님 앞에 늘 굴복당합니다.

> "또한 만일 네 오른손이 너로 실족하게 하거든 찍어 내버리라. 네 백체 중 하나가 없어지고 온몸이 지옥에 던져지지 않는 것이 유익하니라"(마 5:30)

주님의 이 말씀은 구원받은 나에게 소명을 갖게 된 동기를 주신 말씀입니다. 여러분도 알다시피 저는 한쪽 팔을 쓰지 못합니다. 과거 제가 사고로 한쪽 팔을 잃고서 절망하고 있을 때, 주님의 이 말씀이 섬광처럼 제 마음을 쳤습니다. 한쪽 팔을 잃은 상태로 천국 가는 게, 건강한 몸으로 지옥 가는 것보다 유익하다는 주님의 음성을 들렸습니다. 곧 이 말씀이 내 인생을 요동치게 했습니다.

그러나 신학교를 가야겠다고는 곧바로 생각하지 못했습니다. 목사로의 부르심은 애매하게 출발했습니다. 사실 저는 법조인이 되고 싶었습니다. 그러나 그 꿈이 좌절되고 5년의 공백 후에 신학교를 찾게 되었습니다. 저는 신학을 공부하면서 하나님을 더 선명하게 만났습니다.

내가 신학을 공부하던 시절은 군부독재 정치가 백성을 억압하던 때이고 정치적으로 광주는 고립되고 소외되어 있었습니다. 이같은 시대적 상황은 구원의 문제에 관심을 갖게 했습니다. 제가 신학을 막 공부할 때, '개인 구원'과 '사회 구원'이 서로 대립하고 있었습니다. 오늘날에 보면 서로 충돌되지 않는데, 당시 저의 좁은 신학적 지식으로는 큰 고민이었습니다.

당시 전체 분위기는 '사회 구조'가 바뀌어야 살기 좋은 세상을 만들 수 있다고 생각했습니다. 그래서 목회자도 설교만 하고 있어선 안 되고 사회 정치에 참여해서 싸워야 한다고 생각했습니다. 가령, 독일의 본회퍼처럼 적극적인 사회 참여를 해야 한다고 생각했습니다. 그래서 저는 안병무 계열의 '민중신학'이나, 꾸티에레즈의 '해방신학' 등에 심취하기도 했습니다. 그리고 당시 선배들이 분도출판사의 책은 무조건 읽으라고 해서 아직도 내 서재에는 그 책들이 많이 꽂혀 있습니다.

어찌 보면, 그 당시 나의 신앙과 믿음은 혼란기였습니다. 삶과 죽음의 실존적인 아픔을 가지고 있던 저에게 신학의 정립이 절실한 과제였습니다. 그때 저에게 내게 잊을 수 없는 한 권의 책이 있습니다. 존 브라이트 책의 『하나님의 나라』입니다. 저는 이 책을 통해서 하나님의 주관과 통치가 임하는 하나님 나라에 대해 알게 되었습니다. 그리고 영향을 준 분을 꼽자면, 영국의 복음주의 설교가 마틴 로이드 존슨과 C. S. 루이스입니다.

제가 젊은 날에는 사회변혁에 관심이 많았다면, 은퇴를 앞둔 오늘의 저는 사회의 변혁보다는 제 자신의 변화와 성숙이 더 중요하게 여겨집니다. 곧 내가 변화되지 않는 한 세상은 희망이 없습니다. 이제 우리의 비판과 성찰이 각 자신에게 집중할 시기입니다. 오늘의 한국교회가 시선을 내부로 돌려야 한다고 생각합니다.

강재익: 목사님, 저는 광주에서 목회를 시작했는데요, 목사님의 첫 사역지는 어디였나요? 그리고 그곳에서 기억에 남은 일들이 있으면 말씀해 주세요?

남택률: 저는 1980년대 초에 결혼한 후, 어려운 농촌 교회에서 목회를 시작했습니다. 당시 목회자가 부임하면, 교회는 언제나 목회자의 사례비를 정하고 모십니다. 지금도 생각하면 잊을 수 없는 이야기가 있습니다. 교회에 부임한 첫날 교인 대표가 사례비를 들고 찾아와 내게 들려준 말을 지금도 잊지 못합니다.

당시 저에게 가져온 사례비는 '월 4만 원'에 '쌀 한 말'과 '보리쌀 한 되'였습니다. 그런데 사례비를 결정하는 과정에서 교인들이 긴 회의를 했다고들 합니다. 그 내용인즉 쌀 한 말과 보리쌀 한 되를 고봉으로 줄 것인가? 깎끼로 줄 것인가? 로 생각이 나누어져 투표했는데, 그분의 표현대로 말하자면 '고봉 파'가 '깎끼 파'에게 졌다는 것입니다. 그래서 쌀과 보리쌀을 깎끼로 가져오게 되어 죄송하다고 했습니다. 되에 곡식을 담을 때 가득가득 수북하게 담으면 '고봉', 그걸 딱 부러지게 깎으면 '깨끼'라고 불렀습니다. 그리고 이어서 내게 들려준 말은 "전도사님! 우리 교인들이 잘살게 되면 꼭 쌀을 고봉으로 드리겠습니다"라고 말했습니다.

저는 그날부터 교인들이 부자 되기를 기도했습니다. "하나님! 우리 교인들 잘 살게 해 주세요! 그리고 교회 부흥되게 해 주세요. 그래서 저도 고봉으로 쌀밥 먹게 해 주세요!" 교회가 부흥되고 쌀독에서 인심 난다고, 나는 정말 고봉으로 받은 쌀로 밥을 먹었습니다. 그리고 걷은 성미가 남으면 몇 주 동안 모아 어려운 이웃들을 섬기고 나눴던 일들이 지금도 생생합니다.

그 이후로 저는 언제나 '고봉 목회'를 생각합니다. 더 이상 올릴 수 없을 만큼 높이 쌓아 올려 나누는 목회를 꿈꾸었습니다. 그때의 일이 계기가 되어, 지금 '마을 목회'의 동기가 되었습니다.

2. '여기 지금의 신학'과 교회론

최미숙: 광주에서 개척은 어느 곳에서 시작하셨는지요? 개척하면서 가장 힘들었던 일이 있으신가요? 그리고 교회의 이름을 유일교회라 하신 이유가 궁금합니다.

남택률: 솔직히 고백하자면, 저를 청빙해 주는 교회가 없었습니다. 그래서 광주에서 개척하게 되었고, 그 교회가 '광주유일교회'입니다. 저는 사고로 왼쪽 팔을 사용하지 못합니다. 장애가 있는 목사를 교회가 원하

지 않았습니다. 광주에서 가족만 갖고, 교회를 시작했습니다. 광야에 십자가를 꽂고 하늘만 보고 시작한 교회입니다. 교인들도 모두 길 가다 만나거나, 하나님께서 불쌍히 여겨서 보내주신 분들입니다.

그런데 40년이 지난 지금 꽤 건강한 교회로 발전하여 지역과 사회에 작은 날개 짓이라도 할 수 있다는 게 얼마나 감사한 일인지 모릅니다. 개인의 실존과 아픔이 승화되어 작은 씨가 큰 나무로 자라는 하나님 나라를 체득하며 지금 여기까지 왔습니다. 돌이켜 보면, 은혜로 40년이 지나왔습니다. 이제 보답의 날개를 펴기 시작했습니다. 보답의 40년을 캐치프레이즈로 새로운 역사를 기록해 가고 있습니다. 복의 통로로, 소통의 파이프 역할을 하는 험한 세상의 다리가 되고 싶습니다.

"유일교회"란 이름은 이스라엘의 쉐마에서 가져왔습니다.

"이스라엘아 들으라. 우리 하나님 여호와는 오직 유일한 여호와이시니 너는 마음을 다하고 뜻을 다하고 힘을 다하여 네 하나님 여호와를 사랑하라"(신 6:4-5).

김종헌: 듣는 저희에게는 은혜롭고 교훈의 말씀이네요. 제가 궁금한 것은 목사님의 목회 철학입니다. 가령, 옥한흠 목사님의 「사랑의교회」 하면, '제자훈련'이 떠오릅니다. 그리고 하용조 목사님의 「온누리교회」 하면, '선교와 문화'가 떠오릅니다. 하나님께서 목사님께 주신 교회론 혹은 교회의 비전은 무엇이었나요?

남택률: 저는 매일 욱신욱신한 통증으로 하루를 시작합니다. 그 통증

은 하루 종일 사라지지 않습니다. 21세의 젊은 나이에 사고로 한쪽 팔의 장애를 입은 저에게는 거창한 교회론은 없었습니다. 저에게 중요한 것은 하루하루를 믿음으로 견디는 것이었습니다. 통증이 극도로 심할 때는 병원에서 처방한 진통제를 복용하며 견디어 내야 했습니다. 그런데 진통제를 복용해도, 통증이 가라앉지 않을 때도 있습니다.

그런 저에게는 '오늘 여기의 신학'이 중요했습니다. 곧 고통의 현장에 몸부림치는 "여기 지금의 신학(The here and now theology)"입니다. 통증과 함께 살아가는 저에게는 여기 지금이 무엇보다 중요했습니다. 제가 생각한 천국은 멀리 있는 관념의 세계가 아닙니다. "천국은 지긋지긋한 세상을 벗어나고 도피한 피안의 세계가 아닌, here and now," 여기 지금의 삶이 행복한 천국이어야 합니다. 우리는 지금 여기서 하나님의 나라를 경험하며 살아가야 합니다.

저는 성경을 세 단어로 요약합니다. "창조"- "타락"- "구속"입니다. 하나님은 보시기에 좋은 세상을 만드셨습니다. 그러나 인간이 좋은 세상을 망가뜨렸습니다. 곧 인간의 타락입니다. 예수님이 오신 것은 원상복구를 위해서입니다. 원래 상태의 회복입니다. 저는 구원을 장소적 개념보다, 통치의 개념으로 이해하고 있습니다.

일반적으로 국가의 구성요소를 주권, 백성, 땅이라고 합니다. 하나님 나라도 마찬가지입니다. 땅이 있고 백성이 있고 통치하는 왕이 있어야 합니다. 그러나 왕의 통치에는 반드시 회개가 전제되어야 합니다. "회개"는 도덕이나 윤리적인 차원이 아닙니다. 저는 이 말을 아주 쉽게 정치적 용어로 설명합니다. 북한의 김정은 체제에서 남한 정부로 귀화하는 것이 바로 '회개'입니다. 회개에 회색지대란 없습니다. 회개는 이념과 체제를 전환하는 것입니다.

하나님의 교회는 이념을 전향한 자들의 모임입니다. 물론 현실 교회 속에 하나님의 나라가 완성되지는 않았습니다. 그래서 신학적으로 '이미 그러나 아직(already but not yet)'이란 표현을 씁니다. 하나님의 나라 완성은 예수님의 재림 때 이루어집니다. 그러나 저는 목사로서 하나님의 나라를 이루어가는 교회 공동체를 꿈꾸며 살아왔습니다. 물론 우리가 사도행전의 교회를 이루지 못하고는 있지만, 마을 가운데서 하나님의 나라를 이루어가는 데 중점을 두고 있습니다. 이것이 바로 저희 유일교회의 정체성이며 교회론입니다.

저의 '여기 지금의 신학'은 '마을 목회'로 연결됩니다. 마을 가운데 하나님의 나라를 이루어가는 유일 교회입니다. 저의 마을목회는 신자와 불신자를 가리지 않습니다. 비록 그들이 아직은 하나님을 믿지 않지만, 그들도 익명의 그리스도인입니다. 그러므로 우리의 섬김을 통해서 그들도 하나님 나라의 공동체가 될 수 있습니다. 그런 은혜가 임하도록 저의 교회는 지역을 섬기는 것을 가장 큰 사명으로 여기고 있습니다.

제가 사는 마을에는 협치 마을 23개 단체가 있습니다. 그중에 제가 '에코 문화 예술위원회'는 위원장을 맡고 있습니다. '에코(eco)'라는 말은 첫째는 생태계 보존을 위한 것이고 둘째는 소통을 위한 것입니다. 소통을 위해서는 교회가 절대로 문턱이 높아선 안 됩니다. 그래서 저는 주민들을 만날 때, 우리 교인을 만난 것처럼 행동합니다. 동네가 어떤 일을 요구해도 한 번도 거절 해 본 적이 없습니다. '여기 지금'은 동네에서도 똑같이 적용됩니다.

3. 나의 연약함이 은혜로

강성열: 사람은 누구나 부족한 점들이 있습니다. 사도 바울은 몸의 가시가 겸손과 은혜의 삶을 살게 했다면, 목사님의 한쪽 팔의 불편함이 주신 은혜가 무엇인지 듣고 싶습니다.

남택률: 사도 바울이 가시 문제로 올린 기도는 하나님의 "내 은혜가 네게 족하다"라는 말씀 이후에 더는 기도하지 않았습니다. 그러나 저는 달랐습니다. 바울은 거절을 응답으로 받았지만, 저는 지금도 기도하고 있습니다. 예수님은 수많은 병자들을 치유하셨습니다. 그 치유의 하나님이 언젠가는 들어주실 것을 믿고 기도를 포기하지 않고 있습니다.

그런데 제가 겪고 있는 통증은 제 삶의 신학이 되었습니다. 저는 매일 통증을 느끼면서 고통당한 자의 아픔이 어떠한지를 생생하게 경험하고 있습니다. 심한 통증 속에서 죽음을 경험하고 통증의 멈춤 속에서 부활을 다시 경험합니다. 저는 매일 죽음과 부활을 경험하며 삽니다. 그러나 통증은 하나님과 저와의 관계이며 소통방식이 되고 있습니다.

하나님께서 한쪽 팔의 불편함을 통해서 주신 첫 번째 은혜는 내가 얼마나 무가치한 존재임을 깨닫게 하셨습니다. 솔직히 한쪽 팔을 잃은 내가 세상에서 할 수 있는 일은 아무것도 없었습니다. 목회라도 할 수 있었음은 성도들을 통해 보내준 연민의 정과 긍휼히 여기는 마음들입니다. 지금도 나를 긍휼히 여기시는 주님의 전적 은혜가 내 삶의 근간이 되고 있습니다.

둘째는 통증을 통해서 상대의 아픔을 더 깊이 이해할 수 있게 되었습니다. 나는 상대의 아픔을 누구보다 잘 체득합니다. 육체적으로나 마음으로 질릴 만큼 아파봤기 때문입니다. 그래서 저는 진짜 아픔을 누구보다 잘 헤아립니다. 아픈 것은 다 소리가 난다는 시구처럼, 은혜롭게도 나는 아픈 소리를 잘 듣습니다.

강재익: 목사님 말씀을 듣다 보니 눈물도 나고 통증이 주신 하나님의 은혜가 얼마나 큰지를 알 수 있습니다. 그런데 목사님, 은퇴를 앞두고 가장 기쁜 일과 가장 아쉬운 일이 있다면 무엇인가요?

남택률: 감사하게도 저는 개척 40년을 완주했습니다. 마라톤으로 말하면 42.195km를 달렸고, 이제 '메인 스타디움'이 보이는 곳까지 왔습니다. 이제 마지막 숨이 턱에 찰 만큼 달려야 된다고 봅니다. 저는 일의 성공과 실패를 나누어 생각해 본 적이 없습니다. 그저 매일 최선을 다해 일하면 되고, 주님 앞에 부끄러움이 없이 살면 된다고 생각합니다. 그래서 은퇴 전후로 나의 사역을 구분 짓고 싶지 않습니다. 또 내게 주어진 소명과 삶에 충실하게 달려가면 된다고 보기 때문입니다.

그래서 특별히 아쉬웠던 일도 없고, 그렇다고 아주 기뻤다고 말할 것도 없습니다. 전도서 말씀처럼 하나님은 형통한 날을 주시고, 동시에 곤고한 날도 주시지 않습니까? 그래서 저는 과거를 셈하는 것보다 오늘 지금 여기의 삶을 더 소중하게 여깁니다. 곧 우리의 믿음이 늘 현재형이어야 하는 것처럼 말입니다. 은퇴 후의 제 삶도 마찬가지일 것입니다. 곤고한 날에도 슬퍼하지 않고, 기쁜 날에도 교만하지 않은 삶을 살아갈 것입니다.

4. 신앙의 아포리아: 믿음, 신정론, 구원 그리고 천국과 지옥

김종헌: 목사님, 우리가 신앙생활을 하다 보면, 도저히 길이 보이지 않는 '아포리아(難問)'에 직면할 때가 있습니다. 목사님은 신앙의 여러 아포리아를 뚫고 여기까지 오셨지 않습니까? 우리가 직면한 신앙의 아포리아에 대한 해답을 구합니다. 먼저 제가 궁금한 것은 '믿음'입니다. 그리스도인이 믿는다고 하지만, 가장 어려운 것이 믿음이라고 생각합니다. 도대체 목사님께서 생각하신 믿음은 무엇입니까? 좀 구체적으로 말씀해 주십시오?

남택률: 저의 믿음이 이미 말씀했던 것처럼, '여기 지금'에 있습니다. 고통 받은 현실 속에서 견디는 믿음입니다. 영어로 믿음(belief)은 추상명사이지만, 그리스도인에게 믿음은 실제여야 합니다. 저는 믿음은 삶으로 보여야 한다고 생각합니다. 특별히 그리스도인의 믿음은 고통 가운데 나타납니다. 저는 온몸으로 고통 가운데 믿음이 무엇인가를 경험하며 지금까지 살아왔습니다. 한마디로 저에게 믿음이 무엇이냐?라고 물으면 저는 믿음은 견디는 것이라고 말하고 싶습니다. 더 구체적으로 말하면, "3일만 참자", "3일만 견디자"입니다. 그리스도인에게 3일은 매우 중요한 신학적 의미를 지니고 있습니다. 고난과 죽음 그리고 부활입니다.

제가 지금까지 볼 때, 3일을 견디면 자동적으로 해결되는 문제들이 많았습니다. 왜 그런가 보았더니 '주님의 사흘'이었습니다. 그리스도인에게 3일은 고통으로 시작해서 죽음을 통과하는 시간입니다. 그리고 마침내 부활의 새 생명이 되는 시간입니다. 은퇴를 앞둔 목회자의 권면은 "3일만 참자"입니다. 3일을 믿음으로 잘 견딜 때, 하나님께서 일하심을 볼 수 있습니다. 이것이 바로 제가 여러분에게 전하는 '지금 여기를 사는 믿음'입니다.

강성열: 제가 신학교 교수로서 학생들을 가르치기도 했지만, 여전히 우리에게 풀리지 않는 문제가 '신정론'입니다. 악한 세상에 하나님의 침묵과 왜 악인이 형통하느냐? 입니다. 목사님은 목회 현장에서 교인들이 이런 질문을 할 때, 어떻게 대답하시나요?

남택률: 참으로 대답하기 어려운 질문입니다. 신앙생활을 잘하시는 분이 갑작스럽게 고난을 겪게 되고 실족하는 경우를 종종 봅니다. 그때 그분들이 한결같이 하나님이 왜 나에게 이러십니까? 라고 말합니다. 의인이 알 수 없는 고난에 직면할 때 또는 세상의 욕을 먹는 악인이 흥왕할 때 그런 물음들을 자주 합니다.

물론 시편에 나오는 '아삽의 시'(시 73편)나, 또는 하박국 선지자의 말씀을 통해서 대답할 수 있습니다. 그러나 이런 대답들이 고난의 현실 가운데 있는 분들에게 쉽게 와 닿지 않습니다. 저는 가장 먼저 그들의 아픔에 공감합니다. 매일 통증과 함께 사는 저에게는 그분들의 아픔이 직접적으로 느껴집니다. 그래서 주님이 우리를 바라보시는 긍휼의 눈빛으로 기도하며 바라봅니다. 그런 저의 모습을 보면서 위로를 받기도 하더라고요.

저는 누구보다 그분들의 아픔으로 온몸으로 느끼기 때문입니다. 제가 젊은 날 왼쪽 팔을 잃고 가진 그 절망감은 말로 표현할 수 없었습니다. 그러나 하나님은 그런 저를 목사로 쓰시고 사람들의 위로가 되게 하셨습니다. 그래서 저는 신정론의 문제를 신학적으로 그리고 논리적으로 설명하려고 하지 않습니다. 단지 알 수 없는 일에도 하나님의 간섭하심이 있다는 것만 깨닫도록 합니다.

강재익: 목사님 저는 '구원'에 관한 질문을 하고 싶습니까? 구원을 다른 말로 하면 '의롭다 함을 얻었다(칭의)'라고 말할 수 있습니다. 모든 그리스도인이 다 구원받았다고 말할 수 있는가? 저는 갈수록 이것이 의문이 듭니다. 그래서 사도 바울은 빌립보 성도들에게 "두렵고 떨림으로 너희 구원을 이루라"(빌 2:12)라고까지 말했습니다. 교인들에 어떻게 구원론에 관해서 말씀하신가요?

남택률: 참으로 중요한 질문입니다. 로마서가 말하듯이 우리는 믿음으로 구원을 받습니다. 그런데 그 믿음이 무엇이냐입니다. 사도 바울은 그 믿음에 대하여 "마음으로 믿어 의에 이른다"라고 말합니다. 마음으로 믿는다는 것은 그 믿음이 행위로 나타남을 말합니다. 그러므로 믿음은 관념이 아니라, 실제의 삶입니다. 그런데 그동안 한국교회가 믿음은 행위와 구별된 것으로 주로 설교했습니다.

저는 바울이 강조한 믿음을 잘못 이해해서 그렇다고 봅니다. 바울이 행위가 아닌 믿음으로 구원을 받는다고 말할 때 그 행위는 유대교적 전통을 따른 율법주의적 행위를 말합니다. 바울은 그것을 부정한 것이지, 구원받은 성도가 마땅히 해야 할 행위를 말한 것은 아닙니다. 그런데 그것을 부분적으로 이해하면 행위를 강조하지 않았습니다. 그러다 보니 성도들의 삶이 믿지 않는 자들과 구별되지 않았습니다. 그래서 오늘날 한국교회가 세상으로부터 욕을 먹고 있다고 생각합니다.

저는 구원은 칭의로 완성되지 않는다고 봅니다. 우리가 은혜로 의롭다 하심을 얻지만, 그다음은 성황의 삶을 살아가야 합니다. 곧 성령의 인도함을 받아 구원의 은혜에 합당한 열매를 맺어야 합니다. 사도 바울이 그런 차원에서 빌립보 교인들에게 "너희 구원을 두렵고 떨림으로 이루어가라 하신 것입니다. 그래서 오늘날 한국교회에는 로마서와 함께 야고보서가 설교되어야 합니다.

최미숙: 목사님의 구원에 관한 말씀을 들으면서 그동안 저의 편협한 생각들이 바로 잡게 되었습니다. 감사합니다. 그런데 저는 '천국과 지옥'에 관한 질문을 하고 싶습니다. 오늘날 지옥 설교는 교회에서 거의 사라졌습니다. 목사님은 천국과 지옥에 관한 설교를 하셨는지, 그리고 교인들에게 종말에 대해서는 어떻게 가르치셨는지가 궁금합니다.

남택률: 제가 앞선 질문에 답변했듯이 저는 '여기 지금에' 관심이 많습니다. 그래서 죽은 후에 가는 하나님의 나라는 정말 중요하지만, 지금 내가 살고 있는 이곳에서 하나님의 나라를 누리며 사는 것 또한 중요한 삶의 지향점입니다. 죽음 후의 천국은 이 땅의 삶의 연장선에 있습니다. 천국을 바란다고 지금 여기의 삶을 소홀히 여겨서는 안됩니다. 한때 한국교회가 천국을 현실 고통의 도피처럼 설교했습니다. 그러나 저는 오늘 '여기 지금'의 삶을 주님이 주신 소명의 자리로 여기며 살 때, 저편의 천국은 자동적으로 가게 됨을 믿습니다.

그리고 지옥의 문제입니다. 성경에서 지옥을 넓은 의미에서 보면 스올(음부)를 포괄해서 말합니다. 음부는 예수 그리스도가 재림하시기 전에 지옥과 같은 심판의 자리입니다. 우리는 누가복음 16장에서 '음부에 있는 어리석은 부자'를 볼 수 있습니다(눅 16:23). 그런데 예수 그리스도가 재림하실 때 음부에 있던 자들도 다시 하나님의 심판대에 다시 서게 됩니다. 그리고 두 번째 죽임을 당하고 "불못"이라는 지옥에 가게 됩니다(계 20:14). 이처럼 성경은 분명하게 지옥을 말씀하고 있습니다. 그러므로 지옥에 관한 설교는 매우 중요합니다.

그러나 현실의 삶이 지쳐 있는 성도들에게 지옥의 문제를 지나치게 강조하기가 불편했습니다. 그래서 위로와 평안 그리고 십자가에 관한 설교에 집중했습니다. 그러나 저는 하나님 나라와 함께 지옥 설교가 반드시 필요하다고 생각합니다. 그때 성도들의 믿음도 균형감을 가질 수 있기 때문입니다.

5. 마무리하며: 남기고 싶은 말씀들

김종헌: 이제 마무리하는 질문들을 하겠습니다. 그리스도교는 말씀의 종교라 합니다. 목사님께서 평생 붙잡고 있는 말씀을 든다면, 어떤 말씀인가요?

남택률: 저는 로마서 말씀을 목회의 가장 중심에 두었습니다. 이유는 왜 살아야 하는가의 질문과 어떻게 살아야 하는가의 질문을 명쾌하게 대답하고 있기 때문입니다. 특별히 로마서 10:8-10절까지 말씀은 제 좌우명과 같은 말씀입니다.

"8 그러면 무엇을 말하느냐 말씀이 네게 가까워 네 입에 있으며 네 마음에 있다 하였으니 곧 우리가 전파하는 믿음의 말씀이라 9 네가 만일 네 입으로 예수를 주로 시인하여 또 하나님께서 그를 죽은 자 가운데서 살리진 것을 네 마음으로 믿으면 구원을 받으리라. 10 사람이 마음으로 믿어 의에 이르고 입으로 시인하여 구원에 이르느니라."

구원은 하나님의 말씀을 마음으로 믿는 것입니다. 예수 그리스도가 내 삶의 주인 되심을 마음으로 믿어야 합니다. 그때 우리의 믿음도 살아 움직이는 믿음이 될 수 있습니다. 그래서 성도들에게도 이 말씀을 늘 가슴에 새기도록 합니다.

그리고 제가 늘 마음이 두는 말씀은 로마서 16장에 나오는 '바울의 동역자들'입니다. 바울은 그들의 이름을 모두 나열했습니다. 저는 이 말씀을 묵상할 때, 제 40년 목회 동역자들의 이름을 떠올립니다. 그들은 불편한 제 손과 발이 되어서 하나님 나라를 확장하는데 헌신했습니다. 먼저 교회의 무거운 짐들을 저와 함께 지셨던 장로님, 권사님, 집사님 등 교회의 중직자들에게 감사드립니다. 그리고 저와 함께 말씀 사역을 감당한 목사님과 전도사님들께도 감사드립니다. 그러나 무엇보다 하나님의 교회를 위해서 함께 기도하며 봉사하는 유일교회 성도들에게 감사드립니다.

제가 그들의 헌신에 보답하는 길은 매일 그들을 위해서 기도하는 것입니다. 사무엘은 은퇴하면서 백성들을 위하여 기도하지 않는 것을 하나님께 죄를 짓는 것으로 여겼습니다. 그처럼 저 역시 믿음의 동역자들을 위해서, 그리고 교회를 위해서 기도를 멈추는 죄는 범하지 않겠습니다.

강성열: 목사님께서 교인들에게 늘 가까이 두고 암송했으면 하는 말씀이 있는가요? 그리고 목회를 마무리하면서 성도들에게 남기고 싶은 말씀이 있다면 해 주시죠?

남택률: 유일 교회는 매주 '하가다(읊조림)'를 하고 있습니다. 한 구절을 선택해서 100번 읽고 암송하는 훈련을 수년째 하고 있습니다. 성도들에게 권면하고 싶은 말씀을 선택하자면, 시편 23편입니다. 시편 23편은 주님을 인격적으로 만날 수 있는 최고 최상의 말씀이라고 봅니다. 그래서 다윗처럼 하나님과 언제 어디서나 동행하는 삶을 살라고 권하고 싶습니다.

그리고 성도들에게 남기고 싶은 말은 저의 좌우명 "3일의 희망"입니다. 예수님의 십자가는 3일 뒤 부활로 이어집니다. 그래서 저는 언제나 3일을 참습니다. 3일을 참으면 내 경험상 해결되지 않는 일이 거의 없었습니다. 문제들이 돌아다니며 자기들이 해결해서 오기도 합니다.

강재익: 저는 목사님께서 저희 후배 목사들에게 권하고 싶은 말씀을 남겨 주셨으면 합니다. 특히 요즘 목회 환경이 너무도 힘들다고 아우성입니다. 저희에게 교훈의 말씀을 남겨주시면 감사하겠습니다.

남택률: 먼저 여러 후배 목사님들께 죄송한 마음이 듭니다. 제가 목회를 시작할 때는 지금처럼 어렵지는 않았습니다. 목회 환경이 갈수록 힘들어지고 있습니다. 그렇다고 목회를 포기할 수는 없습니다. 하나님

께서 각자를 부르셨다면, 반드시 쓰임을 받을 자리가 있습니다. 각자에게 주신 달란트와 소명을 기도하면서 잘 쓰임받기를 소망합니다. 그리고 또 하나 권한다면, 마을 목회입니다. 교회는 마을과 함께 있습니다. 그러므로 목회자는 마을과 함께해야 합니다. 마을 주민과 함께하다 보면 길이 보입니다. 마을 목회에 길이 있다고 권하고 싶습니다. 저는 쌍촌동에서 23년 그리고 노대동으로 옮겨와서 마을목회를 본격적으로 시작했습니다.

기형도 시인의 '우리 동네 목사님'이란 시가 있습니다. 글 중에 성경이 아닌 생활에 밑줄을 긋는 내용이 나옵니다. 물론 성경이 아닌 그 말엔 동의할 수는 없지만 생활에 밑줄을 긋기 위해 애쓰는 한 동네 목사의 생각이 저로 하여금 동네 목회의 도전을 주었습니다. 지금도 변함없는 저의 생각은 동네 목사가 되는 것입니다. 요즘엔 식당에 가면, 밥값을 내주는 주민도 있고 담배를 피우다가 제가 가면 담뱃불을 끄기도 합니다.

그러나 동네 목회를 전도의 목적으로만 다가가면 안 됩니다. 순수한 이웃사랑의 마음이 중요합니다. 행사가 있을 때는 언제나 먼저 나가고 마지막까지 있다 와야 합니다. 진정성을 알게 되고 신뢰가 형성되면 그때부턴 관계가 편해지고 소통의 길이 열리게 됩니다. 지금까지 교회를 안 좋게 말하는 사람은 보지 못했습니다. 무엇보다 전도 인프라가 잘 되어 있는 것이 유일 교회 특징이기도 합니다.

최미숙: 목사님의 은퇴 후에 영성적인 삶과 또 다른 계획이 있다면 무엇인지 말씀해 주신다면?

남택률: 지도자로 존경받고 살기가 쉽지 않습니다. 동네나 사회에서는 좋은 것만 보여주며 살 수 있지만 가깝게 사는 사람들에게 존경받기는 정말 어렵습니다. 가정에선 아내와 자녀에게 존경받기 어렵고, 교회에선 가장 가까운 부교역자와 당회원들에게 존경받기 어렵습니다. 가까운 곳에서 늘 나를 보고 있고, 나의 행동과 생각을 잘 알고 있기 때문입니다.

지도자는 사방이 보이는 유리관 속에 서 있는 인형과 같은 존재입니다. 특히 저에게는 은퇴를 아름답게 하는 것입니다. 곧 은퇴는 연착륙이 중요하다고 생각합니다. 장기 이식을 할 때면, 수십 가지의 검사와 검진 후 이식을 하는데, 생명공동체인 교회가 너무 쉽게 생명을 이식한다고 생각합니다. 많이 기도하면서 복음적으로 교회를 이끌어갈 후임을 찾고 있습니다. 그리고 은퇴 후 나는 갈 곳이 없습니다. 30살에 개척하여 40년간 살아낸 이곳 외에는 모든 곳이 낯설기 때문입니다. 그래서 후임의 허락을 받아 교회 출석을 하면서 할 수 있는 한 동네 목회를 돕고 싶습니다.

김종헌: 장시간 인터뷰에 응해주셔서 감사드립니다. 사람을 '길 위의 존재'라고 말합니다. 특별히 그리스도인에게 길은 부르심의 길입니다. 우리보다 먼저 길 위의 부르심을 받은 남택률 목사님의 말씀을 들었습니다. 그동안 저희가 알지 못했던 목사님의 신학과 교회관에 대해 자세히 알게 되었습니다. 목사님이 살아오신 길을 보면서, 저희도 우리가 서 있는 자리를 다시 돌아보며 주님의 길을 따라가겠습니다. 앞으로 은퇴 후의 삶에 더욱 하나님의 크신 은혜가 넘치시길 소망합니다.

감사합니다.

일상으로서의 영성

- 거룩한 상처와의 동행 -

남택률 목사(다아트 아카데미 이사장)

1. 일상의 영성은 무엇인가?

우리는 '코로나 19'를 경험하면서 일상의 소중함을 새롭게 깨달았다. 그동안 당연한 것으로 여겼던 일상이 얼마나 소중한지를 깨닫게 되었다. 가수 이적이 부른 「당연한 것들」을 들어보면 일상의 소중함이 무엇인가를 새롭게 느끼게 한다.

"그때는 알지 못했죠. 우리가 무얼 누리는지, 거릴 걷고 친굴 만나고, 손을 잡고 껴안아 주던 것, 우리에게 너무 당연한 것들", "처음엔 쉽게 여겼죠. 금세 또 지나갈 거라고, 봄이 오고 하늘 빛나고, 꽃이 피고 바람 살랑이면은 우리 다시 돌아갈 수 있다고. 우리가 살아왔던 평범한 나날들이 다 얼마나 소중한지 알아버렸죠."

나는 이 노래를 들을 때마다 하나님이 주신 일상의 소중함을 새롭게 깨닫는다. 우리는 일상이 매일 반복되니 당연한 것처럼 여겼다. 우리의 일상에 비친 하나님의 은혜를 깨닫지 못했다. 그러므로 그리스도인의 일상은 당연한 것이 아니라. 하나님의 은혜이다. 특별히 목사인 저에게는 더욱 그렇다. 과연 내 힘으로 할 수 있는 것들이 무엇인가? 돌이켜 보면, 내가 한 것은 없다. 보이지 않는 그분의 손이 나를 움직여 일하게 하셨다.

나는 일상의 영성을 이렇게 정의하고 싶다. '일상의 영성'은 지극히 평범한 하루의 시간 속에서 하나님과의 관계를 놓치지 않는 것이다. 일상의 내 삶에 일어나는 모든 일들, 곧 크든 작든 간에 거기에는 우연이 없다. 나를 향한 하나님의 신비한 계획이 있을 뿐이다. 그것을 깨닫고 믿음으로 반응하는 것이 일상의 영성이다. 그러므로 우리는 평범한 내 삶 속에 숨겨진 하나님의 뜻을 놓치지 말아야 한다.

로렌스 형제가 쓴 『하나님의 임재 연습』이 있다. 로렌스는 남보다 늦은 50세에 수도원에 들어갔다. 그가 하는 일은 수도원 주방에서 허드렛일을 하는 것이었다. 그러나 그는 설거지하면서 혹은 음식에 불을 피우면서 하나님을 만났다. 로렌스 형제의 일상은 늘 하나님과 함께였다. 그는 우리에게 일상에서 만나는 하나님이 어떤 분이신가를 알게 했다. 그는 프라이팬의 작은 달걀 하나라도 하나님을 사랑하는 마음으로 뒤집었다. 그는 주방에서 일하는 동안 항상 주님과 쉬지 않고 대화했다. 곧 그의 일상은 거룩한 예배가 되었다. 나는 이것이 바로 '일상의 영성'이라고 생각한다.

나는 그동안 위대한 것이 위대한 줄 알았다. 하지만 위대함은 그렇게 쉽게 설명될 일이 아니다. 오히려 사소함의 꾸준함이 위대하고 일상의 가치에 새겨진 일상이 더 위대함을 알게 되었다.

2. 몸의 상처가 주는 영성

나에게는 남이 갖지 못한 '큰 상처(stigma)'가 있다. 나는 20대에 오토바이를 타다가 왼쪽 팔을 잃었다. 왼쪽 팔을 쓸 수 없지만, 하나님은 통증을 통해서 살아있는 신경을 느끼게 하셨다. 나의 왼쪽 팔은 매일 통증으로 나에게 인사를 한다. 그 고통의 말 걸기가 나를 힘들게 하지만, 그 고통은 나를 하나님께 더 가까이 가게 했다. 돌이켜 보면 하나님은 나의 실수를 통해서, 나를 더욱 낮아지게 하신 것이다. 매일 통증을 느끼지 않으면, 나는 내 힘으로 세상을 살았을 것이다. 그러나 매일 아침 인사처럼 찾아오는 통증과의 동행은 하나님을 향한 일상의 영성이 되었다.

사도 바울도 육체의 통증으로 힘든 삶을 살았다. 그는 누구도 갖지 못한 은사를 지닌 영성가이다. 그는 육체의 가시를 치유해 달라고 하나님께 세 번을 기도했다. 아마 그의 기도는 우리의 기도와 달랐을 것으로 생각된다. 바울은 전심으로 하나님께 매달렸을 것이다. 그러나 하나님은 바울의 상처를 그대로 두셨다. 그 이유가 무엇인가? "내 은혜가 네게 족하도다 이는 내 능력이 약한 데서 온전하여짐이라"(고후 12:9). 곧 바울에게 치유되지 않은 육체의 가시는 하나님 은혜의 자리가 되었다.

나는 이 말씀을 너무도 좋아한다. 하나님이 바울에게 응답하신 말씀이지만, 이 말씀은 나를 향한 하나님의 응답이기도 하다. 왼팔의 불편함과 통증은 나의 일상의 영성이다. 그래서 불편하고 고통스럽지만,

하나님께 감사한다. 나는 성도들에게 미안함이 있다. 나는 성도들을 위해 축도를 할 때, 오른손만 들고 한다. 그래서 누군가 성도들이 반쪽 밖에 하나님의 복을 받지 못한다고 말하기도 했다. 그러나 나의 불편한 손은 하나님이 함께 해주셨고, 오늘의 나를 있게 했다. 인간 남택률을, 목사 남택률 되게 하신 은혜가 왼팔이 주는 '거룩한 스티그마'다.

3. 3일만 참자

내 침대 머리맡에는 '3일만 참자'라는 글이 쓰인 액자가 있다. 3일은 내 일상의 영성을 유지하는 힘이다. 하나님은 3일을 참고 견딜 때 많은 일들을 해결해 주셨다. 그리스도교의 3일은 대단히 중요한 신학적 의미를 지니고 있다. 예수님은 골고다 언덕 십자가에서 죽은 지 사흘 만에 부활하셨다. 3일의 죽음에 세상은 승리했다고 기뻐했지만, 역으로 3일은 영원한 생명을 잉태하는 부활의 시간이었다.

3일이 주는 영적인 의미는 무엇인가? 고통과 죽음의 사흘은 그리스도인에게는 다시 태어나는 소망의 시간이다. 내 인생에서 3일만 참자는 나를 늘 새롭게 하는 시간이다. 3일 동안 나를 죽이고 있을 때, 하나님이 일들을 해결하셨다. 구약의 선지자 요나는 하나님의 명령을 거부하고 다시스로 향한 배에 올라탔다. 하나님은 요나의 배에 큰 풍랑을 불게 하고 결국 그는 바닷속 물고기 뱃속으로 던져졌다. 요나는 스올의 뱃속에서 사흘 동안 하나님의 만지심을 경험했다. 요나에게 3일은 죽음의 시간이며 동시에 새로운 사명자로 태어나는 시간이었다. 그러므로 그리스도인에게 3일은 새 생명으로 부활하는 시간이다.

세상의 큰 자인 사울이 어떻게 작은 자 바울이 되었는가? 그에게도 3일 동안의 죽음이 있었다. 그는 사흘 동안 보지 못하고, 먹지 못하고 물을 마시지도 못했다(행 9:9). 곧 사울은 사흘 동안 완전히 죽었다. 그리고 복음의 사명자로 다시 태어났다. 나는 사흘의 영성이 중요함을 깨달았다. 그리스도인에게 사흘은 나를 죽이는 시간이지만, 동시에 나를 다시 태어나게 하는 희망의 시간이다. 그래서 나는 『3일의 희망』(쿰란, 2024)을 출간했다. 내 신앙의 여정 속에서 사흘은 하나님과 다시 만나는 시간이 되었다. 그래서 나는 일상의 영성에 '3일만 참자'를 첨가하고 싶다.

4. 마무리하면서

내 나이 올해로 만 70세다. 목사가 된 지는 40년, 그리고 교회 목회를 시작한 지는 45년이 되었다. 우리는 지난 세월을 년 수로 계산한다. 그러나 하나님은 '년 수'가 아니라, '날 수'로 계산한다. 그래서 모세는 "우리에게 우리 날 계수함을 가르치사 지혜로운 마음을 얻게 하소서"(시 90:13)라고 기도했다. 모세의 말처럼 하루하루를 계수하며 살아갈 때 우리 인생이 날마다 새로워질 수 있다. 곧 일상을 매일 하나님의 은혜 안에 살아갈 수 있다.

나의 지난날들을 계수하여 볼 때, 모든 것이 하나님의 은혜이다. 하나님은 나의 일상을 매일 새로운 날들로 나를 인도하셨다. 이제 교회 목회를 내려놓을 날들이 다가오고 있다. 그러나 서운한 마음보다는 감사한 마음이 더 크다. 왜냐하면, 그동안 하나님의 은혜 안에서 살아온 '일상의 은혜'가 더 크기 때문이다. 그래서 은퇴를 앞두고도 나는 외롭지 않다. 단지 후배 목사님들에게 전하고 싶은 말은 '오늘의 소중함', 곧 '일상의 소중함'을 잊지 말라고 당부하고 싶다.

오늘의 목회 현실은 우리 때보다는 더 힘들다. 그렇다고 미래를 염려할 필요는 없다. 우리의 상황을 아시는 예수님께서 "내일 일을 위하여 염려하지 말라"(마 6:34)라고 말씀하셨다. 왜 이 말씀을 하셨는가? 엄밀히 말해서 우리에게 '내일은 없다.' 하나님이 주신 날들에는 '오늘'만 있다. 우리에게는 내일이 내일이지만, 내일이 되면 그날은 오늘이 된다. 그러므로 우리는 '늘 오늘'을 산다. 오늘을 잘 사는 사람에게 내일은 새로운 오늘이 된다. 하나님은 우리가 오늘을 잘 보내길 원한다. 곧 오늘을 주신 하나님의 은혜 안에서 하나님의 나라를 구하며 사는 것이다. 그것이 바로 '일상의 영성'이며, 오늘을 은혜 안에서 살아가는 것이다.

영성의 철학적 신학적 의미

김종헌 목사(로고스문화교회)

1. 지성에서 영성으로

근대의 시작은 '사유하는 자아'에서 출발한다. 프랑스 철학자 데카르트(R. Descartes)는 '방법적 회의'를 통해서 사유하는 자아에 도달한다. 그는 먼저 우리가 지각하는 '감각적 확실성'을 의심한다. 내가 지각하고 있는 것이 참인가? 그것을 어떻게 증명할 수 있는가를 의심한다. 심지어 그는 보편적 진리라 할 수 있는 '수학적 진리'까지 의심한다. 그러나 의심할 수 없는 것이 있다. 그것은 내가 의심하고 있다는 그 자체이다. 곧 '사유하는 나'이다. 그러므로 사유하는 나만큼은 결코 의심할 수 없다. 그래서 데카르트는 "나는 생각한다. 고로 나는 존재한다(cogito ergo sum)"라는 명제를 철학의 제일 원리로 삼는다. 근대의 합리주의는 데카르트의 사유하는 이성에서 출발한다. 이성이 주는 합리성만이 진리이고 참이다.

인간은 이성적 존재이다. 인간 이성에 의해 보편성의 원리가 세워지고 그것이 사회의 규범이 되었다. 신앙에 있어서도 맹목적인 믿음보다는 합리적 신앙이 강조되기 시작했다. 과학적 합리성이 신앙에 잘못 적용되면 '도마(Thomas)의 믿음'이 된다. 예수님의 제자 도마는 부활하신 예수 그리스도의 신비한 몸을 믿지 못했다. 그래서 그는 손에 난 못 자국과 허리의 창 자국을 만져보길 원했다. 그런 도마에게 주님은 "네 손가락을 이리 내밀어 내 손을 보고 네 손을 내밀어 내 옆구리에 넣어보라"(요 20:27)라고 말씀하셨다. 그리고 주님은 "너는 나를 본 고로 믿느냐 보지 못하고 믿는 자들이 복되도다"(요 20:29)라고 하셨다.

도마는 검증 가능한 믿음을 추구했다. 그러므로 도마의 신앙은 과학적이고 합리적 믿음이다. 그러나 주님은 도마를 향해 "믿음이 없는 자가 되지 말고 믿는 자가 되라"(요 20:27) 라고 하셨다. 주님의 이 말씀은 무슨 뜻인가? 도마의 '이성의 한계' 내에서의 믿음을 지적한 것이다. 도마는 자기 경험과 지식 안에서만 믿음을 가졌다. 그리스도교는 부활의 신비가 있는 종교다. 우리는 부활을 직접 경험하지 않고도 믿을 수 있다. 왜 믿을 수 있는가? 하나님이 주신 '영성'이 있기 때문이다. 하나님은 인간에게만 영성을 주셨다. 그렇다면 그 영성은 무엇인가? 하나님은 사람을 다음과 같이 창조하셨다.

"여호와 하나님이 땅의 흙으로 사람을 지으시고 생기를 그 코에 불어넣으시니 사람이 생령이 되니라"(창 2:7).

하나님께서는 사람을 '땅의 흙(이파르)'로 지으셨다. 그리고 생기를 불어넣어서 생령이 되게 하셨다. "생기"는 히브리어로 '니쉬마트(נשמת) 하임(חיים)'이다. '니쉬마트 하임'은 생명의 호흡과 숨 그리고 기운 등을 의미한다. 그래서 흙먼지로 이루어진 사람이 "네페쉬하야"가 된 것이다. '네페쉬 하야'를 개역 개정 성경은 "생령"으로 번역하고 있는데, KJV 성경은 'a living soul'로 번역하고 있다. 그런데 창세기를 보면, 네페쉬 하야를 '사람'만이 아니라, '동물'에도 사용하고 있다.

그렇다면 하나님이 사람과 동물의 차이가 없이 창조하셨는가? 결코 그렇지 않다. 성경은 사람을 창조할 때만 하나님이 그 코에 생기를 불어 넣었다고 기록했다. 이것이 동물과 사람의 본질적인 차이다. 이것을 더욱 구체적으로 말하면 "하나님이 자기 형상 곧 하나님의 형상대로 사람을 창조하셨다"(창 1:27). 이것은 사람과 동물의 존재론적 차이다. 사람과 동물은 인식론적이고 존재론적 차이가 있다. 그 차이가 무엇인가? 하나님의 생기와 하나님의 형상이다.

필자는 여기서 인간 이성의 기원을 찾는다. 데카르트는 사유하는 자아 곧 이성을 '생득관념'으로 주어진 것이라고 보았다. 인간과 동물의 본질적 차이인 이성의 기원은 과학적으로 설명할 수는 없다. 그러나 인간은 동물과 구별되는 '사유 능력'이 있다. 이성의 사유 능력은 동물이 느끼는 감정과 차원을 달리한다. 인간 이성은 현상을 초월한 형이상학적 실재가 무엇인가를 탐구한다. 가령, 신은 존재하는가? 우주의 기원은 어디인가? 물질의 구성은 무엇인가? 등 인간 이성은 형이상학적인 물음들을 제기한다. 그렇다면 어떻게 인간에는 이러한 형이상학적 사유 능력이 생겨났는가?

필자는 하나님께서 흙으로 사람을 지으실 때 불어넣은 '생기'라고 생각한다. 하나님의 생기가 사람에게 투영됨으로써 우리는 하나님을 인식할 수 있게 되었다. 원래 하나님이 아담에게 불어넣어 주신 생기는 '순수한 정신'이다. 그러나 아담의 순수한 정신이 사탄의 유혹에 빠져 선악과를 먹음으로써 손상당했다. 곧 하나님의 형상으로서의 인간 존재가 위협을 받게 된 것이다.

필자는 하나님이 우리에게 불어넣어 주신 원정신의 회복을 영성이라 생각한다. 그러므로 '영성(spirituality)'은 '영(spirit)'과는 같으면서도 다르다. 모든 사람은 영적인 존재이다. 우리가 각 사람을 대할 때 그 사람에게 느껴지는 영이 있다. 영이 악한 사람이 있고, 영이 유하고 따뜻한 사람이 있다. 그러므로 영은 각 사람의 존재를 규정한다. 그러나 영성은 다르다. 모든 사람이 영성이 있는 것은 아니다. 그럼, 영성의 개념은 무엇인가?

필자는 산드라 쉬나이더스(S. Schneiders)가 정의한 영성의 개념을 통해서 접근해 보고자 한다. 쉬나이더스는 영성을 "사람이 인지하고 있는 궁극적인 가치를 향하여 자신을 초월하여 자신의 삶을 통합하려 할 때의 경험(the experience of conscious involvement in the project of life-integration through self-transcendence toward the ultimate value one perceives)"[1]으로 정의하고 있다.

필자가 보기에 슈나이더는 영성을 '두 단계'로 설명하고 있다. 첫째, 영성은 자기 초월을 통해서 사람이 지각하는 궁극적인 가치를 향한다. 여기서 궁극적인 가치는 근원적인 영으로 '순수의식'으로 여겨진다. 순수의식은 세상의 때가 묻지 않은 거룩한 영이다. 이 거룩한 영은 하나님

---

1. 유해룡, 『하나님 체험과 영성수련』, 장로회신학대학교출판부, 2007. 17쪽 재인용

이 사람을 지으실 때 불어넣어 주신 생기다. 그러므로 영성은 자기 초월성을 통해서 하나님이 주신 근원 정신으로의 귀환이다. 이것을 철학적으로 말하면 '현상학적 환원(phänomenologische Reduktion)'이라 부를 수 있다. 또 다른 말로 '초월론적 자아로의 환원'이다. 곧 내 생각을 있게 하는 '근원적 생각'으로의 환원이다.

둘째, 영성은 자기 초월을 통해서 순수의식에 도달해서, 그 순수의식으로 일상의 삶을 살아가는 것이다. 이것을 쉽게 그리스도교적인 용어로 설명하면, 자기 부인을 통해서 내주하신 '보혜사 성령'을 만나고, 성령과 교제하며 동행하는 것이다. 예수 그리스도가 부활 승천하시면서 보혜사 성령을 보내주셨다. 예수님은 보혜사 성령을 진리의 영으로 우리에게 보내주셨다. 성령은 우리를 모든 진리 가운데로 인도하며 세상에서 얻을 수 없는 평안을 주신다. 그러므로 우리는 언제 어디서나 성령의 인도함을 받아야 한다. 성령의 인도함이 곧 영성의 삶이다. 그런데 우리가 영성 있는 삶을 살기 위해서는 무엇보다 먼저, 우리 몸에 관한 존재론적 인식이 필요하다.

2. 영성과 몸의 존재론적 인식

사도 바울은 사람의 '몸(body)'을 영(spirit), 혼(soul), 육(flesh)으로 구분하고 있다. 그런데 영, 혼, 육이 따로 존재하는 것이 아니라, 몸을 통해서 서로 긴밀한 연결 관계를 하고 있다. 흔히 영과 혼을 묶어서 '영혼'이라 말하기도 한다. 그래서 우리가 '심신 이원론' 혹은 '심신 일원론'을 주장할 때는 영혼과 육체의 관계를 말한다. 여기서 영혼은 '정신'을, 육체는 '물질'을 지칭한다.

심신 이원론자들은 정신과 물질은 '독립적인 실체'라고 주장한다. 반면에 심신 일원론자들은 물질을 정신의 산물로 보거나, 아니며 정신을 물질의 산물로 본다. 그리스도교는 정신과 육체를 철저히 분리하는 이원론은 아니다. 인식론적으로는 서로 대립적인 관계를 하고 있지만, 몸을 통한 존재론적으로는 하나다. 사도 바울은 몸의 존재론적 인식을 통해서 영성 관리를 어떻게 해야 하는가를 가르쳐주고 있다. 그래서 필자는 바울이 말한 몸의 구조를 분석하고 영성의 삶이 무엇인가를 논하고자 한다. 그럼, 먼저 육신의 특성을 살펴보자

1) 육신에 속한 자(사르키코스)

사도 바울은 "육신을 따르는 자는 육신의 일을, 영을 따르는 자는 영의 일을 생각하나니"(롬 8:5)라고 말한다. 여기서 '육신(flesh)'은 '살'을 의미하며, 헬라어로 '사르크스(σάρξ)'이다. 살은 사람의 몸을 지탱하는 토대이다. 살이 없이는 사람이 살 수 없다. 살은 외부 대상과 가장 직접적으로 만나는 통로이다. 그래서 철학은 살을 원초적 지각의 출발로 본다. 곧 살은 이성적인 사유가 있기 전에 먼저 반응한다.

우리의 이성은 감정을 위장하거나 숨길 수 있다. 그러나 살은 본능적이며 직접적이어서 속이질 못한다. 사랑하는 사람이 곁에 있을 때 살이 먼저 반응한다. 그러나 싫어하는 사람이 곁에 오면 살이 움츠려진다. 이처럼 살은 본능적이며 자기 감각을 숨기지 못한다. '에로스적 충동'은 일차적으로 살에서 반응한다. 그래서 살은 정신을 무기력하게 하고 자기 욕망을 추구하게 만든다.

헬라어 '사르크스(σάρξ)'와 같은 말이 히브리어로 '바사르(בשׂר)'이다. 구약성경은 '바사르적 인간'을 매우 위험하게 기록했다. 하나님이 왜 홍수로 사람을 심판하셨는가? 사람이 영을 상실하고 육적 존재가 되었기 때문이다. 하나님께서 "나의 영이 영원히 사람과 함께 하지 아니하리니 이는 그들이 육신이 됨이라"(창 6:3)라고 하셨다. 여기서 '육신'이 히브리어 '바사르'이다. 육신에 속한 자는 충동적이고 본능적인 인간이다. 그래서 그의 마음으로 생각하는 모든 계획이 항상 악하다(창 6:5). 곧 하나님 보시기에 "땅에서 모든 혈육 있는 자의 행위가 부패하였다"(창 6:12). 여기서 "혈육 있는 자"가 히브리어 '바사르'이다. "혈육 있는 자"란 사람이 고깃덩어리가 되었다는 말이다. 결국, 하나님은 영을 상실한 살덩어리의 인간을 물로 심판하신 것이다. 그러나 그것으로 끝난 것이 아니다. 하나님은 물 심판을 통해서 인류를 새롭게 하셨다. 그리고 아브라함을 믿음의 조상으로 세우시면서 할례를 명하셨다. 할례는 무엇인가? 살에 새긴 언약이다.

> "13 너희 집에서 난 자든지 너희 돈으로 산 자든지 할례를 받아야 하리니 이에 내 언약이 너희 살에 있어 영원한 언약이 되려니와 14 할례를 받지 아니한 남자 곧 그 포피를 베지 아니한 자는 백성 중에서 끊어지리니 그가 내 언약을 배반하였음이니라"(창 17:13-4).

하나님이 왜 살에 언약을 새겼는가? 살은 욕망이 숨 쉬고 있는 곳이다. 특히 '남성의 성기'는 욕망의 중심이다. 하나님은 욕망의 껍질을 벗겨내고 말씀의 언약을 새기게 하셨다. 곧 살의 언약은 더는 욕망의 이끌림대로 사는 것이 아니라, 말씀의 인도함을 받고자 하는 맹세이다. 그러므로 살의 언약은 인간을 구원하려는 하나님의 은혜이다. 내 본능과 욕망이 꿈틀거릴 때, 우리는 살에 새긴 언약을 기억해야 한다. 그리고 말씀의 인도함을 받아야 한다. 왜 그래야 하는가? 육신의 생각은 사망이요, 영의 생각은 생명과 평안이기 때문이다(롬 8:6).

그러면 신약의 교회는 어떠한가? 사도 바울은 고린도 교인들을 향하여 "너희는 아직도 육신에 속한 자로다"(고전 3:3)라고 책망한다. 육신에 속한 자는 '사르키코스(σαρκικός)'이다. 이들은 누구인가? 예수 그리스도를 구주로 믿는 자들이다. 또한, 그들은 신령한 은사도 받았다. 그러나 여전히 성령의 인도함을 받지 못하는 옛 습성을 벗어나지 못하고 있었다. 그래서 바울은 "형제들아 내가 신령한 자들을 대함과 같이 너희에게 말할 수 없어서 육신에 속한 자 곧 그리스도 안에서 어린아이들을 대함과 같이 하노라"(고전 3:1)라고 말한다. 로마서를 보면, 바울은 육신에 있는 자들은 하나님을 기쁘시게 할 수 없으며(롬 8:8), 육신의 생각은 하나님과 원수가 된다고까지 말한다(롬 8:7).

오늘날 교회에도 옛 습성을 버리지 못하는 성도들이 많다. 예수 그리스도를 구주로 믿는다고는 하지만, 여전히 육신의 생각대로 살아간다. 그래서 바울은 "너희가 육신대로 살면 반드시 죽을 것이로되 영으로써 몸의 행실을 죽이면 살리니 무릇 하나님의 영으로 인도함을 받은 사람은 곧 하나님의 아들이라"(롬 8:13-4)라고 말한다. 여기서 하나님 영의 인도함을 받는 것이 바로 '영성 있는 삶'이다. 우리가 영성 있는 삶을 살기 위해서는 육신의 생각과 늘 싸워야 한다.

그런데 육신의 생각은 자신을 위장하여 광명한 천사의 탈을 쓰고 자주 등장한다. 그럴싸한 명분을 내세우며 영의 생각을 누르고 육신의 생각을 따르도록 한다. 그러므로 우리는 '세상(사탄)이 주는 생각들'을 잘 식별해야 한다. 이 생각이 성령이 주신 생각인지 사탄이 주는 생각인지를 분별하여 행동해야 한다. 그러나 육신에 속한 자는 영적인 분별력이 없다. 그다음으로 혼에 속한 자의 삶을 살펴보자.

2) 혼에 속한 자(프쉬키코스)

그리스도인과 세상 사람의 차이는 무엇인가? 그리스도인에게는 '그리스도의 영'이 있고, 세상 사람들에게는 '세상의 영'이 있다. 사도 바울은 "누구든지 그리스도의 영이 없으면 그리스도의 사람이 아니다"(롬 8:9)라고 말한다. 그러면 세상의 영은 무엇인가? 사도 요한은 사탄을 "이 세상의 임금"(요 16:11)이라고 말한다. 또한 사도 바울은 세상을 "공중의 권세 잡은 자"(엡 2:2)가 다스리고 있다고 말한다. 그러므로 세상의 영은 사탄의 영이다.

"우리가 세상의 영을 받지 아니하고 오직 하나님으로부터 온 영을 받았으니 이는 우리로 하여금 하나님께서 우리에게 은혜로 주신 것들을 알게 하려 하심이라"(고전 2:12).

그리스도인은 세상의 영이 아닌 하나님으로부터 온 영을 받았다. 우리가 특별히 잘해서 하나님의 영을 받았는가? 그렇지 않다. 오직 은혜로 하나님의 영을 받았다. 그러므로 그리스도인은 이 세상 사람이면서 동시에 이 세상에 속한 자가 아니다. 그래서 예수님도 제자들에게 "너희는 세상에 속한 자가 아니요 도리어 내가 너희를 세상에서 택하였기 때문에 세상이 너희를 미워하느니라"(요 15:19)라고 하셨다. 그럼, 이 말씀이 구체적으로 무슨 뜻인가? 그리스도의 영과 세상의 영은 다르다. 그러므로 그리스도인은 이 세상에 사는 동안 고난과 핍박을 겪게 된다. 이 세상에서 하나님의 뜻대로 사는 데는 반드시 고난이 따른다.

자, 그럼 '혼에 속한 자'는 어떤 사람인가? 그런데 우리 개역 개정 성경은 '혼에 속한 자'를 "육에 속한 사람"(고전 2:14)으로 번역하고 있다. 이것은 완전한 오역이다.

> "육에 속한 사람은 하나님의 성령의 일들을 받지 아니하나니 이는 그것들이 그에게는 어리석게 보임이요 또 그는 그것들을 알 수도 없나니 그러한 일은 영적으로 분별되기 때문이라"(2:14).

여기 "육에 속한 사람"은 헬라어로 '프쉬키코스($\psi\upsilon\chi\iota\kappa\acute{o}\varsigma$)'를 쓰고 있다. '프쉬키코스'는 '혼(soul)'이란 뜻을 지닌 '프쉬케($\psi\acute{u}\chi\eta$)'에서 나온 말입니다. 그러므로 정확하게 번역하면 '혼에 속한 사람'을 뜻한다. 그런데 왜 바울은 혼에 속한 사람도 하나님의 영을 받지 아니하였다고 말하는가? 그렇다면 여기서 프쉬케(영혼)는 무슨 뜻인가? 필자는 바울의 영혼론에 관한 이해를 돕기 위해서 간략하게 당시 그리스 철학을 대표하는 플라톤(Platon)과 그의 제자 아리스토텔레스(Aristotle)의 영혼론을 살펴보고자 한다.

플라톤은 영혼이 본래 이데아의 세계에 있었다고 한다. 그 영혼이 육신과 결합함으로 세 가지 특성을 가지게 되었다. 곧 '이성($\lambda o\gamma\iota\sigma\tau\iota\kappa\acute{o}\nu$)', '기개($\theta\upsilon\mu o\epsilon\iota\delta\acute{\epsilon}\varsigma$)', 그리고 '욕망($\dot{\epsilon}\pi\iota\theta\upsilon\mu\eta\tau\iota\kappa\acute{o}\nu$)'이다. 이성은 진리에 관한 사랑을, 기개는 화나 노여움과 같은 심리적 행위를, 그리고 욕망은

욕심과 육체적 욕망과 같은 것을 말한다. 그러므로 이성에는 지혜의 덕이, 기개에는 용기의 덕이, 그리고 욕망에는 절제의 덕이 필요하다. 세가지 덕이 제 기능을 발휘할 때 비로소 국가에는 정의의 덕이 실현된다. 그러나 플라톤은 영혼이 육체의 속박에서 벗어날 때 비로소 참된 이데아를 인식할 수 있다고 주장한다. 곧 플라톤은 비록 육체가 소멸할지라도 영혼은 불멸한다고 주장한다.

반면에 아리스토텔레스는 영혼은 형상으로 육체와 분리될 수 없다고 주장한다. 아리스토텔레스는 영혼을 보다 광의적 개념으로 사용한다. 곧 영혼은 모든 생명체의 근본 원리이다. 그래서 '식물'에도 영혼이 있다는 것이다. 여기서 영혼은 식물의 성장과 발육을 담당한다. 가령, 식물의 광합성 작용과 지각 활동 등은 모두가 영혼이 그 기능을 담당한다. 그럼, '동물'의 영혼은 그 역할이 무엇인가? 동물은 사람과 유사한 감정을 지니고 있다. 그런데 동물의 감정은 본능에 충실한 감정이다. 동물도 기뻐하고 슬퍼한다. 심지어 동물에는 식물의 영혼에는 없는 '연상적 기억'도 있다. 연상적 기억은 일종의 '조건반사'와 같다. 우리가 개에게 사료를 줄 때마다 종을 치며 습관화시키면 자동적으로 종을 칠 때마다 개들은 다가온다. 곧 반복된 학습을 통해서 '조건적 행동'을 하게 된다는 것이다.

그러나 동물의 영혼에는 '추리 능력'과 '형이상학적 사유 능력'이 없다. 이것이 동물의 영혼과 사람의 영혼과의 '본질적 차이'다. 사람의 영혼에는 식물의 영혼, 동물의 영혼, 모두의 기능이 포괄되어 있다. 그러나 그것들과는 본질적으로 다른 영혼의 능력이 있다. 아리스토텔레스는 스승인 플라톤처럼 영혼의 불멸성을 강하게 주장하지는 않지만, 그렇다고 직접적으로 비판도 하지 않는다. 곧 그는 신체 없이 영혼이 존재할 수 없다고 말하지만, 영혼이 남긴 형이상학적인 역할을 부인하지는 않는다.

그런데 사도 바울은 영혼의 이성 기능을 언급하지 않고 있다. 그는 사람의 영혼이 육체에 심히 오염되어 있다고 생각했다. 그래서 혼에 속한 사람은 하나님의 성령의 일을 알지 못한다고 말한 것이다. 곧 혼적인 사람에게 영적인 일들은 어리석게 보일 수 있다. 왜 그런가? 영혼이 육적인 것을 따라가기 때문이다. 그래서 사도 바울이 "그는 그것들을 알 수도 없나니 그러한 일은 영적으로 분별되기 때문이라"고 말한 것이다. 여기서 '그'는 영혼을 말하며, '그것들'은 성령의 일들을 말한다. 곧 혼적인 생각으로는 영적인 일들을 알 수 없다는 것이다. 영적인 일은 오직 영을 통해서만 알 수 있다는 말이다.

그러면 혼에 속한 사람은 그리스도인이 아닌가? 엄밀한 의미에서 교회는 다니지만, '거듭난 그리스도인'은 아니다. 가령 혼에 속한 사람은 십자가의 본질을 알지 못한다. 다시 말해서 혼에 속한 사람은 십자가의 능력을 체험하지 못한 성도다. 그래서 그에게는 십자가의 도가 어리석게 보인다. 혼에 속한 사람은 예배도 자신이 기뻐야 은혜를 받았다고 생각한다. 그래서 불편한 말씀은 받으려고 하지 않는다. 성경 말씀도 자신의 영혼을 기쁘게 하는 말씀만 찾아 먹고자 한다. 그러니 당연히 거듭남을 체험하지 못한다. 교회를 열심히 다니며 은혜를 받은 것 같지만, 성화의 삶이 없다. 그러므로 혼적인 신앙인은 결코 세상 사람과 구별됨이 없다.

그러나 신령한 사람은 다르다. 곧 영에 속한 사람은 거듭난 성도로서 시간이 지나면 지날수록 성령의 열매가 맺어지는 삶을 산다.

3) 영에 속한 사람(프뉴마티코스)

바울은 아직 성령의 인도하심을 제대로 받지 못하는 "혼에 속한 사람'과 대조되는 "신령한 자"에 대해 다음과 같이 말한다.

> "신령한 자는 모든 것을 판단하나 자기는 아무에게도 판단을 받지 아니하느니라"(고전 2:15).

여기서 "신령한 자"는 헬라어로 '프뉴마티코스(πνευματικός)'이다. 곧 '영에 속한 사람'이다. 영에 속한 자는 성령으로 거듭난 새 생명의 사람이다. 다시 말해서 내주하시는 성령의 인도하심을 받는 자이다. 영에 속한 자를 알게 하고, 깨닫게 하시는 분이 성령이다. 그러므로 영에 속한 자는 성령을 통해서 세상을 분별하며 살아간다. 성령의 조명 아래서 스스로 깨달음을 얻는다. 그러므로 '세상의 영'에 의해서 판단을 받지 않는다.

영에 속한 자는 하나님의 영과 세상의 영을 식별할 수 있다. 그래서 비록 사탄이 광명한 천사의 탈을 쓰고 오더라고 영적인 식별이 가능하다. 그렇다고 영에 속한 사람이 모든 것에 완전하다는 말은 결코 아니다. 영적인 사람도 육신을 가지고 이 세상에 사는 한, 세상 영의 공격을 끊임없이 받는다. 그러나 영에 속한 자는 실수하고 넘어지더라도 성령의 가르침을 받고 다시 일어설 수 있다.

자, 그러면 우리는 이런 질문을 할 수 있다. 우리가 어떻게 신령한 자가 될 수 있는가? 여기서 먼저 신령한 자에 관한 오해를 풀어보자. 고린도 교인들은 신령한 자를 '은사 사역자'로 생각했다. 그들은 특별한 은사를 받은 사람을 신령한 자로 생각했다. 그러나 바울이 말한 신령한 자는 그런 개념이 아니다. 신령한 자는 '성령의 인도함을 받는 자' 곧 '말씀의 인도함을 받는 자'이다. 그러므로 신령한 자에게는 '성령의 열매'가 있어야 한다.

그러면 성령의 열매가 무엇인가? 성령의 열매는 "사랑과 희락과 화평과 오래 참음과 자비와 양선과 충성과 온유와 절제"(갈 5:22)다. 그런데 열매는 짧은 시간에 얻어지는 것이 아니라, 많은 시간이 요구된다. 곧 성령의 열매는 매일 성령의 인도함을 받는 순종의 결과물이다. 다시 말해서 보혜사 성령과의 친밀한 교제와 인도하심을 통해서 얻어지는 선물이다.

고린도 교인처럼 특별한 은사는 받았지만, 하나님의 뜻에 따라 인도함을 받지 못한 사역자들도 있다. 예수님은 그들을 "불법을 행하는 자들"(마 8:23)이라고 책망하셨다. 그들에게는 어떤 능력이 있었는가? 그들은 주의 이름으로 선지자 노릇을 하며, 주의 이름으로 귀신을 쫓아내며, 주의 이름으로 많은 권능을 행했다. 그러므로 은사의 능력을 보면 이들도 신령한 자라 말할 수 있다. 그러나 주님은 "내가 너희를 도무지 알지 못하니 불법을 행하는 자들아 내게서 떠나가라"(마 8:23)고 말씀하셨다.

주님이 왜 이렇게 말씀하셨는가? 하나님 아버지의 뜻대로 행하지 않았기 때문이다. 다시 말해서 그들은 은사를 사욕의 도구로 쓴 것이다. 그들에게 중요한 것은 무엇인가? 성령 하나님과의 친밀한 인격적인 교제이다. 보혜사 성령을 바로 알고, 그분과의 교제 안에서 그분의 성품을 닮아가야 한다. 그때 그 은사가 바르게 사용될 수 있다. 다시 말해서 신령한 자는 무엇보다 '그리스도의 마음'을 지녀야 한다.

그렇다면 그리스도의 마음은 어떻게 가질 수 있는가? 내 자아의 죽음이다. 바울의 고백처럼 내가 그리스도와 함께 십자가에서 죽어야 한다. 내가 죽고 내 안에 그리스도의 영이 주인이 되는 것이다. 그러기 위해서는 늘 마음을 잘 관리해야 한다. 곧 이 세대를 본받지 말고 마음을 새롭게 해야 한다(롬 12:2). 그러면 이 세대를 본받지 않는 것은 무엇인가? '세상의 생각'에 빠지지 않는 것이다. 세상의 영은 공중의 권세 잡은 사탄이 주인이다. 사탄이 주는 세상의 생각이 마음을 덮지 못하게 해야 한다. 그때 우리의 삶이 영성 있는 삶이 될 수 있다. 곧 영에 속한 자로 살아갈 수 있는 것이다.

3. '칭의'에서 '성화'로

우리는 예수 그리스도를 구주로 영접함으로 '의롭다 함을 얻었다'. 이것을 신학적으로 '칭의(Justification)'라 한다. 칭의는 다른 말로 믿음으로 구원받았다는 것이다. 사도 바울은 칭의에 대해서 "너희는 그 은혜에 의하여 믿음으로 말미암아 구원을 받았으니 이것은 너희에게서 난 것이 아니요 하나님의 선물이라"(엡 2:8)라고 말했다. '칭의'의 핵심은 은혜와 믿음으로 인한 하나님의 선물이라는 것이다. 그래서 우리는 자랑할 것이 없다. 다만 은혜로 구원받음에 감사하고, 그 은혜에 합당한 삶을 살아가야 한다. 그런데 문제는 여기에 있다. 과연 우리가 은혜로 받은 구원에 합당한 삶을 살고 있는가? 은혜에 합당한 삶은 거듭남을 통한 '성화(sanctification)'이다. 성화의 삶은 우리를 세상 사람과 구별되게 한다. 그러므로 칭의의 삶은 반드시 성화의 삶으로 나아가야 한다. 영성 수련은 성화의 삶을 사는 것이다.

1) 영성 훈련과 성화

사막의 은수자인 에바그리우스(Evagrius Ponticus)는 영성의 삶을 "악한 생각들과의 싸움"[2]으로 설명하고 있다. 그러면 악한 생각은 누가 주는 것인가? '악령' 곧 '사탄'이 주는 생각이다. 수도자들을 괴롭히는 것은 악령이 주는 생각들이다. 그러므로 수도자들의 진정한 싸움은 악한 영들과의 싸움이며, 그들로부터 하나님이 주신 생각을 지키기 위한 투쟁이다. 곧 영성 수련은 악한 생각에 맞선 싸움이다. 그래서 그는 사도 바울이 전한 다음의 말씀을 영적인 삶의 중심으로 삼고 있다.

> "우리의 씨름은 혈과 육을 상대하는 것이 아니요 통치자들과 권세들과 이 어둠의 세상 주관자들과 하늘에 있는 악의 영들을 상대함이라"(엡 6:12).

우리의 싸움이 육체적인 것이 아니라, 영적인 싸움이라는 뜻이다. 그러면 그 대상이 누구인가? 통치자들과 권세자들을 사도 요한은 "이 세상의 임금"(요 16:11)이라 표현한다. 곧 사탄의 세력을 의미한다. 보다

---

2. 에바그리우스 폰티쿠스, 『프락티코스』(분도출판사, 2019), 46쪽. 그가 영성의 삶에 주로 다루는 헬라어 '로기스모이(λογισμοι)'는 '악한 생각'이란 뜻이다.

구체적으로 말하면 어둠의 세상 주관자들, 곧 하늘의 악한 영들이다. 이 악한 영들이 우리의 생각을 공격한다. 그래서 사탄의 생각에 넘어갈 때도 있다.

특히 악령은 '영혼의 생각들'을 공격하여 욕정에 빠지게 한다.[3] 에바그리우스는 플라톤의 영혼론에 영향을 받아 영혼을 세 단계로 구분한다. 첫째, 영혼의 '이성부(λογιστικόν)'이다. 이성부는 영혼의 가장 고귀한 부분으로 정신이다. 이 정신을 통해서 본질적 인식이 가능하다. 곧 하나님과 친밀한 교제가 가능하다. 둘째, 영혼의 '정념부(θυμικόν)'이다. 이곳은 마음과 관련된 유혹 곧 슬픔, 분노, 태만이 공격하는 부분이다. 셋째, 영혼의 '욕망부(ἐπιθυμητικόν)'이다. 육신에 관련된 유혹인 탐식과 음욕 그리고 탐욕이 공격하는 부분이다.

에바그리우스는 정념부(情念部)와 욕망부(慾望部)를 '욕정부'로 통칭하며, 영혼이 육체에 연결된 부분으로 보고 있다.[4] 그러므로 영성 수련은 '영혼의 욕정부'를 정화하여 '이성'이 제 기능을 발휘하게 하는 데 있다. 그의 주장을 철학자 플라톤의 관점에서 다시 설명하면, 본래 영혼은 이데아의 세계에 있는 순수한 존재인데, 육체와 결합함으로 욕정부가 생겨났다고 볼 수 있다. 그러므로 영혼의 욕정부를 잘 다스림으로써, 영혼의 본질인 '이성'이 제 기능을 발휘할 수 있다.

에바그리우스의 영성 생활은 크게 두 영역으로 나눌 수 있다. '프락티케(praktike, 수행)'와 '그노스티게(gnostike, 관상)'이다. 프락티케는 영혼의 정념부와 욕망부를 정화하는 영적인 방법이다. 그리고 그노스

---

3. 같은 책, 51쪽.
4. 같은 책, 35쪽.

티케는 영혼의 이성부가 하나님과의 일치를 이루는 것이다. 그러므로 영성 생활은 욕정부와 연관된 악한 생각과 이성부에 관련된 무지를 제거하여 영혼 안에서 덕을 쌓고 하나님과의 일치를 이루는 영적인 여정이다.[5]

2) '머리의 묵상'에서 '마음의 묵상'으로

필자는 영성의 근본을 묵상과 기도로 보고 있다. 묵상은 크게 '자연 묵상'과 '말씀 묵상'으로 구분할 수 있다. 첫째, 자연 묵상은 하나님이 창조하신 자연 속에서 "하나님의 영원하신 능력과 신성"(롬 1:20)을 깨닫는 것이다.[6]

예수님도 제자들에게 '공중의 새'와 '들꽃'의 묵상을 통해서 하나님의 돌보심이 무엇인가를 깨닫도록 하셨다. 그 대표적인 말씀이 산상수훈에 나오는 "공중의 새를 보라"(마 6:26), "들의 백합화가 어떻게 자라는가를 생각하여 보라"(마 6:28)이다. 여기서 "생각하여 보라"라는 말은 헬라어로 '카타만나노(καταμανθάνω)'이다. '카타만다노'는 '~에 대하여' 그냥 보지 말고 관찰하면서 묵상하라는 뜻이다. 곧 예수님은 들에 백합화가 어떻게 자라고, 어떻게 자연을 아름답게 하는가를 깊이 생각하여 보라고 말씀하신 것이다.

---

5. 같은 책, 36쪽 참조

6. 에바그리우스는 이 부분의 인식을 '피시케(physike)'라 부른다. 곧 자연 세계에 대한 깊은 묵상을 통해서 하나님의 영원하신 능력과 신성을 깨닫는 것이다. 에바그리우스는 '피시케'를 낮은 차원의 인식으로 보고, 그보다 높은 차원의 '테올로기케(theologike)'로 나가야 함을 강조한다. '테올로기케'는 삼위일체의 하나님에 관한 관상을 말한다(같은 책, 38쪽 참조).

그러면 우리가 들꽃의 묵상을 통해서 무엇을 깨달을 수 있는가? 우리가 무엇을 먹을까? 무엇을 마시며 무엇을 입을까? 하는 염려가 헛된 것임을 알게 된다. 세상의 대표적인 영광은 '솔로몬의 영광'이다. 예수님은 그 화려한 솔로몬의 영광이 들꽃의 영광보다 못하다고 말씀하신다. 곧 주님은 "솔로몬의 모든 영광으로도 입은 것이 이 꽃 하나만 같지 못한다"(마 6:29)라고 말씀하신다. 왜 그런가? '들꽃의 영광'은 있는 그대로 곧 존재 자체의 영광이다. 들꽃은 하나님이 주신 그대로의 삶을 통해서 자연을 아름답게 수놓으며 살아간다.

그러나 솔로몬의 영광은 존재 자체로서의 영광이 아니라, '소유의 영광'이다. 지식과 권력 그리고 부와 명예가 덧입혀진 영광이다. 그러나 노년의 솔로몬은 그 영광이 얼마나 헛된 것인가를 깨달았다. 그래서 그는 "헛되고 헛되며 헛되고 헛되니 모든 것이 헛되도다"(전 1:2)라고 고백했다. 자연은 우리를 하나님께로 나아가게 하는 통로이다. 그래서 사도 바울은 "그의 영원하신 능력과 신성이 그가 만드신 만물에 분명히 보여 알려졌나니 그러므로 그들이 핑계하지 못할지니라"(롬 1:20)라고 말했다. 곧 하나님을 몰라서 믿지 않았다는 핑계는 더는 통하지 않는다는 말이다.

자, 그런데 하나님은 당신을 곧바로 알 수 있는 '계시의 책'을 주셨다. 곧 우리가 보고 있는 성경이다. 성경은 하나님의 특별 계시로 하나님에 관한 말씀이 기록되어 있다. 그러므로 우리는 말씀 묵상을 통해서 하나님을 만날 수 있다. 필자는 자연 묵상도 중요하지만, 무엇보다 '말씀 묵상'이 중요하다고 생각한다. 그동안 한국 개신교는 성경 공부에 열심을 냈다. 물론 성경을 바른 신학의 기반 위에서 공부했느냐는 다른 문제이고, 아무튼 하나님을 아는 지식에 열심은 있었다. 그러나 말씀이 삶이 되는 길은 아직은 멀었다고 생각한다. 왜 수십 년 교회는 다니는데 사람이 변하지 않는가? 구원은 받았다고 하는데 왜 구원에 합당한 삶을 살지 못하는가? 그것은 말씀 안에서 자아가 죽지 않아서이다.

성경의 지식이 머리에만 쌓아질 때 우리 삶은 변하지 않는다. '머리의 지식'이 마음으로 내려와야 한다. 곧 '머리의 묵상'이 '마음의 묵상'이 되어야 한다. 이점에 대해 '렉치오 디비나(Lectio Divina)'의 도움을 받고자 한다. 수도원적 영성의 토대인 렉치오 디비나는 묵상과 관상을 구분하고 있다. 렉치오 디비나는 네 단계로 나누어진다. '읽기(Lectio)', '묵상(Meditatio)', '기도(Oratio)', 그리고 '관상(Contemplatio)'이다.

말씀 묵상의 기본은 '읽기'에서 시작한다. 그리고 반복적인 읽기를 통해서 말씀의 내용이 '묵상'이 된다. 여기서 묵상은 본문의 전체적인 내용을 파악하는 수준이다. 곧 '머리로 파악하는 단계'이다. 묵상을 통해서 말씀이 '기도'로 나아간다. 기도 안에서 말씀의 하나님과 만난다. 곧 하나님의 음성을 들으며, '하나님과 일치'를 경험한다. 이것이 바로 '관상'이다. 필자는 이 관상을 '마음의 묵상'이라 부른다. 오늘날 우리의 큐티가 머리의 묵상으로 끝나는 경우가 많다. 머리의 말씀이 가슴까지 내려오기까지는 많은 시간이 필요하다. 머리의 말씀이 마음의 기도가 될 때, 비로소 하나님 안에 거할 수 있다.

주님이 우리에게 늘 강조한 말씀이 '내가 너희 안에', '너희가 네 안에' 이다. 말씀이 마음의 묵상이 될 때, 하나님과 내가 일치될 수 있다. 특별히 복음서 묵상을 통해서 예수 그리스도의 삶으로 깊이 들어가는 것이 중요하다. 예수님이 하신 말씀 속으로 들어가서 주님의 목소리를 듣고,

표정을 보면서 그분의 마음을 아는 것이다. 곧 그리스도의 인격을 닮아가는 것이다. 이것을 다른 말로 '영성 형성'이라 부른다. 영성 형성은 그리스도의 장성한 분량까지 나아가는 것이다. 물론 그곳까지 나아가는 것은 불가능할 수 있다. 그러나 우리는 코끝에 호흡이 멈추는 그 순간까지 그리스도 안에서 그리스도와 함께 동행해야 한다.

4. 결론: 그리스도의 장성한 분량까지

> "우리가 다 하나님의 아들을 믿는 것과 아는 일에 하나가 되어 온전한 사람을 이루어 그리스도의 장성한 분량이 충만한 데까지 이르리니"(엡 4;13).

사도 바울은 '믿음'과 '아는 일'에 하나가 되어야 함을 강조하고 있다. '믿음'은 다른 말로 '영성'이라 할 수 있다. 그리고 "아는 일"은 '지식(지성)'이다. 지성 없는 영성은 다소 위험할 수도 있다. 물론 영성의 신비적 부분을 지성으로 다 설명할 수는 없다. 그러나 영성은 지성을 포기해서는 안 된다. 신비적 영성이 신앙의 토대가 되기 위해서는 신학의 이론적 뒷받침이 있어야 한다. 그와 동시에 신학은 영성의 도움이 필요하다. '영성 없는 신학'은 추상적인 이론의 잔치가 될 수 있다. 곧 내면의 갈급함을 채워주지 못한다. 그래서 오늘날 영성 신학이 그리스도교의 주요 학문으로 등장한 것이다.

바울이 강조한 "온전한 사람"도 그와 같다. 여기서 "온전한"이란 말은 헬라어 '텔레이오스($\tau\acute{\epsilon}\lambda\epsilon\iota\sigma\varsigma$)'를 쓰고 있다. '텔레이오스'는 '완전한', '성숙한'이란 뜻으로 '완전에 필요한 아무것도 결여하지 않는 상태'를 말한다. 바울은 그런 온전한 사람을 영성과 지성이 하나가 되는 사람으로 보고 있다. 그런데 그 온전함이 그리스도의 장성한 분량의 충만함까지 나가야 한다. 이것이 바로 그리스도인이 지향하는 목표다.

　세상의 타 종교는 인간 자신의 거룩함을 위한 명상이나 해탈을 목표로 한다. 그러나 그리스도교는 오히려 자기를 부인하고 그리스도의 성품을 닮아가는 데 있다. 그래서 사도 바울은 아직 영성 있는 일상을 살지 못하는 성도들을 향하여 "너희 속에 그리스도의 형상을 이루기까지 다시 너희를 위하여 해산하는 수고를 한다"(갈 4:19)라고 했다. 예수님은 부활 승천하신 후에, 우리에게 보혜사 성령을 보내주셨다. 그러므로 우리는 내주하시는 성령님과 교제하며, 그분의 음성을 들으며 살아가야 한다. 어디까지 그리스도의 장성한 분량이 충만한 데까지 나가야 한다. 이것이 바로 '영성 생활'이다.

마이스트 에크하르트(Meister Eckhart)의 가난 영성에 관한 고찰

이준섭 교수(호남신학대학교 역사신학)

후기 중세 탁발 승단들(Bettelorden) 간에 복음적 가난의 의미가 무엇인지에 관한 논쟁이 있었다. 각 승단들의 견해는 프란체스코 수사들의 물질적 절대[1] 가난 이해와 도미니코회 수사 토마스 아퀴나스(Thomas von Aquin, † 1274)의 온건한 완성의 도구(instrumentum pefectionis)로서 가난[2] 사이에 우와좌왕하고 있었다. 프란체스코회 수사들은 그들의 수도원 공동체에서 단지 낯설은 사물들의 최소한 필요(Usus pauper)를 허락했던 반면에, 도미니코회 수사들의 무소유(Besitzlosigkeit)는 보다 더 훌륭한 조직과 사도직(Apostolat)의 실행을 위한 하나의 수단이었다. 따라서 도미니코회 수사들에게서 가난한 삶에 대한 실천의 문제는 공동체의 기반들을 흔들어놓지 못했고 ―이와 달리 프란체스코회 수사들의 가난은 복음적인 이상(Ideal)의 실현

---

1. 프란체스코 수사들의 가난 사상은 당시 요아킴 폰 피오레(Joachim von Fiore)의 영향 아래 있었다

2. 참조. Thomas von Aquin, *Summa theological II.II q. 19.*

을 의미했다.— 그리고 목회적 과제들을 실행하는데 필요한 목적을 규정하기 위한 척도에 따라 결정될 수 있었다.[3]

에크하르트(Eckhart) 역시 가난에 대한 논쟁에 참여하여 가난에 대한 자신의 입장을 밝히기도 했다. 도미니코회 수사 에크하르트는 그가 속해 있었던 승단의 입장을 변호했다. 하지만 그의 가난사상은 독일 도미니코회 수사들의 가난사상과 그리스도의 가난, 즉 세속적인 무소유에 기초로, 복음적인 요구의 완성에 관한 논쟁점(Streitfrage)에서 차이를 드러냈다.[4] 그는 그의 설교들에서 주로 물질적인 가난, 그것의 형태, 소유권과 사용권의 구분을 다룬 것이 아니라 오히려 가난의 요구(Armutsforderung)를 어떻게 실현할 것인지를 다루었다. 그는 자기부정(Selbstverzichtung)과 하나님을 떠남(Gottes Lassen)을 이루는 것이야말로 복음적인 것으로 이해했다.[5] 여기서 그의 가난 사상은 마태복음 5장 3절을 배경으로 한 —심령이 가난한 자는 복이 있나니 천국이 저희 것임이니라— 영적, 내적 가난이 그것의 핵심을 이루고 있다. 그것은 특히 설교 52번에서 다루며, 이것은 생애의 말년 쾰른(Köln)에서 이루어진 설교이다.[6]

무엇보다 그의 가난 사상을 이해하려면 그의 가난에 대한 이해가 초창기부터 살펴보는 것이 올바른 이해를 도와 줄 것이다. 그의 가난사상은 이미 초창기 작품에 발견되고 있기 때문이다.[7]

---

3. 참조. A. Otto, *Thomas von Aquin und das Mendikantentum,* Freiburg 1908, p. 10.

4. J. Hernandez, *Studien zum religioes-ethischen Wortschatz der deutschen Mystik. Die Beziehung und der Begriff des Eignetums bei Meister Eckhart und Johannes Tauler,* p. 133.

5. O. Langer, *Christliche Mystik im Mittelalter,* p. 304.

6. 참고. K. Ruh, *Meister Eckhart: Theologe, Prediger, Mystiker,* p. 158.

7. 보라! F. Loeser, *Die niht enwil und niht enwiz und niht enhat,* p. 399-412; G. Stachel,

"나(에크하르트)는 당신(하나님)의 부요함(Reichtum)이 나의 가난함을, 당신의 측량 할수 없음(Unmeßlichkeit)이 나의 비움(Leere)을, 당신의 무한하고 파악할 수 없는 신성(Gottheit)이 나의 황량하고 부패한 인성(Menschenheit)에 가득 채워지도록 하기 위해 당신에게로 다가가기를 원합니다."[8]

설교 52번은 초창기 기본적인 가난 사상이 확장 되어 있고, 심지어 초창기 그의 신비주의적 가난 개념(Armutskonzeption)을 다루어져 있다. 설교는 다음과 같이 구성되어 있다.

1. 도입부(DW II, p. 486,2-489,1)
   A. 성서의 머리말(p. 486,2-7)
   B. 물질적 가난과 내적 가난의 구분에 따른 에크하르트의 논제로서 내적인 가난(p. 486,8-487,4)
   C. 도미니코회 수사들의 전통에 반대한 에크하르트의 고유한 가난 정의 (p. 487,5-489,1)
2. 본문: 내적 가난의 부정 진술(DW II, p. 489,2-505,9)
   A. 어떠한 것을 원하지 않은 것(Nichtswollen) 으로서 가난 (p. 489,2-494,3)
   B. 어떠한 것을 알지 못하는 것(Nichtswissen) 으로서 가난 (p. 494,4-498,3)
   C. 어떠한 것을 가지 않은 것(Nichtshaben) 으로서 가난
   D. 가난과 신성(Gottheit)으로 돌파(Durchbruch) 와의 관계
3. 결론: 맺음말 (p. 50,1-4)

Meister Eckhart: Alles Lassen - eins warden. Mystische Texte - Reden der Unterscheidung und Predigten, p. 139-171.
8. RdU, DW V, 267,4-7.

설교 52번은 현재 연구에 따르면 두 가지 관점에서 이해된다. 먼저는 철학적-전통적 이해가, 다른 한편으로는 신학적-신비적 이해이다. 전자의 철학적, 전통적 이해를 전제로 하는 학자들[9]은 그들의 주요 모티브를 어거스틴의 전통 안에서 신플라톤 사상들의 수용으로 인식했다. 그것은 어거스틴의 "참회록 IX 10,23-25"과 "삼위일체론에 관해서 VIII 3" 안에 제시된 하나님에게로 인간의 상승이다.[10] 그들 연구의 주요 목적은 에크하르트를 신비주의로부터 해방하는 데 있다. 그들은 에크하르트의 가난사상에서 이성론, 영혼 안에 '어떠한 것(Etwas)' 그리고 은총론(Gnadelehre)에 집중시켰다. 그들 중 대표적 학자 쿠르트 플라쉬(Kurt Flasch)는 에크하르트의 철학이 신비주의와 동떨어져 있다고 변론했다. "에크하르트의 설교 52번은 '신비신학'을 다루고 있는 것이 아니라 가난이란 지성의 부정력 (Negationskraft)이자 본질상 접근 불가능함(Sichheraushalten)이다. 지성은 급진적인 분리이고, 그것은 절대적 것과 분리되는 것으로 세상 체계의 원동력(Brunnenstube)이다."[11]

그와 반대로 독문학자이자 신학자 하스(Alois M. Haas)는 에크하르트를 신학자, 영성가 그리고 신비주의자라고 변호했다. 에크하르트의 가난사상은 하나의 디오니시우적인 전통 안에 있는 신비적인 체계를 가지고 있다고 주장했다. "비움(Leere)은 단지 언제나 충만(Fülle)과 관련해서 생각될 수 있고, 그 충만은 은총의 형식 안에서 가능하다. 따라서 가난이란 부요함(Reichtum)에 도달할 수 있는 필요한 전제조건이다."[12] 에크하르트는 가난의 이상의 역설을 가지고 신비적인 삶에 관한

---

9. 주요 인물들: K. Flasch와 그의 제자들. 일부 학자들은 이들을 보쿰(Bochum)대학교를 중심으로 이루어진 주장이라고 해서 보쿰학파라고 지칭한다.

10. 참고. K. Flasch, Predigt 52: *Beati paupers spiritu*, p. 198.

11. 위의 책, p. 198.

12. A. M. Haas, *Meister Eckhart*, p. 28.

모든 통상의 표상들(Vorstellungen)을 뒤바꾸어 놓고 있다. 그는 가장 깊은 가난의 요구에 대한 최종의 합법적인 근거를 성육신을 통해 하나님의 가난하게 됨에서 찾는다.

설교 52번에서 소개된 것처럼 에크하르트의 가난 이해는 당시의 전통을 벗어나 있지만, 그의 신학 사상 내에는 당시 신학적 반성을 전제로 한다. 보다 더 정확한 이해를 얻기 위해서 그 시기의 지배적인 가난사상의 공통점들과 차이점들이 에크하르트의 조망들(Ansichten)을 통해 검증되어야만 할 것이다. 필자는 그것을 다음과 같은 질문들과 더불어 진행하고자 한다.

- 에크하르트의 가난사상을 이해하려 할 때 당시 전통적인 사상의 수용은 어디까지 이루어졌는가?
- 그는 가난을 어떻게 정의하고 있는가?
- 그의 가난 이해가 자기부정과 신성으로 돌파의 신비적 개념들과 어떠한 관계 안에 서 있는가?

1. 전통적인 가난사상에 대한 에크하르트의 비판

12세기 초 먼저 순회설교자들, 그리고 이후에 또한 평신도들은 '*사도적 삶 (Vita apostolia)*', 즉 사도를 모범으로 한 가난한 삶을 살 것을 요구했다.[13] 순회설교자들의 무리에 속한 자들은 현실적인 가난을 반영하면서 그것을 급진적으로 기독교적인 의미로 전환시키려고 시도한다. 대부분 부유한 가정에서 태어났던 그들 스스로 세속적인 것들(Güter)을 포기하고 엄격한 가난에 삶을 산 동시에, 종교적 가난을 현실적 가난

---

13. 참조. O. Langer, *Christliche Mystik im Mittelalter*, p. 215.

과 일치시키려고 했다.[14] 그때 도미니코회 수사들은 '목양적 돌봄(Cura monialium)'의 삶을 받아들이면서 그들의 가난 사상은 승단에 예속된 수녀회들과 깊은 관계를 맺었다. 에크하르트 역시 이 일에 참여했고 목회적 조건들(Seelsorgebedingungen)의 위험한 극단성(Zuspitzung)을 경험했다. 그리고 그 극단성은 승단에 예속된 수많은 여성수도회들과 스트라스부르크(Strassburg) 베긴회(Beginnen)의 목양적 돌봄을 통해서 발생했다.[15] 그의 가난사상이 이러한 맥락에서 근거하고 형성되었다 하더라도 그것은 여성수도회의 가난사상과는 구분된다. 그는 여성수도회들의 가난사상뿐 아니라 그의 승단과 프란체스코회 수사들의 사상까지도 비판의 폭을 넓혔다.

에크하르트가 신학적으로 알버트 마그누스(Albert Magnus, † 1280)의 영향을 받았음에도 불구하고 그의 주요 비판은 알버트 마그누스였다.[16] 하지만 그는 직접적으로 알버트의 가난사상에 반론을 제기한 것이 아니라 가난에 관한 새로운 이해를 제공하기 위하여 우회로(Umweg)를 사용했다.[17]

"주교 알버트는 말하기를 가난한 사람이란 하나님이 창조했던 모든 사물들에 만족함을 가지지 않은 사람이다 - 그것은 좋은 생각이다. 그러나 우리는 보다 더 훌륭하게 그것을 말하고 고상한 이해로서 가난을 수용해야 한다: 가난한 사람이란 어떠한 것도 원하지 않은 사람이고, 어

---

14. 참고. O. Langer, *Christliche Mystik im Mittelalter*, p. 216.

15. 참고. 위의 책, p. 303.

16. 보라! K. Flasch, *Meister Eckhart: Die Geburt der 'deutschen Mystik' aus dem Geist der arabischen Philosophie*, p. 67-85.

17. 참고. K. Flasch, Predigt 52: *beati pauperes spritu*, p. 191. 쿠르트 플라쉬는 완전히 다른 견해를 가지고 있다: "이러한 이론은 알버트 마그누수(Albert Magnus)의 특별한 모티브가 아니다; 그것은 신플라톤화 되고 어거스틴적인 전통을 재진술한 것이다."

떠한 것도 알지 못하는 사람이며, 어떠한 것도 가지지 않은 사람이다."[18]

알버트(Albert)는 가난을 하나님이 창조했던 모든 사물들에 대한 불만족으로 정의하는 반면에, 에크하르트는 '가난'을 *부정의 길(via negative)*—어떠한 것도 원하지 않은 것, 어떠한 것도 알지 못하는 것 그리고 어떠한 것도 가지지 않은 것— 으로 이해한다. 알버트의 '가난한 자'란 하나님이 창조했던 것보다 더 많은 것, 즉 하나님을 가지도록 요구했다. 반대로 에크하르트의 '가난한 자'란 한편으로 자기자신을, 다른 한편으로 불만족한 세상에 대한 대체물로 하나님을, 그리고 어떠한 것도 소유하지 않은 사람이다.

에크하르트의 새로운 이해에는 당시 가난사상에 관한 명백한 비판이 발견된다. 당시 사상가들에 의하면 가난한 삶은 참회들, 외적인 묵상들, 그리고 인간의 덕들, 즉 겸손, 자선 그리고 사랑들과 같은 종교적인 행위들과 관련을 맺고 있다. 그 결과, 그들은 가난을 인간의 덕들과 업적들의 풍부한 결과로 보았다. 이에 반해 에크하르트는 인간적이고 외적-종교적 행위들을 가지고 고유한 자아(Selbst)을 위한 가난에 도달하려고 한다는 위험성을 지적했다.[19] 여기서 이 사람들은 아궁이 불 혹은 마구간에서보다 예배, 달콤한 황홀경(Verzücktheit)과 특별한 은총에서 더 가까이 하나님에게 다가섰다고 주장한다. 하나님을 만나는 방법을 알고 있지만 하나님 자체를 만나는 것이 아니기 때문에 그 사람들은 하나님을 만나지 못할 것이다.[20] 하나님이 영혼에로 들어오는 것이 아니라 가난이 영혼에 들어오는 것이다. 에크하르트의 가난사상

---

18 Pr. 52: Beati paupers spritu, DW II, p. 488,3-6.

19. 참고. Pr. 52: Beati paupers spiritu, DW II, p. 489,2-490,4.

20. 참고. Largier I, p. 869. Anm. 140,14-27.

은 내적인 현상들과 단지 중요치 않은 외적 현상에만 관련하고, 이에 따라 외적 행위들이 아닌 신적 진리의 내적 경험들에만 집중되어 있다.

에크하르트는 물질적 소유의 문제를 어떻게 다루고 있는가? 이것은 당시 도미니코회 수사들과 프란체스코회 수사들 사이에 가난 논쟁에 있어서 중요한 논제였다. 다음 텍스트는 에크하르트가 이런 명제(Satz)에 관여했고, 자신의 해결책을 설명하고 있다.

> "많은 사람들은 세상의 물질적 사물들에서 어떠한 것도 가지 않은 것이 완성이라고 말했다. 이것은 어떤 사람이 그것을 확실히 생각했다면 의미 상 사실이다 … 그러나 이러한 것은 내가 생각하는 의미가 아니다."[21]

물질적 무소유(Besitzlosigkeit)가 복음의 완성이라고 확신을 가진 프란체스코회 수사들은 무소유의 삶을 사는 많은 사람들에게 속한다. 그와는 반대로 도미니코회 수사들은 가난을 단지 완성을 향한 하나의 가능한, 의미 있는 길로서 이해했다. 그러므로 에크하르트는 신학적으로 도미니코회 수사들의 전통을 따르고 있지만 그의 승단의 전통과는 달리 외적 인간존재(Sein)의 급진적 과제들을 추구하려고 했다.[22]

에크하르트에 따르면 가난은 질(Qualitaet), 즉 영혼에 있는 장소로 사람에게 어울린 어떠한 것으로 존재하는 것이 아니라 현존(Dasein)의 구상(Verfasstheit)의 변화로 존재해야만 한다. 그 변화는 하나님이 더 이상 사람에게 상대자가 아닌 사람 안에서 활동하면서 하나님이 스스로 활동하는 방법에 따라 인간과 하나님과의 일치를 추구하는 것이

---

21. Pr. 52: Beati paupers spiritu, DW II, p. 498,4-7.
22. 참고. Pr. 52: Beati paupers spiritu, DW II, p. 499,10-450,6.

다. 이때 "사람은 완전히 수동적으로 하나님의 활동을 경험한다. 그럼에도 불구하고 그 사람은 하나님과 일치된 사람으로 활동자(Wirkender)이다."[23] 영혼의 절대 순수성은 단지 하나님이 머물 수 있는 장소를 갈망하는 것조차 포기하는 내적, 영적인 가난에서만 도달된다.

우리가 모든 사물들과 사역들로부터 벗어나 있고 모든 것들로부터 자유롭다면 에크하르트에 따르면 우리 안에 하나님의 활동할 장소를 확보하는 것이 중요하다. 그 이유인즉, 우리 안에 소유에 관한 갈망이 존재하기 때문이다; 이런 가난은 다음 장에서 구체적으로 다루어질 에크하르트의 복음적인 가난을 여기서 보다 훨씬 더 급진적인 경향을 드러내고 있다. 다만 여기서 그의 가난사상은 그 당시 그의 승단의 전통적 배경에서 나왔을 뿐만 아니라 그와 전통적인 이해 사이에 정확한 분리선을 긋고 있다고 주장할 수 있을 뿐이다.

2. 가난의 종류

에크하르트(Eckhart)는 가난을 두 가지 종류로 분류했다. 그것은 외적인 가난과 내적인 가난이다. 그의 구분은 또한 그의 인간론, 외적 인간과 내적인 인간과의 분류와 일치한다.[24] 두 가지 구분을 근거로 우리는 에크하르트의 독특한 신학을 살필 수 있다. 내재성의 강조는 하나님과 인간 영혼의 내적인 만남에 놓여 있다. 이때 가난에 대한 에크하르트의 설명은 외적 가난과 내적인 가난 사이에 사상적인 차이점들이 아니라 내적, 영적인 가난에 집중하고 있다. 그의 가르침은 형식적으로는 구분되지만 외적 가난과 내적인 가난은 최종적으로 일치를 추구하

---

23. 참고. Largier I, p. 1059. Anm. 558,21-24.
24. 보라! RdU., DW V, p. 290,5-309,2.

고 있다.[25]

2.1. 외적인 가난

에크하르트가 외적 가난보다 오히려 내적인 가난에 초점을 두었다
하더라도 외적 가난에 대한 그의 진술들을 무시할 수 없다. 그는 외적
인 가난에 대한 모델로 아시시 프란체스코(Franziskus von Assisi, †
1226)를 제시한다.[26] "이 성인은 가난을 대단히 좋아했기 때문에 그는
자신보다 더 가난한 사람을 보면 견딜 수 없어 했다."[27] 에크하르트는
외적인 가난과 관련하여 이러한 경탄을 다른 곳에 더 명확하게 제시했
다. "가난을 진정으로 사랑하는 사람은 어떤 사람이 그보다 적게 가지
는 것을 어떠한 사람에게도 허락하지 않는다."[28] "그(진정한 가난한 자)
는 항상 시간성 안에서 도달할 수 있는 가장 고상한 단계(der höchste
Grad)를 차지하기 원하고, 어떠한 것이 그보다 위에 있는 것을 견디지
못한다; 그는 계속해서 가장 높은 자리를 차지하기를 원한다."[29] 외적
인 가난은 어떠한 다른 사람보다 적게 소유하려는 갈망(Streben)이다.
왜냐하면 그 가난은 시간성 안에서 도달할 수 있는 가장 높은 단계이
기 때문이다. 가난이란 "필요한 것 없이도 지낼 수 있는 일이다. 그것은
하나님을 위해 하나님이 주고자 했던 혹은 주지 않기로 했던 모든 것들
을 포기할 수 있는 일이다."[30]

---

25. 보라! B. Hasenbrink, *Der Rebdorfer Eckhartkommentar,* p. 207–211

26. 참고. Pr.74: Dilectus deo et hominibus, DW III, p. 274.

27. Pr.74: Dilectus deo et hominibus, DW III, p. 275,2–3.

28. Pr.74: Dilectus deo et hominibus, DW III, p. 274,12–14.

29. Pr.74: Dilectus deo et hominibus, DW III, p. 274–75.

30. 참고. RdU., DW V, p. 300,1–301,2.

에크하르트가 하나님과 인간 영혼 사이 관계 안에서 가난 사상을 제시할 때 그는 창조된 많은 사물들과의 관계성 안에서 가난을 언급한다. 인간 영혼이 세속적 사물들에 고착되면 영혼은 점차적으로 영혼의 고유한 신적 특성을 상실한다.[31] 이때 외적 가난의 삶은 하나님에게 보다 근접하게 다가가는 기능을 할 뿐만 아니라 영원한 사물들과 관련을 맺는다. 그는 외적 가난을 그리스도, 즉 가난하게 된 예수를 향한 사랑에 근거를 두고 있다. 인간은 그러한 예수의 삶을 추구해야만 한다.[32] 더 나아가, 그의 외적 가난은 그리스도를 본받은 일(Imitatio Christi)과 물질적인 소유의 무시(Verachtung)에 근거한다.[33] 게다가 그는 다른 텍스트들에서 기독론적인 관점을 가지고서 외적인 가난을 해석하고 있다.[34]

외적인 가난을 언급하고 있는 에크하르트의 설교들에는 그 생애 동안 사회적 가난을 반영하고 있는지에 다룰 필요가 있다. 우리는 쿠르트 플라쉬(Kurt Flasch)의 설교 52번의 해석에서 그 문제에 대한 대답을 얻을 수 있다. "14세기 전반기는 유럽이 산업화 이전 경험했던 커다란 사회 경제적 팽창을 이루었고 그것을 통해서 가난은 가시화되면서 가난이 이때 문제로서 받아들여졌다."[35] 당시 가난 운동들(Armuts-bewegungen)은 사회적 가난을 받아 드렸을 뿐만 아니라 이것을 하나님에 의해 소원했던 구원에 이르는 방법으로 수용했다. 이것은 급진적

---

31. Sermo XXII: Homo quidam erat dives, n. 209, LW IV, p. 194.

32. 참고. Pr. 52: Beati paupers spiritu, DW II, p. 486-87.

33. 참고. Nargier I, p. 1053. Anm. 550,11.

34. 참고. U. Kern, *Gottes Sein ist mein Leben,* p. 79. Pr. 49: Beatus ventus venter, qui te portavit, DW II, p. 430.

35. K. Flasch, *Predigt 52: Beati paupers spiritu,* p. 183. 플라쉬와 다르게 우도 케른(Udo Kern)은 에크하르트의 외적 가난이 사회 가난을 전혀 반영하지 않은 것으로 주장한다. 보라! U. Kern, *Gottes Sein ist mein Leben*, p. 78.

인 측면에서 에크하르트에게 해당된다.

에크하르트는 외적인 가난을 물질적인 무소유뿐만 아니라 하나님이 준 모든 것이나 주지 않은 모든 것들의 포기를 요구하는 극단적인 금욕을 선동한다. 그는 그리스도의 모델을 외적 가난의 성취로 이해하고 해석한다. 에크하르트 시기에 화려한 기사 문화는 서서히 시민 중심의 도시 문화로 교체되면서 몰락한다.[36] 도시 발전은 동시에 경제와 무역 발전을 이루고, 그 결과 상인계급은 점차적으로 증가하면서 도시에는 빈부의 격차가 뚜렷해 졌다. 동시에 이 시기는 홍수등과 같은 위협적인 자연재해를 통해서 흔들리게 되었다.[37] 사회적 상황에서 에크하르트의 가난 설교는 나온 것이고, 그는 자신의 설교 안에서 그 시대를 반영한 신학을 발전시켰다. 외적 가난이 아니라 내적인 가난이 에크하르트의 설명들에 중심에 서 있다. 그는 확실히 외적 가난을 그리스도를 본받은 요소로 평가하지만, 그것에는 그의 복음적 가난 요구의 중요한 의미가 들어있지 않다고 생각한다.[38]

2.2. 내적인 가난

2.2.1. 내적 가난이란 무엇인가?

이미 위에서 언급했듯이 에크하르트의 내적 가난은 성서의 영적 가난과 일치한다. 그는 직접적으로 내적 가난이란 무엇인가를 설명하는 것이 아니라 그의 청자들에게 내적 가난이 간단하게 이해될 수 없는 것

---

36. 보라! J. Quint, Meister Eckhart, in: ZDP 5 (1939), p. 209-231.

37. 참고. J. Quint, *Einleitung*, p. 9.

38. 참고. Largier I, p. 1053. Anm. 550,11.

을 밝힌다.[39] 내적인 가난을 올바르게 이해하기 위해서 사람에게 실제적인 전제조건이 뒤따라야만 한다. 그것은 간접적으로 하나님의 진리와 동일하게 되어야만 한다. 진리의 인식이 하나님과의 연합(Einung)과 관련을 맺는 한 하나님을 정말로 이해하기를 바라는 이 사람은 이미진리와 하나(eins)여야 한다. 그렇지 않으면, 진리는 하나님으로부터 분리된 것이거나 하나님에게로 향하도록 하는 매개일 뿐이다. 그럼에도불구하고 완전한 사람은 직접적으로 하나님을 향해 서 있다는 것을 통해서 특징 지을 수 있게 된다. 그러므로 그는 진리를 진리로 존재케 하는 것으로 이해하도록 하기 위해 그것을 직접적으로 하나님 안에서 인식해야만 한다.[40] 가난은 많은 사람에 의해서가 아니라 소수의 가난한자들에 의해서만 이해될 수 있다.[41]

내적 가난은 에크하르트에 의하면 하나님의 지혜와 관련해 이해된다.

"우리가 모든 사물들 위에 있게 되고 우리 안에 존재하고 있는 모든 것(alles)이 극복된다면 어떠한 것도 우리를 억압하지 못한다. 내 아래 존재하는 것은 나를 억압하지 못한다."[42] "심령이 가난한 자는 복이 있나니 천국이 저희의 것 임이니라(마 5:3) …, 왜냐하면 천사와 모든 피조물의 지혜는 하나님의 근원 없는 지혜(grundlose Weisheit) 앞에서 순수한 무(ein reines Nichts)이기 때문이다. 이러한 지혜는 가난한 자들이 복이 있다고 말했다."[43]

---

39. 참고. Pr. 52: Beati paupers spiritu, DW II, p. 487-488.
40. 참고. Largier I, p. 1055-1056. Anm. 550,20-22.
41. Pr. 52: Beati pauperes spiritu, DW II, p. 489.
42. Pr. 11: Impletum est, DW I, p. 179,5-7.
43. Pr. 52: Beati pauperes spiritu, DW II, p. 486,2-7.

이 텍스트에 따르면 내적 가난은 우리 안에 존재하는 모든 사물들보다 더 우위에 있고 근원 없는 지혜이다. 왜냐하면 그것은 소유될 수 없음(nichts)에 근거하기 때문이다. 가난의 가장 고귀한 단계는 어떠한 것에 의해서 억압받지 않고, 하나님의 근원 없는 지혜(grundlose Weisheit)와의 만남을 위해 자유롭다. 하나님의 근원 없는 지혜는 피조물들에 의해서 이해될 수 없다.[44] 에크하르트의 삼위일체론에 따르면 예수 그리스도는 하나님의 지혜이다.[45] 사람이 가난하게 되고 하나님의 지혜와 하나되면 동시에 그는 하나님의 아들이 된다. 그런 까닭에 "아버지의 지혜가 말할 때 모든 천사들, 모든 성인들 그리고 탄생된 모든 것이 침묵해야만 한다."[46]

에크하르트가 에르프르트(Erfurt) 도미니코회 수도원의 부원장(Prior) 그리고 튀링겐(Türingen)의 부사제로 활동한 1294년과 1298년 사이에 그가 저술했던 "교훈담화(Die Reden der Unterweisung)"에서 우리는 내적 가난에 관한 더 명확한 정의를 발견할 수 있다. 그는 내적, 즉 영적 가난을 그리스도의 권위를 가지고서 논증하고, 그 권위는 모든 축복들보다 내적 가난을 더 고귀한 것으로 평가했다. 내적 가난은 모든 것을 세울 수 있는 기초이다.[47] 에크하르트의 가난이란 "매개 없이(ohne Mittel) 하나님의 마음에서 나온"[48] 지혜이다. 그는 이것

---

44. 에크하르트의 표현 "근원 없는"이란 근원 혹은 이유(Grund, 중세 독일어 grunt)에 유래한 것이다. 보다 더 명확한 설명을 위해서는 다음을 보라: B. McGinn, *The Mystical Thought of Meister Eckhart: The Man from Whom God hid Nothing*, New York 2001; P. Reiter, *Der Seele Grund: Meister Eckhart und die Tradition der Seeenlehre*, Würzburg 1993.

45. 어거스틴에 연결해서는 에크하르트는 다음과 같은 삼위일체론의 표현양식들을 이용한다: potential(하나님)-sapientia(예수)-bonitas(성령), memoria-intellectus-voluntas, unitas-aequalitas-nexus/concordia. 보라! Largier I, p. 758. Anm. 20,11.

46. Pr. 52: Beati pauperes spiritu, DW II, p. 486,4-5.

47. 참고. RdU., DW V, p. 297,4-9.

48. Pr. 52: Beati pauperes spiritu, DW II, p. 506,3.

을 인간의 완성으로서가 아니라 완성의 출발점으로 이해했다. 영적 가난이 완성을 위한 출발점이라면 그것은 원했던 완성에로까지 상승되어야만 한다.

> "사람이 영 안에서 가난해지면 해질수록 그는 점점 더 분리되고 모든 사물들을 벗어나게 된다; 영 안에서 가난하게 되면 될수록 모든 사물들은 더욱더 영의 소유가 되고 그것의 소유이다."[49]

본문에서 에크하르트는 내적 가난과 사물들, 마찬가지로 영적 가난과 인간의 자아 사이에 관계를 제시한다. 그는 내적 가난을 사물들의 포기뿐만 아니라 인간 의지의 포기로 해석한다. 이와 같이 자기의 노고의 거부는 하나님을 통해서 내적 충만을 위한 전제조건이다. 그의 신학은 부정 신학으로 나타나고,[50] 또한 내적 가난에 대한 그의 사상 안에서 발견된다. "가난한 사람이란 어떠한 것도 원하지 않고, 어떠한 것도 알지 못하며, 어떠한 것도 가지지 않은 사람이다."[51]

에크하르트에게서 영적 가난이 인간의 전 실존(Praeexistenz) 안에 있는 인간의 상태를 무(Nichts)로서 제시된다는 점[52]에서 그의 진술은 알버트 마그누스(Albertus Magnus)의 진술을 뛰어넘고 있다. "그러므로 인간으로 전혀 존재하지 않은 것으로 그가 존재했던 것처럼 그의 창

---

49. Pr. 74: Dilectus deo et hominibus, DW III, p. 275,3-5.

50. 에크하르트의 부정신학의 연구에 관해서는 보라: V. Lossky, *Theologie negative et connaissance de Dieu chez Maitre Eckhart,* Paris 1966.

51. Pr. 52: Beati pauperes spiritu, DW II, p. 275,3-5.

52. 쿠르트 플라쉬는 에크하르트의 가난사상이 설교 52번에서 신비적으로 제시된 것이 아니고 에크하르트가 알버트 마그누스(Albertus Magnus)와 디트리히 폰 프라부르그 (Dietrich von Freiburg)의 전통을 따르고 있다고 주장한다. 그러나 텍스트에 따르면 에크하르트가 다른 입장을 변호한 것임을 명확하게 볼 수 있다. 보라! K. Flasch, Predigt 52: Beati pauperes spiritu, p. 182-199.

조된 의지로부터 독립적으로 서 있다."[53] 에크하르트는 언급된 세 가지 형용구들 "어떠한 것을 원하지 않은 것, 어떠한 것을 알지 못하는 것과 어떠한 것을 가지지 않은 것"을 그의 부정 신학에서 하나님 안에서 무성(Nichtigkeit), 비움(Leere)과 절대적 자유의 가르침으로 폭 넓게 발전시키고 있다.[54]

내적 가난에 대한 에크하르트의 가르침은 모든 존재하는 사물들보다 우위에 있다는 점과 근원 없이(grundlos) 단지 하나님을 근거로 하는 바로 그 지혜로 이해될 수 있다. 따라서 가난은 인간의 정체성을 포함한다. 인간이 가난하게 된다면 그는 예수가 하나님의 아들인 것처럼 하나님의 아들이 된다. 그것은 기독교적 삶의 완성이 아니라 그의 완성을 위한 출발점일 뿐이다.

2.2.2. 역설적 이해로서 에크하르트의 내적 가난의 가르침

가난의 반대는 부요함(Reichtum) 혹은 충만(Fülle)이다. 물론 에크하르트의 사상에서 가난은 동시적으로 충만, 즉 부요함과 더불어 생각되어야 한다. 하스(Haas)에 따르면 "에크하르트에 의하면 비움은 항상 충만과 관련해서만 생각될 수 있고, 그 충만은 은총의 형식 안에서 가능하다. 가난 또한 부요함의 가능성을 위한 전제로 소개될 수 있다."[55] 다음 인용구는 그의 정의를 대변해준다.

---

53. Pr. 52: Beati pauperes spiritu, DW II, p. 491,8-9.
54. 참고. M. Fox, *Breakthrough: Meister Eckhart's Creation Spirituality in New Translation*, p. 219. 저자는 특히 이와 같은 무성(Nichtigkeit)와 더불어 하나님과 인간의 일치를 위한 근본적인 요소를 발굴한다; B. Welte, *Der mystische Weg des Meisters Eckhart und sein spekulativer Hintergrund*, p. 97-102.
55. A. M. Haas, *Meister Eckhart als normative Gestalt geistlichen Lebens*, p. 28; 동일 저자, *Semo Mysticus: Studien zu theologie und Sprache der deutschen Mystik*, p. 200.

"진실로, 네가 너의 가난의 삶을 영위하기를 원한다면 모든 측량할 수 없는 부요함의 풍부한 보물로 향해라. 그러면 네가 풍요롭게 될 것이다; 그 (하나님)가 유일한 보물로 존재한다는 것을 확신하라, 그러면 네가 너에게 가득 채워질 그 보물에 만족하게 될 것이 때문이다. 그런 까닭에, 당신의 부요함이 나(에크하르트)의 가난을 가득 채우기 위하여 내가 당신(하나님)에게로 다가가기를 원할 때 당신의 측량할 수 없음이 나의 비움을, 당신의 무한하고 파악할 수 없는 신성이 나의 극히 비천하고 부패한 인성을 가득 채우소서."[56]

여기서 에크하르트는 가난과 관련하여 사람을, 부요함와 관련하여 하나님을 논하고 있다. 이때 가난한 영혼은 무한하고 파악할 수 없는 신성(Gottheit)만큼 그렇게 가난한 것이지만 동시에 가난 안에서 신성처럼 그렇게 부요하다. 영원한 사람과 하나님 사이에 어떠한 일치는 가난 안에 존재한다.[57] 에크하르트는 하나님의 부요함, 그의 측량할 수 없음 그리고 무한하고 파악할 수 없는 신성을 영적 가난, 내적 비움 그리고 비천하고 부패한 인성(Menschenheit)에 비유한다. 그러나 최종적으로 그는 구분보다는 일치에 초점을 맞추고 있다. 논제화된 내용을 재구성하고 정확하게 표현하기를 원한다면 다음과 같이 말할 수 있을 것이다: 차이를 거부하지 않으면서 일치 안에서 차이가 있음을 다루고 있다.[58] 특히 인간 영혼의 하나님의 충만과 부요함으로서 인간의 내적 가난의 관계에 있어 역설적 이해가 나타나고 있다.

에크하르트는 부요함과 가난의 관계의 역설적 관계를 다른 설교에

56. RdU., DW V, p. 267,1-7.

57. 참고. J. Zapf, *Die Funktion der Paradoxie im Denken und sprachlichen Ausdruck bei Meister Eckhart*, 미간행 박사학위 논문, Koeln 1966, p. 357.

58. B. Hasenbrink, *Der Redorfer Eckhartkommentar*, p. 208. 참고. B. Mojsisch, *Dynamik der Vernunft bei Dietrich von Freiburg und Meister Eckhart*, p. 140.

서도 진술한다. 거기서 그는 부요함 안에 있는 하나님을 주체로 그리고 가난 안에 있는 인간을 객체로 명명한다. 그는 하나님과 연합을 의도하고, 인간의 부요함과 자아(Selbst)로부터 완전한 독립은 그 연합을 위한 전제조건이라고 주장한다.[59]

개념들 "부요함"과 "가난"이 상호 대조적이지만 그 경우 또한 상호 근접해 있는 에크하르트의 표현들은 모순의 중재를 추구하고 있고, 인간의 가난과 신적 부요함 사이에 구분을 드러내지 않는다.[60]

에크하르트가 가난과 부요함의 역설적 구조 안에서 가난을 인간 영혼의 충만을 위한 전제조건으로 이해하는 동시에, 하나님의 충만과 인간 내적 가난의 일치로 보려는 데서 그의 신비적 사상을 확인할 수 있다.

2.2.3. 출생 전의 실존(vorgeburtliche Existenz)으로서 내적 가난

가난에 대한 에크하르트의 독특한 이해는 또한 창조의 개념 안에서 다시 발견된다. 하스(Haas)에 따르면 "내적 가난의 인간은 그가 하나님의 창조 사상으로서 하나님 안에 존재했을 때인 그의 출생 전 상태에 있었던 것과 같이 흥미 없이(interesselos) 그리고 사심 없이(selbstlos) 존재해야만 한다."[61] 다음 인용문은 하스의 진술에 학문적인 토대가 되고 있다. "인간이 진실로 가난을 가져야만 한다면 그는 아직 존재하지 않았을 때처럼 그렇게 존재했듯이 그의 창조된 의지로부터 독립적이어야만 한다."[62] "인간이 하나님의 영원한 본질(Wesen) 안에 아직 서 있

59. 참고. Pr. 49: Beatu venter, qui te portavit, DW II, p. 446,7-447,1.
60. 참고. F. Loeser, *Die niht enwil und niht enweiz und niht enhat*, p. 400.
61. A. M. Haas, *Meister Eckhart als normative Gestalt geistlichen Lebens*, p. 27.
62. Pr. 52: Beati pauperes spiritu, DW II, p. 491,7-9.

었을 때 그 안에는 어떠한 다른 것이 살지 않았기 때문이다: 오히려 그 곳에 살았던 것은 자기 자신 바로 그이기 때문이다. 그래서 우리는 인간이 그가 존재하지 않았을 때 행동하듯이 그의 고유한 지식으로부터 완전히 독립적이고 그가 원했던 것을 하나님에게 행하도록 하면서 인간이 독립적으로 서 있다."[63]

인용구는 인간의 출생 전 실존(vorgeburtliche Existenz)이 가난 안에 있는 실존임을 명백히 하고 있다. 왜냐하면 출생 전 인간은 어떠한 자기 자신의 의지를 가지고 있지도 않고 어떠한 자기 자신의 지식도 알지 못하기 때문이다. 에크하르트는 출생 전 실존의 사상을 가지고서 내적 가난, 즉 지식과 의지의 비움, 그리고 우리의 의지와 지식으로부터 완전한 해방을 제시한다. 단지 그 사람만이 가난하고, 그 사람은 어떠한 것도 원하지 않고, 어떠한 것도 열망하지 않으며, 그래서 그가 아직 존재하지 않았을 때 있었던 바로 그곳으로 회귀하는 것이다. 우리는 출생 전 실존이 어떠한 특정한 의미를 제시하고 있는지에 더 근접할 필요가 있다. 이전에 인용된 텍스트에서 에크하르트는 그것에 대해 어떤 특성을 제시하지 않고 있지만 밀렘(Milem)에 따르면 이것을 세 가지로 인식할 수 있다.

"첫 번째, 그 구절은 비존재(nonbeing)와 관련되거나 일치된 일종의 존재를 지칭한다. 가난한 사람은 그가 혹은 그녀가 없었을 때 존재했다. 이러한 존재는 명확하게 일반적으로 인간과 사물에게 붙여진 것과는 다르다. 그 표현의 두 번째 특징은 시간의 이용이다. 에크하르트는 이 구절을 과거형에 둔다. 그러므로 과거에 대한 이러한 언급은 에크하르트가 말하고 있는 일종의 존재 그리고 사람들과 질료들이 일반적으로 가지려고 생각할까 하는 일종의 존재 사이에 차이를 강조한다. 그러나 에크하르

---

63. Pr. 52: Beati pauperes spiritu, DW II, p. 495,1-5.

트가 과거 안에서 시간을 문자적으로 말한 것인지, 실제적인 순간인지 혹은 비유적인지 명확하지 않다. 표현 안에서 포함된 세 번째 특징은 하나님과 관련되어 있다. 에크하르트는 인간이 존재하지 않았을 때 인간이 존재했던 만큼 인간의 의지로부터 자유로워야만 한다고 말한다."[64]

밀렘의 설명은 출생 전 실존으로서 내적 가난이 인간 영혼 안에 비존재(Nichtssein)이고 동시적으로 영혼 안에 하나님의 활동을 유도하는 역할을 한다는 점에 집중되어 있다. 그곳에 '비존재' 안에서 내재적으로 가난하게 된 사람은 하나님에게 모든 사물들을 양도한다. "영적 가난한 사람은 우리가 존재하지 않았을 때 그가 그것들을 가진 것처럼 하나님에게 모든 사물들을 양도했던 바로 그 사람이다."[65] 결과적으로 내적 가난은 인간의 출생 전 실존이고, 그 실존은 그의 의지와 지식으로부터 비우는 것이고 하나님에게 모든 것을 양도하며 동시에 하나님을 통해서 가득 채워지는 것이다.

2.2.4. 에크하르트의 부정신학(negative Theologie)으로서 내적 가난

가난과 관련하여 에크하르트의 세 가지 부정적 표현들 —어떠한 것도 원하지 않고, 어떠한 것도 알지 못하며, 그리고 어떠한 것도 가지지 않은 가난— 은 그의 독특한 이해를 위한 대표적인 증명이다. 그는 부정적 형용구들과 관련해 세 가지 종류의 가난을 최상급으로 구분한다. 그것은 어떠한 것도 원하지 않은 가난으로서 가장 고귀한 가난(höchste Armut), 어떠한 것도 알지 못하는 가난으로서 가장 순수한

---

64. B. Milem, *The Unspoken Word*, p. 27.
65. Abg., DW V, p. 428,9-11.

가난(reinste Armut), 그리고 어떠한 것도 가지지 않은 가난으로서 가장 외적인 가난(äußerste Armut)이다.[66] 그러한 구분의 정확한 의미가 무엇인가를 텍스트에 근거해서는 물론 전혀 알 수 없다. 가난에 관한 최상급의 사용은 설교 52번 안에서 두 가지 기능들을 가진다: 한편으로 그는 그 당시 신학자들이 생각했던 것처럼 외적 가난이 완성이라는 모순을 나타내고,[67] 다른 한편으로 내적 가난이 훨씬 외적 가난보다 우위에 있고 완성으로 향하는 길로 유도한다.

2.2.4.1. 어떠한 것도 원하지 않은 가난(Nichtswollende Armut)

에크하르트가 진실로 어떠한 것도 원하지 않은 가난의 의미를 설명하기 전에 그는 사람들이 그 시기에 가난을 어떻게 이해했는지를 소개했다. 인간들은 당시 진정한 가난이 종교적 행위들과 더불어 행해야만 하고 이러한 행위들이 진정한 가난으로 유도한다고 생각했다. 그 경우 그들은 가난이 외적, 즉 물질적 사물들의 거부라고 믿었다. 동시에 물질적인 것들로부터 실제적 전향(Abkehr)을 통해서 하나님의 의지에 영향을 받기를 원하고 영원한 삶을 얻기를 원했다.[68] 에크하르트는 오히려 가난의 관습적인 이해를 찬양하지만 그것은 진실한 가난에 관한 그의 이해가 아니었다.

인간들이 세속적인 사물들을 포기했지만 하나님을 향한 그들의 이기주의의 위험 안에 서 있는 갈망을 포기하지 않았다. 왜냐하면 그들 자신의 바램은 여전히 하나님을 향한 갈망 안에 머무르고 있기 때문

---

66. 참고. Pr. 52: Beati pauperes spiritu, DW II, p. 499,1-8.

67. Pr. 52: Beati pauperes spiritu, DW II, p. 498,4-6.

68. 참고. Pr. 52: Beati pauperes spiritu, DW II, p.491,4-492,2.

이다. 그들이 원했던 가난의 도구(Instrument)는 "참회들과 외적 행위들"[69] 안에 존재한다. 외부적인 것에 눈을 돌리는 참회와 경건의 행위들은 많은 사람들 중 가난한 자들에게 명예와 영광을 가져오지만 그들은 신적인 의미를 이해하지 못한다. 외적 것에 의해 숙고되면서 이러한 사람들은 거룩한 자로 지칭되지만, "그들은 내적인 것에 관해서는 어리석은 자들(Esel)이고,"[70] 그들은 신적 진리를 이해하지 못한다. 인간이 규정된 것, 또는 창조된 사물들을 원하는 한, 그가 규정된 것을 통해서 그의 의지를 가득 채우기를 원하는 한, 마찬가지로 그가 하나님의 의지를 규정된 것으로 가득 채우기 원하는 한, 그는 영적으로 가난한 사람이 아니다. 그는 가난 안에서 "자기의 에고(Ego)를 위해 그리고 자신의 소망의 실현을 위해 하나님의 의로움(Gerechtigkeit)을 가져오지만 하나님과의 일치"[71]를 이루는 것을 원치 않는다.

당시 사람들과는 달리 에크하르트에 의하면 어떠한 것도 원하지 않은 가난은 급진적인 의미에서 인간적인 의지의 거부와 모든 사물들로부터의 전향(Abkehr)뿐만 아니라 게다가 스스로를 위하여 하나님을 갈망하는 조차도 포기하는 것이다.

> "내가 아직 나의 첫 번째 근원(Ursache) 안에 서 있었을 때, 그때 나는 하나님을 가지지 않았고, 나는 나 자신이 근원이었다; 나는 어떠한 것도 원하지 않고 갈망하지 않았다. 왜냐하면 나는 하나의 독립적인 존재였고 진리의 향유(Genuss)에 있어서 나 자신이 인식자(Erkenner)였기 때문이다. 그때 나는 나 자신을 스스로 원했고 그밖에 어떠한 것도 원하지 않았다; 내가 원했던 것은 나였고, 나였던 것은 나를 원했으며, 그리

---

69. Pr. 52: Beati pauperes spiritu, DW II, p. 489,4.

70. Pr. 52: Beati pauperes spiritu, DW II, p. 489,5-490,1.

71. U. Kern, *Gottes Sein ist mein Leben*, p. 84.

고 여기서 나는 하나님과 모든 사물들로부터 독립적으로 서 있었다."[72]

이 텍스트에서 에크하르트는 "인간의 출생 전 존재를 신적 존재근원 (Seinsgrund)의 '순수 행위(actus purus)' 안에 있는 이데아(Idee)로 이해한다. 그런데 각각의 인간 본질 존재(Menschenwesensein)의 이데아는 신적 존재근원 안에 신성(Gottheit)과 함께 한다.

'에고(ego)'는 또한 그 신성 안에서 '하나님'을 소유하지 않았고 인식하지 못했다."[73] 가난 안에서 어떠한 것도 갈망하지 않았던 나 자신의 근원(Ursache)은 출생 전 실존으로 이해될 수 있다. 에크하르트에게서 단지 가난은 인간이 더 이상 고유한 의지를 소유하지 않은 곳이다. 고유한 원함과 갈망의 말살(Vernichtung)에서 인간은 그의 원천(Ursprung)을 향해서 귀로하고, 그는 직접적으로 그 원천 안에 그의 원인과 함께 하나이며, 그 결과 그는 자기 자신의 원인이었다. 원인과 원인이 되는 것의 일치 속에서 의지는 항상 이미 이행된다. 왜냐하면 인간은 그것 안에 그가 원하는 것과 하나이기 때문이다. 따라서 모든 사물들과 모든 의지로부터 자유로운 어떠한 것도 원하지 않은 가난은 하나님으로부터 한번도 제한되지 않은 독립성이고 완전히 독립적인 인식을 소유한다. 모든 사물들로부터 독립적인 실존은 어떠한 것도 원하지 않은 가난 안에서 스스로 원인이고,[74] 따라서 그것은 단지 진리의 향유에 있어서 인식의 주체일 뿐만 아니라 바램(Wollen)의 주체이다. 인식의 주체로서 가난한 인간은 그가 있었던 것처럼 진리에 따라서 자유로

---

72. Pr. 52: Beati pauperes spiritu, DW II, p. 492,3-7.

73. J. Quint, DW II, p. 509. Anm. 22.

74. 참고. F. Tobin, *Meister Eckhart: Thought and Language*, p. 142. "두 가지 역설들은 여기서 나타나게 된다. 첫 번째는 하나님으로서 피조물의 역설이고, 두 번째는 감소이다."

운 존재로서 인식된다. 그의 바람은 자아(Selbst)의 상실이 아니라 그 것은 이미 존재한다. 그 결과 그의 바람은 그의 존재(Sein)와 일치한다. 이러한 의미에서 어떠한 것도 원하지 않은 가난 안에 있는 인간은 하나님과 구분되지 않은 피조물이다.[75]

　항상 그렇듯이 에크하르트의 전문용어는 포괄적으로 제시되었기 때문에 그것은 하나님의 일치를 생각해야 할 것이다: 하나님을 전제로 한 것은 하나님의 자유의지에서 일어나고, 그 의지는 하나님의 일치 안에서 출생 전 하나님과 하나였던 자유의지이다. 자유로운 결정에서 나온 존재의 수용에서 하나님은 피조물과 구분된다. 하나님은 맨 처음 분리 안에서 하나님으로 나타난다. 그래서 만일 인간이 그의 의지의 포기를 통해서 일치로 회귀한다면 분리 또한 극복되어야만 한다. 인간 의지는 창조를 통해서 그리고 창조와 더불어 그의 자유로운 의지로부터 벗어났고, 더 이상 인간의 출생 전 실존의 독립적인 것과는 일치하지 않는다.[76] 그는 바로 지금 분리된 자로 소유하기를 원하면서 하나님에게뿐 아니라 피조물에게로 방향 지어진다. 가난한 사람은 하나님에게 출생 전 실존처럼 자유롭도록 청원하면서 하나님이 하나님으로 존재되지 않게 하는 강탈(Usurpation)로부터 벗어나 있다.[77] 이때 피조물의 최종적인 목적은 하나님과 피조물과의 어떠한 분리도 일어나지 않는 신성(Gottheit)의 '순수 행위(purus actus)'이고, 그 실제화 안에서는 하나님과 피조물과의 어떠한 분리도 일어나지 않는다. 이것은 피조물의 근원 안에서 "이데아로서 제시되고, 그래서 신성의 '순수 행위(actus purus)'와 하나로 나타나고, 그 결과 모든 창조를 넘어 창조자와 하나이

---

75. 참고. B. Milem, *The Unspoken word*, p. 27.
76. 참고. Pr. 52: Beati pauperes spiritu, DW II, p. 492,7–493,2.
77. U. Kern, *Gottes Leben ist Mein Leben*, p. 85.

다."[78] 창조에서 하나님은 모든 것 안에 모든 것이 아니라 피조물들 안에서 상대자로 제시된다.

객체로 하나님은 피조물의 결과이고 피조물과의 관계에서만 인간에 의해 발견된다. 인간이 어떠한 것도 원하지 않은 가난 안에서는 출생 전 상태로 회귀하는 일은 하나님이 '나(Ich)이다' 라는 의미이다. 역으로 가난 안에서 인간은 하나님과 하나가 되고, 의지의 탈피와 게다가 하나님을 향한 갈망마저도 탈피를 경험한다. 그는 하나님 안에 있기 때문이다. "가난한 사람은 개인 소유를 가지지 않고, 그 사람은 어떠한 것을 갈망하지도 소유하는 것도 원하지 않으며, 스스로도 하나님 이외에 존재하는 모든 것뿐만 아니라 하나님, 그리고 모든 사물들도 원하지 않는다."[79] 라르기어(Largier)에 따르면 "가난한 사람은 고유 의지로부터 자유롭게 되어야만 하고, 그 결과 하나님을 받아들이기 위해서 그의 의도성, 소개하는 형상들, 형태들로부터 그리고 창조된 것으로부터, 대표적인 인식의 방법들로부터 자유로워야만 한다."[80]

인간이 어떠한 것도 원하지 않은 가난 안에서 자기 자신과 그의 고유한 의지를 하나님에게 양도하고 최종적으로 하나님의 의지가 인간에게 헌신토록 할 것이다.

> "하나님은 항상 그에게 자신의 의지를 제공하는 사람에게 그를 완전히 제공하고, 하나님의 의지가 인간에게 속하게 된다는 고유한 의미 안에서 더욱 그렇다. 그리고 하나님은 스스로에게 맹세하기를 그는 사람이 원하는 것 이외는 어떠한 것도 할 수 없게 된다."[81]

---

78. Largier I, p. 1059, Anm. 554,18.
79. RdU., DW V, p. 299,7-9.
80. Largier I, p. 1054. Anm. 550,11.
81. Pr. 25: Moyes orabat dominum, DW II, p. 8,11-9,2.

하나님의 의지가 사람에게 속하게 되는 일은 자아와 의지의 포기를 전제로 한다. "그러한 사람은 하나님이 가지고 있는 모든 것을 하나님으로부터 받아들이고, 마찬가지로 하나님, 마리아(Unsere Frau)와 천국에 있는 모든 사람들이 자체적으로 가진 것처럼 완전히 하나님의 것과 그와 일치하는 것만을 받아드린다. 그것은 그러한 사람들의 것에 속하는 동시에 자기의 것에 속한다. 그래서 자기 자신과 그 자신을 포기하는 사람들 또한 동일한 것을 받아들이고 그 이상은 아니다."[82] 인간은 인간의 의지를 포기하는 정도에 따라 하나님의 의지로 가득 찰 수가 있거나 그 반대이기도 하다. "모든 피조물의 비움 상태(Leersein)는 하나님의 가득참(Vollsein)이고, 피조물의 가득 참은 하나님의 비움의 상태이다."[83] "우리는 말한다: 인간이 의지에 가난해야만 한다면 그는 그가 출생하지 않았을 때 그가 갈망하고 원했던 것만큼 그렇게 적게 원하고 갈망해야만 한다."[84] 의지의 가난은 인간이 하나님에게로 들어가고 하나님과 절대적인 일치 안에서 재발견을 의도하고 있다.[85] 에크하르트의 어떠한 것도 원하지 않은 가난은 의지의 창조적인 가난이 아니라 출생 전 의지에로 회귀이고, 하나님의 의지가 물질적 사물들과 인간의 의지로부터 완전한 비움의 상태를 통해서 인간 영혼에 들어오도록 하는 것이다. 가난은 인간의 비움 상태 안에 있는 의지의 해방으로 말미암아 하나님과 인간과의 일치를 위한 전제조건이라고 볼 수 있다. 따라서 에크하르트의 신비주의는 어떠한 것도 원하지 않은 가난 안에서는 자기 자신의 의지와 창조된 존재를 향한 근본적인 갈망의 부정을 전

---

82. Pr. 4: Omne datum optium, DW I, p. 72,1–5.

83. Abg., DW V, p. 413.

84. Pr. 52: Beati pauperes spiritu, DW II, p. 494,1–3.

85. 참고. Largier I, p. 1053. Anm. 550,11.

제로 한다고 주장할 수 있다.

2.2.4.2. 어떠한 것도 알지 못하는 가난(Nichtswissende Armut)

에크하르트는 어떠한 것도 알지 못하는 그 가난을 "지성의 가난"[86]
이라 한다. 그는 이 가난을 "인간의 엘리트적인 가정과 금욕적인 훈련
에서 나온 것이 아니라"[87] 우리 삶과 관계를 짓고 있다. 그는 당시 많은
사람들이 어떠한 것도 알지 못하는 가난을 제대로 이해하지 못했다. 어
떠한 것도 알지 못하는 가난 안에 있는 사람은 스스로를 위해서도, 진
리를 위해서도 그리고 하나님을 위해서도 살지 않는다는 것을 알아야
한다.[88] 에크하르트는 훨씬 더 급진적인 것을 사람들에게 요구한다. 가
난 안에서의 인식과 경험은 그것들이 규정된 것(Bestimmtes)과 대비
되고 매개를 통해서 활동하는 한 좌초되어야만 한다.

가난은 절대적인 직접성(absolute Unmittelbarkeit)를 전제로 한다.
직접성이란 "인간은 오히려 모든 지식으로부터 독립적으로 있어야만
하기 때문에 그는 알지도 인식하지도 받아들이지도 않고, 그 결과 하나
님은 그 안에 산다. 에크하르트는 그 안에 살아 있는 모든 인식으로부
터 독립적으로 존재해야만 한다."[89] 에크하르트가 맨 처음부터 항상 반
복적으로 강조한 기본 문장, 즉 인간의 자아(das Ich)에게도 진리에게
도 게다가 하나님에게 구속된 것으로부터 완전히 벗어난 이후에도 그
는 어떠한 것도 알지 못한 가난의 의미, 즉 인간이 모든 특정 목적과의

---

86. F. Tobin, *Meister Eckhart: Thought and Language,* p. 143.

87. U. Kern, *Gottes Leben ist mein Leben,* p. 86.

88. 참고. Pr. 52: Beati pauperes spiritu, p. 494,4-8.

89. Pr. 52: Beati pauperes spiritu, DW II, p. 494,8-495,1.

연관성으로부터 완전한 분리의 삶을 위해서 어떠한 경우에도 아는 것을 허락하지 않는다. 인간 오히려 모든 지식으로부터 자유로워야만 하고 하나님이 그 사람 안에 살고 있다는 사실마저도 인식하지 못한 것이다.[90] 분리에 기인한 모든 것, 상대자와의 관계들을 형성하는 모든 것과 이러한 분리에 관한 지식을 형성하는 모든 것이 제외되어야만 한다. 에크하르트에게서 가난한 인간은 진리를 위해서, 스스로를 위해서 혹은 하나님을 위해서 사는 것을 갈망하는 것이 아니라 그의 삶은 모든 지식으로부터 완전히 자유로운 삶이어야만 한다.

모든 지식은 하나님, 피조물과 자아에 관한 지식을 포함한다.[91] "하나님, 피조물과 자아에 관해서 전혀 알지 못하는 일은 의식된 모든 것들 안에서 자체적인 확신에 대한 근본적인 포기를 의미한다."[92] 더 나아가 어떠한 것도 알지 못하는 가난한 사람은 현재와 미래에서처럼 과거 안에서 스스로와 하나님 사이에 관계를 고려해서도 알지 못하는 삶을 산다. 그때 어떠한 것도 알지 못하는 가난한 사람은 과거에서 유래한 지식뿐만 아니라 현재와 미래에서 유래한 지식에서 자유롭다. 무지한 사람은 출생 전 하나님과 연합함에 그에게 속해 있는 그 무시간성(Zeitlosigkeit)에 도달한다.

어떠한 것도 알지 못하는 가난 안에 있는 인간이 어디에 있었고, 그가 어떻게 살았으며 그의 상태는 어떠했는가? 그가 가난 안에 있던 곳은 모든 피조적인 것과 스스로에 관한 모든 지식이 극복된 곳이자 오직 출생 전 실존(vorgeburtliche Existenz)만이 머무는 곳이다. 가난 안

---

90. J. Quint (편집), DW II, p. 511, Anm. 28.

91. 참고. Pr. 52: Beati pauperes spiritu, DW II, p. 497,6-498,1.

92. B. Welte, *Der mystische Weg des Meisters Eckhart und sein spekulativer Hintergrund*, p. 97.

에 있는 사람은 하나님의 영원한 본질(Wesen)과 함께 산다.[93] 어떠한 것을 알지 못한 가난 안에 있는 인간은 하나님의 영원한 본질로 존재하고, 그로 인해 그는 어떠한 경우도 창조된 사물들과는 공존하지 않는다. 거기서 인간의 삶은 그 자체이고 가난한 사람은 단지 그의 실존(Existanz)만을 인식한다. 가난한 사람의 인식은 하나님의 인식과 분리되는 것이 아니라 그것과 연합된다.[94] 그는 하나님과 상응하는 지식을 소유한다.[95] 그러므로 에크하르트의 어떠한 것을 알지 못하는 가난은 하나님의 영적인 충만에 도달하기 위한 전제 조건이다.

에크하르트는 영혼의 근거(Grund), 영혼의 어떠한 것(Etwas)과 영혼의 불꽃(Seelenfüklein)과 결합해서 어떠한 것도 알지 못하는 가난을 제시하려고 한다. 그가 이것을 행하기 전에 그는 도미니코회 수사들과 프란체스코회 수사들 사이에 논쟁점, 즉 축복이 사랑 혹은 인식에 우선하는 지를 다루고 있다. 그는 사랑보다 인식을 제시한 도미니코회 수사들의 입장을 배경으로 자신의 라틴어와 독일어 작품들 안에 그의 입장을 정리하고 있다.[96] 도미니코회 수사들의 전통을 따르는 대신에 그는 그 자신 그리고 새로운 사상을 피력한다.

> "우리는 축복이 인식 안에서도 사랑 안에서도 놓여 있지 않다고 말한다; 오히려 영혼 안에 어떠한 것(Etwas)이 있고, 인식과 사랑은 그것에서 유출한다(ausfließen); 영의 능력들이 그것을 행한 것처럼 그것 자체는

---

93. 참고. Pr. 52: Beati pauperes spiritu, p. DW II, p. 495,1-5.

94. 참고. B. Milem, *The unspoken Word*, p. 34.

95. 참고. U. Kern, *Gottes Sein ist mein Leben*, p. 88.

96. 에크하르트의 입장에 보다 더 정확한 견해에 대해서는 파리에서 1302-1303년 저작했던 "Quaestiones Parisienes"의 세 번째 질문을 보라! LW V, p. 55-71. 이러한 작품에는 에크하르트가 여전히 도미니코회 수사들의 입장을 변호하고 있다는 것을 볼 수 있다.

인식하지도 사랑하지도 않는다. 어떠한 것(Etwas)과 교제하는 사람은 축복이 어디에 놓여 있는지를 안다."[97]

에크하르트가 말한 진정한 축복은 하나님의 인식과 선한 행위들을 향한 바램이 아니라 "영혼의 어떠한 것(Etwas)"의 인식 안에 놓여있다. 에크하르트는 어떠한 것(Etwas)을 또한 영혼의 근거(Seelengrund) 혹은 영혼의 불꽃(Fünklein der Seele)으로 보았다. 하나님이 영혼의 근거 안에서 규정된 것으로 인지되지 않고, 게다가 또한 소망되지 않기 때문에 그는 지성과 의지보다 영혼의 근거를 우위에 둔다. 영혼의 근거 안에는 하나님과 영혼 사이 일치가 존재할 뿐이다.[98] 영혼 안에 어떠한 것(Etwas)의 속성은 무시간성(Zeitlosigkeit)과 순수성(Reinheit)이다.

에크하르트의 무시간성이란 전(Vor)이나 후(Nach)를 표현하지 않으며, 그의 순수성이란 하나님의 활동을 위한 장소로 영혼 안에 어떠한 것이 모든 지식으로부터 자유롭다는 것은 전혀 부가되지 않은 것을 말한다.[99] 무시간성과 순수성을 가진 영혼 안에 어떠한 것(Etwas)은 모든 지식에 관한 상실의 장소인데 거기서는 하나님만 활동한다. 영혼의 근저(Seelengrund)는 하나님이 규정되지도 이해되지도 않은 것과 마찬가지로 규정되지 않는다: "하나님은 존재도 이성적인 것도 아니라서 이것도(dies) 혹은 저것도(das) 인식하지 않는다. 따라서 하나님이 모든 사물들로부터 독립적이기 때문에 그는 바로 모든 사물로 존재한다."[100] 어떠한 것(Etwas)은 존재와 인식보다 우위에 놓여 있으면서 또한 이것은 모든 사물들에서 독립적이고, 그것은 이 사물들을 동시에 포

97. Pr. 52: Beati pauperes spiritu, DW II, p. 496,2-5.

98. 참고. Largier I, p. 1059, Anm. 556,19.

99. 참고. Pr. 52: Beati pauperes spiritu, DW II, p. 496,5-7.

100. Pr. 52: Beati pauperes spiritu, DW II, p. 497,4-6.

함한다. 하나님이 영혼의 근거 안에서 하나님으로 활동해야만 한다면 어떠한 것의 독립적인 것과 단념(Beraubtsein)이 필요하다. 단지 무지 (Nichtwissen)만이 하나님의 활동을 위해 자유롭다.

영혼 안에 어떠한 것처럼 가난한 사람은 순수성과 무지성(Unwissenheit) 을 추구해야만 한다. "사람이 자유롭고 독립적으로 서 있어야만 한다면 그는 하나님이 그 안에서 활동하는 것조차도 알지 못하고 인식하지 못하는 것이고, 그 경우 그는 가난을 소유할 수 있다."[101] 그러한 가난한 사람은 "영혼 안에 어떠한 것(Etwas)이 하나님의 방식에 따라 자체를 사용하는 것과"[102] 똑같다. 여기서 에크하르트의 어떠한 것도 알지 못하는 가난을 극단적인 입장으로 볼 수 있다. 그 이유인즉, 그것은 피조물뿐만 아니라 하나님에 대한 지식의 배제를 요구하기 때문이다. 가난한 사람은 그의 고유한 지식에서 대단히 자유로워서, 하나님, 피조물과 자아까지도 전혀 알지 못한다. 그는 고유한 지식에 관한 알지 못함 (Nichtwissen) 안에 산다. 자기자신 안에서 하나님의 활동에 관해 어떠한 것도 알지 못한 영적인 사람은 하나님의 활동을 위해 자유롭다.[103] 또한 단지 하나님의 인식만을 다시 요구한 에크하르트의 진술은 다음 텍스트 안에서 이해될 수 있다.

"이유인즉, 진정으로 완전한 사람은 자기자신을 죽이는 일에, 하나님 안에서 자기의 것을 해체해서 하나님의 의지에 따라 넘치도록 양육되는 일에 익숙한 사람이고, 그의 모든 축복은 자기 자신과 모든 것을 알지 못하고 단지 하나님만 알고 하나님의 의지 이외에는 어떠한 것도 원하지 않고 어떠한 의지도 알지 못하며 하나님이 나를 인식한 것처럼 하나님을

---

101. Pr. 52: Beati pauperes spiritu, DW II, p. 497,2-3.

102. Pr. 52: Beati pauperes spiritu, DW II, p. 496,7-497,1.

103. 참고. Pr. 52: Beati pauperes spiritu, DW II, p. 497,6-498,3.

인식하기 원하기 때문이다."[104]

가난은 스스로를 죽이는 일, 하나님 안에서 자기 자신의 것을 해체(Entbilden seiner selbst)하는 일과 신적인 지식 안에서 충만한 지식을 획득하는 일(Überbilden)이다. 에크하르트에게서 해체하는 일(Entbilden)은 어떠한 것도 알지 못하는 것에 대한 또 다른 표현인 반면에, 충만한 지식을 획득하는 일(Überbilden)은 어떠한 것을 알지 못하는 일을 통해서 하나님의 지식의 충만에 도달하는 일이다.

죽음의 개념은 그 경우 하나님 안에서 충만 지식의 획득을 받아 들여지도록 하기 위해 스스로와 모든 사물들에게서 벗어나는 요청이다. 만일 영혼이 하나님의 존재와 생명으로 말미암아 충만하게 되어야만 한다면 영혼은 모든 고유한 존재와 고유한 삶을 상실해야만 한다. 영혼의 갈망이 신적인 충만에로의 통로를 의미하는 한 영혼의 갈망은 기쁨 전에 죽음으로서 표기될 수 있다.[105] 이때 어떠한 것을 알지 못하는 가난이란 하나님과 피조물로부터 비움(Leere)이다. 비움은 하나님을 통해서 하나님의 유일한 지식에로의 충만한 획득을 유도한다. 하나님은 내 안에 활동하기 때문에 그가 나를 인식한 것처럼 나는 그를 인식하고 안다.[106] 어떠한 것을 알지 못하는 가난 안에 있는 사람은 하나님의 지식에 의해서 충만하게 된다. "하나님이 자신만을 인식하는 이러한 인식은 '버리고 떠나게 된 영(der abgeschiedene Geist)'의 인식이지 다른 어떠한 것은 아니다."[107] 여기서 버리고 떠나 있는 영이란 모든 창조된 지식으로부터 자유롭다.

---

104. BgT., DW V, p. 21,7-11.

105. 참고. Largier I, p. 1029, Anm. 482,12-17.

106. 참고. U. Kern, *Gottes Sein ist mein Leben*, p. 89.

107. Pr. 10: In diebus suis, DW I, p. 162,2-4.

가난한 사람의 지식은 하나님의 활동을 위한 절대적 순수성, 무시간성 그리고 자유로움이고, 동시에 그것은 모든 창조된 지식에서 벗어나 있는 신적인 지식에로의 회귀이다. 그러므로 최종적으로 그것은 하나님의 지식에 관한 도달이다. 가난 안에 있는 사람은 그것을 위한 전제조건을 충족시켜야만 한다. 피조물뿐만 아니라 하나님과 관련한 지식으로부터 해방(Entledigung). 가난한 사람은 스스로를 죽이고 하나님 안에서 스스로 자기 자신을 해체시킨다.

2.2.4.3. 어떠한 것도 가지지 않은 가난(Nichtshabende Armut)

에크하르트는 어떠한 것도 가지지 않은 가난에 대한 당시 신학자들의 두 가지 이해 방식들을 제시한다. 첫 번째 이해는 프란체스코회의 전통에 속하는데 어떠한 것을 가지지 않은 가난을 물질적인 사물들에 대한 무소유로 그리고 복음적인 완성으로 이해했다.[108] 두 번째 이해는 에크하르트가 속해 있는 도미니코 수도회의 전통이었다. "나(에크하르트)는 그것을 이미 종종 말했고 훌륭한 선생들은 그것을 또한 말한다: 사람은 모든 사물들과 사역들, 즉 내적인 것처럼 외적 사역들로부터 대단히 독립적이어서 그는 하나님의 고유한 장소로 존재할 수 있고, 그것 안에서 하나님은 활동할 수 있다."[109]

여기서 '선생들'이란 도미니코 수도회에 속해 있는 수사들이다. 텍스트에서 에크하르트는 어떠한 것을 가지지 않은 가난을 외적인 무소유성 뿐만 아니라 내적인 사물들의 포기로 이해했던 그 전통을 따르고

---

108. 참고. Pr. 52: Beati pauperes spiritu, DW II, p. 498,4-6.
109. Pr. 52: Beati pauperes spiritu, DW II, p. 499,9-500,3.

있다. 그는 그의 승단과 다른 전통들에도 정통했음을 알 수 있지만, 이러한 전통들 중 어떠한 전통도 미래에 따르지 않는다. 그는 후에 어떠한 것도 가지지 않은 가난에 관해 보다 더 급진적인 사상을 발전시키는데 도미니코회의 가르침과도 구분되는 것이다. 그 당시 도미니코회 수사들의 문제는 모든 내적 그리고 외적인 사물들을 포기하는 대신에 어떠한 것을 가지지 않은 가난 안에서 하나님의 장소를 갈망하고 있다고 생각했다.[110]

에크하르트는 어떠한 것을 가지지 않은 가난과 더불어서 사물들의 무소유성뿐만 아니라 급진적인 비움 안에서 완전한 가난을 원한다. 가난은 사람의 영혼에 질(Qualität)로서 사람에게 어울리는 어떠한 것이 아니라 가난은 현존재(Dasein)의 구상(Verfasstheit)의 변화를 일으킨다. 그 변화는 하나님을 대상으로 하는 어떠한 것(etwas) 안에서보다 더 많이 사람 안에서 활동하는 것이 아니라 오직 자기 자신 안에서 활동하는 정도에 따라 사람과 하나님과의 하나를 이루게 한다. 그럴 때 사람은 완전히 수동적으로 하나님의 활동을 경험한다.[111] 일반적인 도미니크 수도회의 전통 안에는 주체-객체와의 관계가 유지되고, 그 결과 가난한 사람은 하나의 다른, 즉 하나님의 장소로서 자기자신을 발견한다. 그것과는 반대로 에크하르트는 주체-객체의 관계를 파괴시켜 버린다. 이유인즉, 하나님과 하나가 된 사람은 동시에 활동하는 자신이기 때문이다.[112]

> "왜냐하면 하나님이 대단히 가난한 사람을 발견한다면 하나님은 그의 고유한 사역을 행하고 사람은 자기자신 안에서 하나님을 경험하기

---

110. 참고. Pr. 52: Beati pauperes spiritu, DW II, p. 500,4-6.
111. 참고. Pr. 52: Beati pauperes spiritu, DW II, p. 500,7-501,4.
112. 참고. Largier I, p. 1059, Anm. 558,21-24.

(erleiden) 때문이다. 그리고 하나님은 그가 자기자신 안에서 활동하는 일자(einer)라는 사실에 관련해서만이 그의 사역들의 고유한 장소이다."[113]

가난한 사람은 하나님이 자기자신 안에서 활동한다는 것을 인식한다. 세상, 자아 혹은 하나님을 가지려고 원하는 것으로부터 벗어나기 위해서 사람은 절대적으로 하나님이 자기자신 안에서만의 활동(In-sich-selbst-Wirken)을 의존한다.[114] 에크하르트는 앞선 텍스트 안에서 동사 '당하다(erleiden)'를 사용하고 있는가? 밀렘(Milem)은 이 단어를 세 가지 의미로 하나님과 영혼의 상관관계에서 진술한다.[115] 첫 번째로, 이 단어는 아리스토텔레스적인 의미를 가진 '경험하다(erleben 혹은 erfahren)'와 일치하는데 스콜라주의자들은 그 단어를 'passio'로 번역했다. 두 번째로, 단어 '당하다(erleiden)'는 피조물과 하나님과의 분리라는 맥락에서 사용된다. 이유인즉, 하나님과는 반대로 고난 받은 인간은 약한 존재이기 때문이다. 세 번째로, 그것은 인간과 하나님의 관계에 있어서 구분과 일치를 포함한다. 단어 '당하다(erleiden)'는 하나님의 경험과 사람과 하나님과의 만남의 형식으로 표기될 수 있다: 어떠한 것도 가지는 것을 원치 않은 사람은 하나님을 자기 자신 안에서만 경험하고 "영원한 존재를 다시 갈망하는데 그는 영원한 존재였고 현재도 영원한 존재이며 그것은 미래에도 영원히 머물러 있는 것이다".[116] 그 존재는 창조 이전 피조성(Vorkreatürlichkeit)으로만 생각될 수 있다.[117]

---

113. Pr. 52: Beati pauperes spiritu, DW II, p. 501,1-4.
114. 참고. U. Kern, Gottes Sein ist mein Leben, p. 92.
115. 참고. B. Milem, *The Unspoken Word*, p. 40.
116. Pr. 52: Beati pauperes spiritu, DW II, p. 501,4-5.
117. 참고. Abg., DW V, p. 428,10-11.

전술한 것처럼 인간과 하나님과의 분리 그리고 인간과 하나님과의 상대성이 바로 지금 극복될 것이다. "사람이 가난하게 서 있어야만 했기 때문에 그는 하나님이 활동할 수 있는 어떠한 장소로 존재하지도 가지지도 말아야만 한다. 사람이 여전히 스스로 안에 한 장소를 가진다는 것은 여전히 그가 그곳에서 구분성(Unterschiedenheit)을 가지는 것이다."[118] 또한 이것은 하나님 자체와 창조주 하나님과의 구분의 극복이다. 따라서 가난한 사람의 해방(Entledigung)은 모든 피조물들의 극복과 영원한 존재 안에서 하나님과의 구분의 극복이다. 거기서 인간은 단지 자기자신만을 소원하고 인식한다.[119]

어떠한 것을 갖지 않기를 원하는 사람은 피조적인 탄생성(Geborenheit)과 피조적인 죽음으로부터 해방되어 있는 것이다. 사람이 탄생성을 소유한다는 것이 무슨 의미인가? "나의 탄생 이후 나로 존재하는 것은 죽고 사라지게 될 것이다. 왜냐하면 그것은 반영구적이기 때문이다; 따라서 그것은 시간과 더불어 사멸한다."[120] 탄생성에는 몰락을 전제하는데 그 몰락은 시간 안에서 일어나고, 탄생성은 영원성 안에서는 사라진다. 따라서 "나(사람)는 나의 비탄생성(Ungeborenheit)의 방식에 따라 영원히 존재했고, 그리고 지금에 나이며 영원히 머무를 것이다."[121] 가난의 조망은 사람을 시간에서 탈피시키고 신성의 존재 근거(Seinsgrund der Gottheit)와 사람과의 일치를 이룰 수 있다. 존재 근저와의 일치에서 사람 자신은 자기 자신뿐만 아니라 모든 사물들의 기원(Ursprung)이다.[122] 가난은 모든 피조적인 것 외에도 사람 안에서 일어

118. Pr. 52: Beati pauperes spiritu, DW II, p. 502,4-6.

119. 참고. Pr. 52: Beati pauperes spiritu, DW II, p. 502,6-503,4.

120. Pr. 52: Beati pauperes spiritu, DW II, p. 503,4-5.

121. Pr. 52: Beati pauperes spiritu, DW II, p. 503,3-4.

122. 참고. Largier I, p. 1060, Anm. 560,9-562,21.

나는 부가적인 사건이 아니라 영원성에서 나와서 영원성 안에 머무른다. 그것은 영구적인 연속성이고, 모든 것은 영구적인 연속성에서 움직일 수 있다. 그것은 시간성 안에서의 상실이고, 그 결과 가난한 사람은 하나님과의 관계 안에서 피조적인 것에서 벗어나 신적인 본질(Wesen)로 전환될 수 있다. 에크하르트는 신적인 본질에서의 피조물의 탄생을 통해 가난한 사람의 특징적인 것을 설명한다.

> "나의 탄생 안에 모든 사물들이 탄생되었고, 나는 나 자신과 모든 사물들의 근원이었다; 그리고 내가 원했던 것은 나도 모든 사물도 아니었을 것이다; 그러나 내가 없었다면 하나님 또한 없었을 것이다: 나는 하나님이 존재하기 위한 근원(Ursache)이다; 내가 없었다면 하나님은 하나님이 아니었을 것이다."[123]

모든 피조물들의 첫 번째 원인인 신적 본질 안에서 인간의 탄생은 자기 자신과 모든 사물들의 근원이다. 이 사람은 자기 자신도 사물들도 원하지 않았다. 왜냐하면 신적인 본질 안에서 연합된 사람은 하나님으로부터 분리되어 있는 것이 아니기 때문이다. 사람이 자기자신과 하나님을 원할 때야 비로소 그는 스스로 하나님이 활동할 장소를 가진 피조적인 본질(Wesen)이다. 그때 인간은 이미 어떠한 것(etwas)을 소유한 사람이라고 말할 수 있다. 그러한 경우 그는 그의 모든 소유, 자기자신 그리고 하나님으로부터 자유롭지 못해서 시간에 의존한다. 다른 측면에서 하나님이 활동할 수 있는 어떠한 장소를 자신 안에 가지지 않은 그 사람은 영원하다. "내가 나의 고유한 의지, 하나님의 의지, 모든 그의 사역들과 하나님 자체로부터 독립적으로 서 있는 곳, 즉 돌파

---

123. Pr. 52: Beati pauperes spiritu, DW II, p. 503,6-504,3.

(Durchbrechen)가 이루어지는 곳에서 나는 모든 사물보다 우위에 있으면서 하나님도 피조물도 아닌 오히려 내가 존재했고 내가 현재이자 영원성으로 존재한다."[124]

영원한 존재로의 도달은 자기 자신, 의지와 하나님의 사역으로부터 해방을 통해서 일어난다. 에크하르트는 피조적인 것의 급진적인 파기(Aufhebung)를 '돌파(Durchbruch)'로 그리고 하나님에게서 피조물에게로 출발점을 '유출(Ausfließen)'[125]로 진술했다. '돌파'는 신플라톤적인 것으로 생각된 "유출(Ausfließen)"[126]보다 더 고귀한 것으로 평가된다. 유출 안에서 성립된 하나님과 인간의 분리는 돌파 안에서 일치를 위하여 일어나기 때문에 그 일치 안에서는 하나님과 인간이 분리되어서는 안 된다. 하나님이 거기서 단지 자기 자신 안에서만 활동하기 때문에 더 이상 그는 사람 안에서 활동할 수 있다고 말해서는 안 된다.[127] 따라서 유출은 피조적인 것을 유도하지만[128] 돌파는 인간이 절대적 현재화 안에서 피조물을 넘어 도달하도록 유도한다.[129] 돌파는 최종적으로 사람을 위한 신적인 본질로의 상승을 유도한다. 그때 사람은 가난 안에서 하나님의 부요함을 받아들인다.[130] 돌파 안에 있는 사람은 하나님과 연합되고 이러한 일치 안에서 그는 모든 사물을 움직이는 부동의 원인(unbewegliche Ursache)이다. 부동성(Unbeweglichkeit)은 스콜라주의자들 아래에서는 신의 표식에 속하고, 이러한 견지에서 에크하

---

124. Pr. 52: Beati pauperes spiritu, DW II, p. 504,6-505,1.

125. 참고. B. Milem, The Unspoken Word, p. 45.

126. 참고. Pr. 52: Beati pauperes spiritu, DW II, p. 504,4.

127. 참고. Largier I, p. 1060. Anm. 560,9-562,21.

128. 참고. Pr. 52: Beati pauperes spiritu, DW II, p. 504,5-6.

129. 참고. Pr. 52: Beati pauperes spiritu, DW II, p. 504,6-505,1.

130. 참고. Pr. 52: Beati pauperes spiritu, DW II, p. 505,1-9.

르트는 신적인 본질이 가난한 사람의 본질과 연합된 것으로 주장한다. 그러므로 가난한 사람은 연합(Unio) 안에서 부동의 동자(unbewegter Beweger)가 된다.

3. 나가는 말

위에서 우리는 에크하르트의 고유한 가난 사상을 살펴보았다. 본 연구를 시작하면서 세 가지 질문들과 시작했다: 첫 번째 질문은 에크하르트의 가난 사상이 가지는 후기 중세 사상사적인 관점에서 그의 사상의 위치에 관한 질문이다. 그의 가난 사상은 한편으로 당시 프란체스코 수도회 수사들의 가난이해, 다른 한편으로 그가 속해 있었던 도미니코 수도회 수사들의 가난이해에 비판을 포함하고 있다. 전자에 관한 그의 비판은 가난을 복음의 완성으로 보려는 점, 반면에 후자에 관한 그의 비판은 가난을 단순히 하나님에 의해서 창조된 사물들에 대한 불만족으로 이해한다는 점이다. 이때 에크하르트는 근본적으로 도미니코 수도회의 사상적인 전통을 따르지만 그 전통을 벗어나 새로운 이해를 제공한다: 1. 역설적인 의미 안에서 가난은 신적인 부요함을 가득 채울 수 있는 전제 조건. 2. 가난을 출생 전 실존(vorgeburtliche Existenz)에로의 회귀. 3. 가난을 하나님에게로 향하는 부정의 길. 그의 세 가지 새로운 이해들은 궁극적으로 당시 신학에 대한 그의 반성일 뿐만 아니라 그의 독특한 신학사상을 말해준다.

에크하르트의 독특한 신학 사상이라함은 서문에서 질문된 나머지 두 가지 질문과 깊은 연관이 있다. 이 질문들은 오늘날 에크하르트의 연구에 있어서 논쟁점들이다. 그의 신학은 분명히 정통 신학과는 거리를 가지고 있는데도 불구하고 일부 학자들은 에크하르트의 독특한 신학과 철학을 당시 신학과 철학의 전통인 스콜라주의와 어거스틴의 전통 안에서 규정하면서 에크하르트를 신비주의로부터 완전히 독립시켜 버린다. 그리하여 그들의 연구들은 한편으로 에크하르트의 이해에 있어서 이성주의의 전통을 발견하는 성과를 얻었지만, 다른 한편으로 에크하르트의 사상에 나타난 또 다른 측면들을 보지 못하는 과오를 범했다.

특히 그의 가난 사상에는 어거스틴의 전통보다 오히려 디오니시우적인 전통이 자리를 잡고 있음이 명백하다. 이것은 부정의 길(via negative) - 어떠한 것도 원하지 않은 가난, 어떠한 것도 알지 못한 가난과 어떠한 것도 가지지 않은 가난이다. 1. 부정의 길 안에서 가난한 사람은 모든 창조된 것과 자신의 의지로부터 자유롭다. 2. 이 자유함은 영혼 안에서 하나님과 인간과의 만남을 유도한다. 3. 가난한 영혼은 신적인 것을 통해서 충만하게 되며 인간과 하나님이 하나가 된다. 그러므로 에크하르트의 가난 사상은 디오니시우적인 전통의 신비주의를 형성하는 동시에 그것과 더불어 당시 신학에 대한 재해석의 필요성을 제시한 것이라고 할 수 있다.

영신수련을 통한
이냐시오 영성의 형성과 그 실천적 적용

전준범 목사 (한일장신대학교)

I. 서론

기독교 영성이란 무엇인가? 산드라 슈나이더(Sandra M. Schneiders)
는 일반적인 의미에서 '영성(spirituality)'을 "자신이 인지하는 궁극적
인 가치를 향하여 고립이나 자기 함몰이 아닌 자기 초월의 방식으로 자
신의 삶을 통합하려는 의식적인 노력의 체험"으로 정의한다.[1] 이 정의
를 기독교적 맥락에서 살펴볼 때, 여기서 말하는 '궁극적인 가치'란 곧
삼위일체 하나님 체험 혹은 그 체험으로부터 주어지는 어떤 것을 의
미한다. 이러한 관점에서 슈나이더는 보다 특정한 용어로서의 '기독
교 영성'을 "자기 초월의 능력이 특정한 형태로 실제화된 것으로서, 이
는 신앙 공동체 안에서, 그리스도 안에서 하나님과의 생명을 주는 관
계를 확고히 맺게 하는 성령의 실제적인 은사에 의해 구성되는 것"으
로 설명한다.[2]

---

1. Sandra M. Schneiders, "Theology and Spirituality: Strangers, Rivals, or Partners?" *Horizons* 13/2 (Fall 1986), 266.
2. 위의 책.

엘리자베스 드레이어(Elizabeth Dreyer)의 기독교 영성에 대한 정의는 슈나이더의 그것과 유사하지만, 기독교적 의미에서 자기 초월적 움직임이 지닌 다양한 차원들을 보다 명확하게 서술하고 있다. "기독교 영성은 예수 그리스도를 통해 그리고 성령의 능력 안에서 하나님, 자기 자신, 이웃, 세상을 향한 자기 초월적 사랑에 개방되는 특징을 지닌 인간의 궁극적 믿음이며, 이 믿음을 일상적이고 공동체적인 삶 속에서 살아내는 방식이다."[3] 이러한 정의들에서 주목할 점은 기독교 영성이 단지 종교적 체험에 국한되지 않으며 그 체험을 구체적인 일상 속에서 살아내고 통합하는 삶의 방식과도 깊이 관련되어 있다는 것이다. 또한 기독교 영성은 하나님, 자기 자신, 이웃, 세상과의 자기초월적 사랑의 관계 안에서 이루어지는 존재 방식이다. 요약하자면, 기독교 영성은 삼위일체 하나님과의 만남과 체험이며, 그 사랑의 관계를 자기 자신, 이웃, 세상을 향한 사랑으로 구체화하며 살아가는 삶의 방식이다.

기독교 영성, 곧 하나님과의 관계 안에서 살아가는 삶의 방식은 교회사 전반에 걸쳐 다양한 전통과 신학적 표현 속에서 형성되고 발전해 왔다. 각 전통에 기초한 영성은 강조점에 따라 상이한 특색을 드러낸다. 어떤 영성은 관상 생활을 강조하고, 또 다른 영성은 실천적이며 활동적인 차원을 더욱 강조한다. 예컨대 프란체스코 수도회는 가난한 이들을 향한 사랑과 연대를 강조하고, 베네딕도 수도회는 환대의 영성을 핵심으로 삼는다. 이러한 고유한 영성적 특징은 각 수도회의 '은사(charism)' 또는 '창립자에게서 유래한 창립 정신(founding spirit)'으로 불린다.[4]

---

3. Elizabeth Dreyer, "Christian Spirituality," *HarperCollins Encyclopedia of Catholicism* (San Francisco: HaperSanfrancisco, 1995).

4. James Martin, S.J., The Jesuit Guide to (Almost) Everything, 성찬성 역, 『모든 것 안에서 하느님 발견하기』(서울: 가톨릭 출판사, 2014), 24.

요셉 드 기뱅(Joseph de Guibert)은 그의 책 『예수회원의 영성적 교의와 실제』(The Jesuits: Their Spiritual Doctrine and Practice)에서 다양한 영성 전통과 그 역할을 다리에 비유하여 다음과 같이 설명한다. "각각의 다리들은 고유한 장점과 단점을 지니고 있다. 다양한 지형이나 상황에 따라 더 적합한 유형의 다리가 있기 마련이다. 하지만 제각각의 다리는 모두 같은 목적을 갖고 있다. 재료나 공법을 잘 조화시켜 다리를 만들면, 그 다리는 본래의 목적대로 길을 이어 주는 역할을 하게 된다."[5] 이처럼 각각의 영성 전통은 하나님께 나아가는 고유한 '길(passage)'을 제시해 준다.[6]

로욜라의 이냐시오(Ignatius of Loyola)와 그가 설립한 예수회(The Society of Jesus)의 영성 역시 교회사 속에서 독특한 자리를 차지하고 있다. "이냐시오 영성(Ignatian spirituality)"[7]은 인간의 일상적 삶, 선택, 행동 안에서 하나님을 인식하고 응답하도록 초대하는 실천적 차원을 강조하는 영성이다. 예수회원이자 저술가인 제임스 마틴(James Martin, S.J.)은 이냐시오 영성을 이해하는 데 핵심적인 네 가지 어구를 다음과 같이 제시한다: "모든 것 안에서 하나님을 발견하기(finding God in all things)," "활동 중의 관상가(a contemplative in action)," "성육신적 영성(incarnational spirituality)," "자유와 초연(freedom and detachment)"이다.[8]

---

5. Joseph de Guibert, *The Jesuits: Their Spiritual Doctrine and Practice*; James Martin, S.J., 『모든 것 안에서 하느님 발견하기』, 23에서 재인용

6. 위의 책, 23.

7. 이냐시오의 영성과 예수회의 영성이 완전히 일치한다고 말할 수는 없지만 예수회가 이냐시오에게서 전수받은 영성적 특징을 충실히 계승하고 발전시켜왔다고 볼 수 있다. 따라서 본 논문에서는 '이냐시오 영성'이라는 표현을 이냐시오 개인의 영성과 예수회 전통의 영성을 아우르는 용어로 사용하고자 한다.

8. 위의 책, 36.

'모든 것 안에서 하나님을 발견하기'는 이냐시오 영성을 가장 함축적으로 드러내는 핵심 표현으로, 그의 영성이 단지 교회 안이나 기도와 성경 등의 전통적인 종교적 영역에만 국한되지 않고 일, 돈, 성, 관계, 자연, 문화 등의 모든 삶의 영역을 포함한다는 것을 의미한다.[9] 나아가 이러한 모든 일상적 현실 속에서 발견되는 하나님의 현존과 이끄심에 민감하게 반응하고, 이에 응답하며 살아가는 삶의 태도를 강조한다.

'활동 중의 관상가'는 초기 예수회원인 예로니모 나달(Jeronimo Nadal)이 이냐시오의 영성을 요약하여 사용한 표현으로, 예수회원들이 세상 속에서 하나님의 현존을 인식하는 관상적인 태도를 지닌 채 적극적으로 활동하는 삶으로 부름받았음을 강조한다.[10] 이는 관상(contemplation)과 행동(action)의 균형잡힌 영적 삶의 지향을 담고 있다.

'성육신적 영성'은 하나님이 사람이 되신 사건의 의미를 깊이 묵상하는 영성으로, 하나님이 우리의 삶 어디에나 가까이 계시며 매일의 사건 속에서 발견될 수 있다는 믿음을 표현한다.[11]

마지막으로 이냐시오 영성은 '자유와 초연함'을 강조한다. 이는 "무질서한 애착(disordered affections or inordinate attachments)"으로부터 벗어나 영적 자유에 이르는 과정을 의미하며, 그러한 자유가 하나님과의 질서잡힌 올바른 관계를 맺고 하나님의 뜻에 따라 살아가는 삶을 가능하게 한다고 보았다.[12]

---

9. 위의 책, 27-30.
10. 위의 책, 30-31, 49. 나달은 이냐시오에 대해서 다음과 같이 말했다. "그는 모든 일, 행동, 대화를 통해 하나님의 현존을 관상했고 영적인 실재를 체험했기 때문에 행동가인 동시에 관상가(a contemplative likewise in action)였다."
11. 위의 책, 32-33.
12. 위의 책, 33-35.

이 네 가지 핵심 어구는 단순히 병렬적으로 나열된 개별적 특징들이 아니라 상호 연결된 하나의 통합된 영성적 흐름을 형성한다. 제임스 마틴은 이를 다음과 같이 정리한다. "행동하는 관상가는 세상을 [성육신적] 영성으로 바라봄으로써, 모든 것 안에서 하나님을 발견하고자 노력하며, 그 노력하는 과정에서 자유와 초연함을 향한 갈망을 깨닫게 되는데, 이것이 하나님께 더 가까이 다가가도록 도와준다."[13]

위와 같은 이냐시오 영성의 핵심은 그의 저서 『영신수련』(The Spiritual Exercises)안에서 잘 드러난다. 이냐시오는 회심 이후 만레사(Manresa) 시절부터 "자신의 영혼에 도움이 되는 것이면 다른 사람들에게도 유익하리라는 생각에서"[14] 틈틈이 기록을 남기기 시작하였고, 이후 오랜 시간에 걸쳐 다른 이들에게 영신수련을 '주는'[15] 과정을 반복하면서 지속적으로 수정하고 보완해 나갔으며, 결국 20여년이 지난 후에 지금의 『영신수련』을 완성하였다.[16] 따라서 『영신수련』은 이냐시오 자신의 영적 체험과 다른 이들의 영적 성장을 돕는 실천적 체험을 바탕으로 형성된 책이며, 그가 지향하는 영성이 피정자 혹은 기도자 안에 형성되도록 돕는 이냐시오적 '영성 형성(spiritual formation)'의 핵심적인 안내서라고 볼 수 있다.

---

13. 위의 책, 788-789.

14. Ignatius of Loyola, *The Autobiography of St. Ignatius Loyola with Related Documents*, 한국 예수회 역, 『로욜라의 성 이냐시오 자서전』 (서울: 이냐시오 영성연구소, 2005), 139.

15. 『영신수련』은 기본적으로 피정을 위한 안내서이다. 영신수련을 가지고 기도하거나 피정을 진행하는 경우에 '영신수련을 한다(make the Exercises)'고 말하고, 이러한 과정을 인도하는 것을 '영신수련을 준다(give the Exercises)'라고 표현한다; 그의 자서전에 따르면, 만레사 시절 후 몇 해가 지나지 않은 1526년경 알칼라에서 수학하던 중 이미 영신수련을 다른 이들에게 지도하고 있었다는 구체적인 기록이 나타난다. 위의 책, 90 참조.

16. David Lonsdale, *Eyes to See, Ears to Hear: An Introduction to Ignatian Spirituality* (Maryknoll: Orbis Books, 2000), 127. 1544년에 최종 원고가 완성된 것으로 보이며, 1548년에 교황 바오로 3세에 의해 공식인가를 받고 최초 인쇄본이 출판되었다.

본 논문은 『영신수련』의 구성과 전개과정을 살펴봄으로써, 그 안에 담긴 이냐시오 영성의 핵심을 탐구하고자 한다. 특히 『영신수련』이 제시하는 여정 속에서 '모든 것 안에서 하나님을 발견하기,' '활동 중의 관상가,' '성육신적 영성,' '자유와 초연' 등 이냐시오 영성의 주요 특징들이 어떻게 형성되어 가는지를 중점적으로 고찰할 것이다. 지면의 한계로 인해 『영신수련』 전체를 상세히 다루기보다는, 이러한 영성 형성의 관점에서 핵심적인 역동을 중심으로 살펴보고자 한다. 마지막 장에서는 『영신수련』을 통해 형성된 이냐시오 영성의 핵심을 일상 속에서 구체적으로 훈련하고 실천하기 위한 방안으로서 "성찰기도(the examen prayer)"를 제시한다.

II. 영신수련의 기초적 이해

1. 영신수련의 목적

『영신수련』은 "일러두기(Annotations)"라 불리는 20개의 항목으로 시작한다. 이는 전체 영신수련의 흐름에 앞서, 피정을 시작하기 전에 피정자와 지도자 모두에게 유익한 지침들을 제시하고 있다. 여기에는 영신수련의 정의 [1], 수련의 구조와 진행에 대한 개요[4], 피정자가 지녀야 할 마음의 태도인 '관대함(generosity)'[5], 지도자가 영적 분별의 규칙들을 어떻게 활용해야 하는지에 대한 지침[6-10, 12], 그리고 영신수련을 사람이나 상황에 맞게 적용하기 위한 지침[18-20] 등이 포함된다.[17] 일러두기는 『영신수련』의 성격을 잘 드러낸다. 이 책은 단순히 이

---

17. 영신수련은 연속적인 문단 구조로 되어 있으며, 전체 텍스트에 걸쳐 1번부터 370번까지 순

냐시오 영성을 서술하거나 해설하는 저작이 아니라, 피정자가 실제로 기도하며 하나님을 체험하도록 이끄는 '피정 안내서'의 성격을 지닌다.

일러두기에 이어 등장하는 21번은 『영신수련』의 제목이다: "자기 자신을 이기고 어떤 무질서한 애착에도 이끌림이 없이 생활에 질서를 세우기 위한 영적인 수련들."[18] 이냐시오 시대의 책 제목은 일반적으로 이처럼 길고 서술적인 형태를 띠었다.[19] 이 제목은 영신수련이 지향하는 목적을 명확히 보여준다. 곧 영신수련은 '무질서한 애착'에 이끌려 삶의 결정을 내리는 상태에서 벗어나 삶의 내적이고 외적인 질서를 세우는 것을 그 목적으로 한다.

일러두기 1번이 제시하는 영신수련의 정의는 영신수련의 이러한 목적을 보다 구체적으로 설명해준다. "온갖 무질서한 애착을 없애도록 우리 정신을 준비하고 내적 자세를 갖추며 그런 다음에 영혼의 구원을 위하여 자신의 인생에 대한 하나님의 뜻을 찾고 발견하려는 모든 방법을 영신수련이라고 하는 것이다."[20] 여기서 영신수련은 먼저 무질서한 애착을 제거하는 영혼의 정화를 목표로 하며, 그렇게 형성된 내적 자유를 바탕으로 하나님의 뜻을 찾고 발견하는 것을 궁극적인 지향점으로 삼고 있음을 보여준다. 이러한 영신수련의 두 차원의 목적을 심종혁은 각각 "영혼의 내적 쇄신"과 "이 쇄신이 불러오는 하나님을 향한 더 나은

차적으로 문단 번호가 매겨져 있다. 본 논문에서는 필요에 따라 본문이나 각주 중 대괄호 ([ ]) 안에 해당 문단 번호를 표기함으로써, 독자들이 원문을 참조할 수 있도록 할 것이다.

18. Ignatius of Loyola, *The Spiritual Exercises*, 정제천 요한 역, 『영신수련』 (서울: 이냐시오 영성연구소, 2010), [21]. 본 논문에서는 기본적으로 정제천의 번역을 사용하되, 필요시 수정된 번역을 사용하고 이를 명시할 것이다.

19. Joseph A. Tetlow, S.J., *Ignatius Loyola, Spiritual Exercises*, 성은숙 역, 『사랑의 발걸음: 영신수련 주제별 해설』 (서울: 이냐시오 영성연구소, 2008), 65.

20. Ignatius of Loyola, 『영신수련』, [1].

투신"으로 요약한다.[21]

류해욱은 이러한 영신수련의 두 차원의 목적 중 어느 하나에 강조점을 두느냐에 따라, 그 목적 이해가 '완덕'에 초점을 두는 경향과 '선택'에 초점을 두는 경향으로 나뉘어 왔음을 지적한다. 전자는 피정자의 자기수련과 내적 자유의 형성, 하나님과의 관계의 성장, 예수 그리스도와의 일치, 사랑의 여정을 강조하며, 영신수련을 완덕을 향한 여정으로 이해한다. 반면 후자는 피정자의 구체적 삶의 상황 속에서 하나님의 뜻을 식별하고 선택하는 것을 중심에 두고, 영신수련을 식별과 결정을 위한 도구로 본다.[22] 이러한 두 경향은 전통적으로 "관상(contemplation)"과 "행동(action)"이란 두 영성의 축 안에서 이해될 수 있다.

이러한 두 가지 경향성을 대립적으로 보기보다 통합적으로 이해하는 것이 중요하다. 왜냐하면 내적 쇄신(완덕)과 투신하는 삶(선택)은 분리된 것이 아니며 긴밀하게 연결되어져 있기 때문이다. 이 둘은 모두 영신수련의 중요한 목적이지만, 그중에서도 내적 쇄신을 영신수련의 보다 우선적인 목적으로 보는 것이 타당하다. 결국 내적 쇄신으로부터 투신의 삶이 이어지기 때문이다. 심종혁은 이를 이냐시오와 초기 예수회원들의 예를 들어 설명한다. "이는 이냐시오 자신의 경우를 살펴보아도 쉽게 확인할 수 있다. … [이냐시오가] 자신이 나아가야할 구체적인 소명을 찾고 선택하기 훨씬 이전에 하느님을 향한 진정한 내적 회심이 있었다. 그리고 이러한 회심은 이냐시오를 '영혼을 돕는 일'에 투신하도록 이끌었다. 영신수련에 의해 영감을 얻고 양성되었으며, 함께 뭉친 초기 동료들의 최대 관심사 역시 그리스도께 대한 전폭적인 투신을 불러오

---

21. 심종혁, 『영신수련의 신학적 이해』 (서울: 이냐시오 영성연구소, 2009), 46.
22. 류해욱, 『여울지는 강물을 따라: 영신수련의 해설과 적용』 (서울: 이냐시오 영성연구소, 2011), 51-52.

는 내적 쇄신이었다."[23] 따라서 영신수련의 가장 중요한 목적은 결정이나 선택 자체라기보다 주님과의 사랑의 관계를 이루는 데 있으며, 그 안에서 올바른 선택이 자연스럽게 흘러나오게 된다.[24]

2. 영신수련의 흐름

피정 안내서의 성격을 띤 『영신수련』은 '읽는' 책이라기보다 '경험하는' 책이다. 만일 『영신수련』을 단순히 읽어간다면 그 구조의 도식성과 통제된 형식 때문에 지루하고 딱딱하게 느껴질 수 있다. 이러한 방식으로는 『영신수련』을 통해 소위 '은혜를 받기' 어렵다. 빌리 람베르트는 이러한 『영신수련』의 특성을 다음과 같이 비유적으로 설명한다. "『영신수련』은 때에 따라 요리 책에 적절히 비유되어 왔다. 사람들은 조리법으로 배부르게 되지 않고 요리한 음식을 먹음으로써 배부르게 된다. 이처럼 『영신수련』을 읽음으로써 영적으로 만족하는 것이 아니라 '영신수련'을 함으로써 영적으로 풍요로워진다."[25] 『영신수련』의 흐름을 참으로 이해하기 위해서는 실제로 그것을 해 본 경험이 전제되어야 한다. "『영신수련』의 본질은 문자로 기록된 내용에 있는 것이 아니라, 이것이 이끌어 주는 일련의 체험들이 엮어 내는 역동성에 있다는 것을 깊이 이해해야만 한다."[26]

『영신수련』의 영적 여정은 크게 4주간으로 구성되어 있다. 여기에서 '주간'이란 물리적 시간의 구분이 아니라, 피정자 내면에서 일어나는 영적 역동의 단계를 가리키는 구분이다. 이냐시오는 일러두기 4번

---

23. 심종혁, 『영신수련의 신학적 이해』, 46-47.
24. 류해욱, 『여울지는 강물을 따라: 영신수련의 해설과 적용』, 54-55.
25. Willi Lambert, Aus Liebe zur Wirklichkeit; 위의 책, 56에서 재인용.
26. 심종혁, 『영신수련의 신학적 이해』, 48.

에서 『영신수련』의 4주간을 다음과 같이 설명한다. "영신수련은 네 부분으로 되어 있으며 4주간에 걸쳐 행하게 된다. 제1주간은 죄를 성찰하고, 제2주간은 성지주일까지의 우리 주 그리스도의 생애를, 제3주간은 우리 주 그리스도의 수난을, 제4주간은 부활과 승천을 관상하게 되며 여기에 세 가지 기도 방식이 첨부되어 있다."[27]

이러한 4주간의 영적 역동은 전통적인 영성 성장의 단계인 '정화(purification) – 조명(illumination) – 일치(union)'의 틀 안에서 설명될 수 있다. 곧 제1주간은 정화의 단계에, 제2주간은 조명의 단계에, 제3주간과 제4주간은 일치의 단계에 각각 해당한다고 볼 수 있다.

류해욱은 이 4주간의 영적 흐름을 "사랑이라는 강물"이 흘러가는 것으로 비유한다.[28] 그는 『영신수련』의 핵심 역동을 '사랑'으로 보고, 각 주간의 흐름을 사랑의 여정으로 해석한다. 제1주간에서 피정자는 죄인인 자신을 향한 하나님의 무조건적인 사랑을 체험하며 회개에 이른다. 제2주간에서 예수님의 생애를 따라 기도하는 가운데, 피정자는 예수님을 더 친밀하게 알고, 더욱 깊이 사랑하며, 점점 더 온전히 따라가게 된다. 제3주간과 제4주간에 이르러 피정자는 예수님의 수난과 부활에 '함께' 참여함으로써, 그분과의 사랑의 연합을 더욱 깊이 체험하게 된다.

또는 이 4주간의 영적 흐름을 내적 자유의 성장이란 관점에서 이해할 수도 있다.[29] 제1주간에서 피정자는 자신의 '무질서한 애착'을 인식하고, 참된 영적 자유에 대한 갈망을 갖기 시작한다. 제2주간에서는 내적 자유가 점차 차라나고, 어느 정도의 "초연함(indifference)"에 이르

---

27. Ignatius of Loyola, 『영신수련』, [4].
28. 류해욱, 『여울지는 강물을 따라: 영신수련의 해설과 적용』, 5
29. 심종혁, 『영신수련의 신학적 이해』, 47–48.

게 되며, 이러한 자유 안에서 발견한 하나님의 뜻과 부르심에 따라 "선택(election)"을 하게 된다. 제3주간과 제4주간에서는 예수님과의 깊은 사랑의 연합 속에서 그 선택이 "확증(confirmation)"된다.[30] 이처럼 내적 자유의 성장과, 그 열매로서 하나님의 초대에 응답하는 삶으로 나아가는 것은 전적으로 하나님과의 사랑의 관계 안에서 이루어진다.

이러한 영신수련의 구체적인 영적 역동에 대해서는 다음 장에서 보다 자세히 살펴볼 것이다.

3. 영신수련의 기도방법들

"영신수련이란 양심 성찰과 묵상 기도, 관상 기도와 염경 기도 및 침묵 중에 기도하는 방법을 포함한 앞으로 다루게 될 모든 정신 활동의 방식들을 말한다."[31] 이냐시오가 제시하는 영신수련의 정의 안에 이냐시오가 사용하는 수련법, 즉 기도 방법들이 소개되고 있다. 이 중에서도 "양심 성찰(examination of conscience)," "묵상 기도(meditation)", "관상 기도(contemplation)"는 『영신수련』에서 가장 중심적인 기도 방법들이라 할 수 있다.

'양심 성찰'[24-44]은 하루에 두 번, 곧 점심식사 후와 저녁 식사 후에 수련하도록 제시된다. 그 내용에 따라 '특별 성찰'과 '일반 성찰'로 구분되는데, 특별 성찰은 "구체적인 죄나 결점"[24, 25]에 초점을 맞추어 자신의 삶을 성찰하는 것이며, 일반 성찰은 하루 동안의 생각, 말, 행동을 전반적으로 돌아보는 수련이다. 이냐시오는 『영신수련』을 수행하는

---

30. "초연(indifference)," "선택(election)," "확증(confirmation)" 등의 표현은 이냐시오적인 '전문 용어(technical term)'이다. 다음 장에서 자세히 설명하겠다.

31. Ignatius of Loyola, 『영신수련』, [1].

피정자가 매일 이 양심 성찰을 지속적으로 실천하도록 했다.

'묵상 기도'는 "세 가지 정신 능력으로"[45], 곧 기억, 이해(지성), 의지를 사용하여 기도하는 방법이다. 이는 이냐시오가 『영신수련』안에서 제시한 주된 기도 방식인 '관상 기도'와 구별되며, 특정 주제를 중심으로 기도하도록 고안된 수련이다. 제1주간에서는 죄와 지옥에 대한 묵상[45-72]이 제시되며, 제2주간에서는 "예수 그리스도의 왕국(Kingdom)"[91-98], "두 개의 깃발(Two Standards)"[136-148], "세 가지 부류의 사람들(Three Classes of Persons)"[149-157], "세 가지 단계의 겸손(Three Kinds of Humility)"[164-168] 등과 같은 묵상이 제시된다. 오늘날 '이냐시오적 묵상들(Ignatian meditations)'로 알려진 이 묵상들은 『영신수련』안에서 매우 중요한 역할을 차지한다.[32]

'관상 기도'는 『영신수련』안에서 이냐시오가 제시한 특정한 기도 양식을 지칭한다. 이냐시오는 피정자가 복음서의 한 본문을 가지고 기도할 때, 상상력을 사용하여 그 본문의 '장소를 구성(a compositioin of the place)'[102]하고 자신이 그 장면 안에 있다고 상상하면서 기도하도록 권한다. 이는 상상력을 통해 하나님께서 자신에게 말씀하시도록 여는 기도 방식이다. 이러한 형태의 기도가 이냐시오에 의해 처음 고안된 것은 아니지만, 그는 이를 『영신수련』의 중심 기도 방식으로 제시함으로써 널리 대중화시켰다.[33]

오늘날에는 이를 "이냐시오적 관상(Ignatian contemplation)" 혹은 "복음 관상(Gospel contemplation)"이라고 부른다.

---

32. '왕국' 묵상은 『영신수련』안에서 "관상"[91]으로 지칭되고 있으나, 일반적으로 그 내용과 성격 상 묵상으로 분류된다. 이 묵상들이 『영신수련』안에서 어떤 중요한 역할을 하는지는 다음 장에서 자세히 다룰 것이다. Michael Ivens, S.J., *Understanding the Spiritual Exercises* (Trowbridge: Cromwell Press, 1998), 74 참조.

33. James Martin, S.J., 『모든 것 안에서 하느님 발견하기』, 305.

『영신수련』은 이 세 가지 기도 방식을 중심으로 피정자를 수련시키며 그 영성을 점차 형성시켜 나간다. 각 기도를 제시하는 경우에 따라 약간의 차이는 있지만 묵상과 관상의 기본적인 틀(schema)은 다음과 같다. "준비 기도(preparatory prayer)" – 두세 가지의 "길잡이(preludes)" – "요점들(points)" – "담화(colloquy)."

첫 단계인 '준비 기도'는 "나의 모든 의향과 내적, 외적 행위가 순전히 하나님께 대한 봉사와 찬미를 지향하도록 우리 주 하나님께 은총을 구하는 것"이다.[34] 모든 묵상과 관상은 이 준비 기도로 시작한다. 이는 피정자가 자신의 내면과 외적 삶을 하나님을 향해 질서 잡으려는 깊은 갈망을 표현하는 것으로, 영신수련 전체의 목적과 지향을 담고 있다.

두 번째 단계인 '길잡이'는 보통 '줄거리(the history),' '장소 구성(a composition of the place),' 그리고 '구할 은총(asking for grace)'으로 구성된다.[35] 각각의 내용은 기도하고자 묵상이나 관상의 주제에 따라 다르게 제시된다[49]. 이냐시오는 피정자가 관상할 본문의 줄거리를 떠올려 보고, 그 본문의 장소와 장면을 상상해 보며, 마지막으로 그 기도를 통해 얻고자 하는 은총에 대한 갈망을 하나님께 드리도록 이끈다.

세 번째 단계인 '요점들'은 피정자가 해당 묵상이나 관상 안에서 다룰 핵심 주제들을 이냐시오가 간략히 제시해 놓은 것으로, 기도의 방향성을 일정 부분 안내하는 역할을 한다. 하지만 실제 기도의 전개는 성령의 인도하심 안에서 열려진 방식으로 이루어진다.

마지막 단계인 '담화'는 주로 예수님께 "친구가 친구에게"[54] 말하듯 친밀하고 인격적인 방식으로 기도하는 것을 의미한다.[36] 보통 기도

---

34. Ignatius of Loyola, 『영신수련』, [46].

35. 여기서 필자는 복음 관상을 기초로 기도의 구조를 설명하고 있다. 묵상의 경우는 보통 '줄거리' 부분이 없다.

36. 이냐시오는 각 묵상이나 관상에 따라 '삼중 담화(Triple Colloquy)'를 제시한다[64]. 이는

의 마지막에 드리는 경우가 많지만, 기도의 흐름 안에서 언제든지 담화를 나눌 수 있다. 담화에 이어 주기도문과 같은 기도문으로 전체 기도를 마무리한다.

이냐시오가 제시하는 묵상과 관상의 기본적인 틀은 자칫 형식에 매이고 기도의 흐름을 규제하는 방식으로 보일 수 있다. 그러나 실제로는 기도의 흐름을 잘 이끌어 주고, 그 안에서 하나님을 깊이 체험할 수 있도록 돕는 안정적인 구조임을 점차 경험하게 된다. 이러한 틀은 "내용을 담는 그릇"으로 이해할 수 있다.[37]

준비기도로 시작하여 담화로 마무리하는 한 번의 기도는 일반적으로 한 시간동안 진행되며, 이러한 기도를 하루에 보통 다섯 번 드린다. 첫 번째와 두 번째 기도에서는 일반적으로 서로 다른 두 개의 성경 본문이나 주제를 다루고, 세 번째와 네 번째 기도에서는 이전 기도를 "반복(repetition)"하며, 다섯 번째 기도에서는 "오감 기도(application of the senses)"를 드린다.

여기서 '반복 기도'란 단순히 첫 번째와 두 번 째 기도를 동일하게 반복하는 것이 아니라, 그 가운데 "위로(consolation)"와 "실망(desolation)"[38]이 일어난 부분이나, 중요한 내적 역동이 있었던 부분으로 다시 돌아가 거기에 머물며 기도 내용을 더욱 심화하는 것이다[62].

또한 오감 기도는 하루 동안 이미 네 번에 걸쳐 기도한 그리스도 생애 신비에 "상상력의 오감을 활용하여"[121] 단순히 머물며 예수님의 현존과 그 영적 유익을 깊이 '맛보는' 기도이다.[39] 더불어 오감 기도는 하루의

성모 마리아, 예수님, 하나님께 순차적으로 드리는 담화를 의미한다.

37. 류해욱, 『여울지는 강물을 따라: 영신수련의 해설과 적용』, 138.

38. "위로"와 "실망"은 이냐시오 영성에서, 특히 "영적 분별"에서 핵심적인 개념들이다. 자세한 내용은 『영신수련』에 수록된 "영 분별을 위한 규칙들"[313-336]을 참조하라.

39. 오감기도의 세 번째 요점[124]에서는 후각과 미각을 사용하여 기도할 것을 권하는데, 이 때 "

전체 기도를 정리하고 통합하는 마무리 기도의 성격도 지닌다. "하루 중의 이 마지막 기도는 하루 동안 기도한 그리스도의 생애 신비에 나 자신을 내어맡기며 온전히 잠겨드는 것이다. … 여기서는 오늘 기도하면서 체험한 조각들을 하나로 만들려는 것이다. … 그리스도 생애의 특정 신비에 관련되는 전체 환경을 생생하게 느끼는 것이 하루를 마무리하는 이 기도의 상황이다."[40]

이냐시오가 제시하는 다양한 기도 방법들과 그 활용을 통해 우리가 기억해야 할 핵심은, 그가 피정자가 하나님과 진리를 '직접 경험하고 맛보는' 데에 이르도록 이끌고자 했다는 점이다. 일러두기 2번에 나오는 다음의 문장은 이러한 지향을 명확히 보여준다: "우리 영혼을 가득 채우고 만족시키는 것은 많은 것을 아는 데 있지 않고 어떤 것을 내적으로 느끼고 [맛보는] 데에 있기 때문이다"[41] 이냐시오는 여기서 지성의 수준에 머무는 지식과, 정서적 차원과 연관된 "체험된 지식(felt knowledge)"을 구분하고 있으며, 후자에 이르게 하는 '정서적 기도(affective prayer)'를 우선적으로 강조하고 있다.[42]

예컨대, 앞서 살펴본 기도의 기본 구조를 보면, 피정자는 준비 기도로 시작하면서 영신수련의 궁극적 목적을 기억하고, 이어서 '구할 은총'을 간구하면서 각 기도에서 추구하는 영적 지향을 마음에 담고 갈망한

그 신성과, 그 영혼과, 그것의 미덕들과, 또한 다른 모든 것들의 무한한 부드러움과 감미로움을 맡고(smell) 맛본다(taste)"고 표현한다. 이는 말하는 '맡고' '맛본다'는 표현은 단순한 육체적 감각을 의미하는 것이 아니라, '내적 감각(interior sensing)'을 통해 신적 현실을 깊이 체험하는 것을 뜻한다; Michael Ivens, S.J., *Understanding the Spiritual Exercises*, 98-99 참조.

40. David L. Fleming, S.J., *Draw Me into Your Friendship*, 김용운, 손어진, 정제천 공역, 『당신 벗으로 삼아주소서: 영신수련 현대적 해석』 (서울: 이냐시오 영성연구소, 2008), [122-125].

41. Ignatius of Loyola, 『영신수련』, [2].

42. Michael Ivens, S.J., *Understanding the Spiritual Exercises*, 4-5.

다. 이어지는 기도와 마무리 담화에서 예수님과 친구처럼 정직하게 대화하면서 그러한 갈망이 응답되고 체험되는 자신을 발견하게 된다. 이러한 기도의 구성은 피정자가 하나님을 단지 머리로 아는 차원을 넘어서 마음으로 깊이 체험하고 아는 데까지 나아가도록 돕는다.

더불어 하루에 한 두 개의 본문이나 주제를 가지고 한 시간씩 다섯 번에 걸쳐 기도하는 반복적이고 심화적인 진행은, 예수님에 대한 앎이 단순한 지적 인식에 머물지 않고 점차 내면화된 '체험적 앎'으로 깊어지도록 의도된 것이다. 이냐시오는 이러한 정교하게 설계된 기도 구조를 통해 피정자의 영성 형성을 실제적으로 이끌고 있다.

III. 영신수련의 역동: 하나님의 사랑에 응답하는 여정

1. 원리와 기초(Principles and Foundations)

대부분의 경우 영신수련 피정은 "원리와 기초"[23]라 불리는 부분을 숙고하면서 시작된다.[43] 이냐시오 당시에도 피정을 시작하는 첫 날에 피정자에게 진지하게 숙고해볼 자료로서 제시되었던 것으로 보인다.[44] 사실 원리와 기초는 『영신수련』의 초기 형태에는 없었던 내용으로, 이냐시오가 파리에서 신학을 공부할 당시 작성하여 『영신수련』의 서두

---

43. 오늘날에는 영신수련을 40일에 걸쳐 진행하는 경우도 있는데, 이러한 경우 본격적으로 수련에 들어가기 전에 며칠간의 "준비 기간(Disposition Days)"을 두고, 피정자가 이냐시오적 기도방법들을 배우며, "은총의 역사"를 통해 자신의 삶을 하나님의 은총의 관점에서 되돌아보는 등의 준비를 한다. 이 기간 중에 피정자는 "원리와 기초"에 대해서도 깊이 숙고하는 시간을 갖는다. 캐나다 구엘프(Guelph)에 위치한 로욜라 하우스(Loyola House)가 이러한 방식의 대표적인 사례이다.

44. 심종혁, 『영신수련의 신학적 이해』, 53.

에 삽입하였고, 이후『영신수련』의 가장 핵심적인 부분으로 받아들여지게 되었다.[45] 원리와 기초는 전체『영신수련』의 토대를 형성하며, 그 핵심적인 주제들과 역동을 매우 압축된 형태로 담고 있다.[46]

'원리와 기초'는 인간이 지니고 있는 자신의 정체성에 대한 본질적 질문들 -즉 "나는 누구인가?", "나는 왜 존재하는가?", "나는 어떻게 살아가야 하는가?" 등- 에 대한 응답이다.[47] 이는 우선 "사람이 창조된 것은 우리 주 하나님을 찬미하고 경배하고 섬기며 또 이로써 자기 영혼을 구하기 위함이다"[23]라는 "인간의 피조성(human creaturehood)"에 대한 확언으로 시작된다.[48] 이는 하나님의 피조물인 인간의 참된 목적이 우선 '하나님을 찬미하고 경배하고 섬기는 것'이며, 그리하여 '자기 영혼을 구원하는 것'임을 밝히고 있다.

하지만 루이 에블리(Louis Evely)는 이러한 표현들이 자칫 하나님에 대한 그릇된 이미지를 줄 수 있으며, 그로 인해 진의가 왜곡될 위험이 있음을 지적한다. 그는 하나님께서 찬미, 경배, 섬김을 받기 위해 인간을 창조하신 것이 아니라, 당신의 신적 사랑을 나누고자 인간을 창조하셨으며, 따라서 인간은 하나님의 무한하신 사랑의 표현이라고 말한다.[49] 따라서 이냐시오의 해당 진술은, 하나님의 무한하신 사랑이 우리에게 먼저 주어졌고, 우리가 그 사랑을 체험한 결과로서 하나님을 찬

---

45. 위의 책, 52-53.

46. Katherine Dyckman, Mary Garvin, and Elizabeth Libert, *The Spiritual Exercises Reclaimed: Uncovering Liberating Possibilities for Women* (New York: Paulist Press, 2001), 89.

47. 류해욱,『여울지는 강물을 따라: 영신수련의 해설과 적용』, 59.

48. John J. English, *Spiritual Freedom: From an Experience of the Ignatian Exercises to the Art of Spiritual Guidance*, 2nd ed. (Chicago: Loyola Press, 1995), 23-24.

49. 위의 책, 24. 존 잉글리시는 이 아이디어가 루이 에블리의 것임을 밝히고 있으나, 출처를 명시하지 않기에 재인용된 출처만을 밝힌다.

미하고 경배하고 섬기게 된다는 의미로 이해되어야 한다. 또한 우리가 이처럼 하나님의 사랑에 응답하며 살아갈 때에만이 피조물로서 우리의 참된 존재 의미가 드러나며, 이는 곧 "이로써 자기 영혼을 구원한다"는 진술의 의미이기도 하다.[50] 즉 원리와 기초는 우리에게 어떤 엄격한 요구를 하시는 하나님의 관점에서가 아니라, 하나님께 전적으로 의존하는 피조물의 관점에서 구성되었음을 이해하는 것이 중요하다.[51] 이러한 진의를 데이비드 플레밍(David L. Fleming, S.J.)이 현대적으로 재구성한 문장이 잘 담아내고 있다. "우리를 사랑하시는 하나님은 우리를 창조하시어 당신 생명을 우리와 영원히 나누기를 원하신다. 우리는 생명의 하나님께 찬미와 [경배]와 봉사를 드림으로써 그 사랑에 응답한다."[52]

인간의 피조성과 창조 목적에 이어, '원리와 기초'는 인간과 다른 피조물 간의 올바른 관계 맺음에 관한 주제를 다룬다. 세상 만물은 "사람이 창조된 목적을 추구하는데 도움을 주기 위해서"[23] 하나님께서 사랑으로 창조하신 것이다. 즉 모든 피조물은 우리가 하나님을 더 깊이 알고, 그분께 더욱 사랑으로 응답할 수 있도록 하기 위해 주어진 선물이다. 따라서 피조물과의 바른 관계란, 그것들이 이러한 목적에 도움이 될 경우에는 기꺼이 사용하고, 방해가 된다면 과감히 포기할 수 있는 상태, 곧 "초연(indifference)"[53]을 의미한다. 그러나 실제로 우리는 흔히 피조물 자체에 '애착'을 갖는다. "질병보다 건강을, 가난보다 부를, 불

---

50. 위의 책.

51. 위의 책.

52. David L. Fleming, S.J., 『당신 벗으로 삼아주소서: 영신수련 현대적 해석』, [23].

53. "indifference"는 보통 '초연,' '중용,' '불편심' 등으로 번역되며, 본 논문에서는 '초연' 혹은 '불편심'으로 사용한다.

명예보다 명예를, 단명보다 장수를"[54] [23] 더 원하곤 한다. 원리와 기초는 이러한 "무질서한 애착"[55]에서 벗어나, 참된 내적 자유의 상태인 초연에 이르러야 함을 강조한다.

여기서 '초연'이란 용어는 흔히 '무관심'이란 의미로 오해될 수 있다. 그러나 이냐시오가 말하는 초연은 무관심한 태도나 냉담함이 아니라, 무질서한 애착에서 벗어나 하나님 안에서 참된 자유를 누리는 상태를 의미한다. 초연은 오히려 참된 갈망과 사랑으로 충만한 상태이다. 조셉 테틀로우는 초연을, 하나님께서 우리에게 원하시는 바를 행하고자 하는 갈망으로 그것을 명확히 인식할 때까지 어떤 치우침도 없이 기다리는 태도로 설명하며, 이를 "능동적 불편심"이라고 표현한다.[56] 존 잉글리쉬는 초연을 "그리스도를 향한 사랑(사실은 그리스도의 우리를 향한 사랑)에 깊이 사로잡혀, 다른 모든 것으로부터 자유로운 상태"로 설명한다.[57] 초연은 하나님을 중심으로 사랑의 질서가 회복된 상태, 곧 하나님만을 궁극적으로 사랑하고 그분께만 '애착'하는 '질서잡힌 애착(ordered affection)'[58]의 상태를 뜻한다.

초연은 결국 "투신(commitment)"으로 나아가게 한다.[59] '원리와 기초'는 다음과 같은 문장으로 마무리된다: "오직 창조된 목적으로 우리를 더욱 이끄는 것을 원하고 선택하도록 해야 한다."[23] 이는 피조물인

---

54. 이냐시오가 말하는 '피조물'은 유형의 대상 뿐 아니라 무형의 대상까지 모두 포함한다. '원리와 기초'에서는 특히 건강, 부, 명예, 장수와 같은 무형적 피조물에 대해 구체적으로 언급하고 있다.

55. "무질서한 애착"이란 표현은 '원리와 기초' 본문에는 명시적으로 등장하지 않지만, 그 의미는 분명히 내포되어 있다.

56. Joseph A. Tetlow, S.J.,『사랑의 발걸음: 영신수련 주제별 해설』, 71.

57. John J. English, Spiritual Freedom, 36.

58. 이는 이냐시오가 사용한 표현은 아니며, 필자가 이해한 '초연'의 의미를 표현한 것이다.

59. 위의 책.

인간이 초연의 태도를 바탕으로 하나님의 뜻과 부르심에 합당한 선택을 하는 일에 헌신된 삶을 살아가야 함을 의미한다. 요약하면, '원리와 기초'는 피조성(창조목적), 초연, 투신이라는 세 흐름을 따라 인간의 존재 목적과 정체성을 명료하게 밝히고 있다.

'원리와 기초'는 『영신수련』의 핵심 토대이다. 『영신수련』이라는 "강물의 흐름에서 밑바탕을 면면히 흐르는 물살"과 같아서, 수련의 어느 단계에서든 이 '원리와 기초'의 정신이 그 깊은 바탕에서 흐르고 있다.[60] 이를 잘 보여주는 예가 매 기도 시작 시 드리는 '준비 기도'이다: "나의 모든 의향과 내적, 외적 행위가 순전히 하나님께 대한 봉사와 찬미를 지향하도록 우리 주 하나님께 은총을 구하는 것이다."[46] 이 기도는 '원리와 기초'의 지향을 그대로 담고 있다. 이는 곧, 수련의 전 과정이 '원리와 기초'의 목적을 향해 일관되게 흐르고 있음을 드러낸다.

이처럼 '원리와 기초'는 『영신수련』 전체의 '비전 선언문(vision statement)'이라 할 수 있다. 이는 곧 이냐시오가 의도한 영성 형성의 목표와 방향성을 제시하는 선언이며, 피정자는 『영신수련』의 흐름을 따라가면서 이 비전에 대한 각자의 고유하고 진지한 응답을 점차 심화시켜 나가게 된다.[61]

마지막으로, '원리와 기초'의 진정한 의미를 이해하기 위해 주목해야 할 중요한 한 가지 포인트를 덧붙이고자 한다. 많은 사람들이 처음 '원리와 기초'를 접할 때 그 언어가 매우 건조하고 딱딱하게 느껴져 쉽게 이해하기 어려워한다. 실제로 '원리와 기초'는 이성적, 철학적, 신학적 진술의 성격을 띠고 있는데, 이는 이냐시오가 이 내용을 종교재판의 검

---

60. 류해욱, 『여울지는 강물을 따라: 영신수련의 해설과 적용』, 59.

61. 심종혁, 『영신수련의 신학적 이해』, 53.

증 과정을 고려해 신학적으로 적절한 용어들로 기록했기 때문이었다.[62]

그러나 잘 알려져 있듯, '원리와 기초'는 이냐시오가 만레사의 까르도넬 강가에서 체험한 특별한 신비 체험을 바탕으로 하고 있다. 다시 말해, '원리와 기초'에는 이냐시오의 '체험적 지식(heart knowledge)'이 담겨 있다.[63] 이는 단순한 교리적 선언이 아니라, 피정자로 하여금 창조의 경이로움을 묵상하며 깊은 정감을 느끼게 하고, 각 사람을 갈망하시는 하나님의 위대한 사랑에 응답하도록 초대하는 선언이다.[64] 이런 관점에서 윌리엄 배리(William Barry)는 "'정감적인' 원리와 기초(the affective P & F)"라고 말한다.[65]

따라서 우리는 '원리와 기초'를 사랑의 언어로 읽어야 한다.[66] 그 안에서 우리는 하나님의 사랑받는 존재임을 발견한다. 동시에 우리를 향한 하나님의 사랑에 사랑으로 응답하지 못하는 존재임도 인식하게 된다. 이러한 깨달음으로부터 우리는 참된 영적 자유를 향한 갈망과, 그 자유에 기초한 헌신의 삶을 살아가고자 하는 열망에 눈을 뜬다. '원리와 기초'는 우리를 이러한 여정으로 이끄는 하나님의 사랑의 초대장이다. 피정자는 이 사랑의 초대장을 받아들임으로써, 본격적으로 영신수련이 이끄는 사랑의 여정을 시작하게 된다.

---

62. Katherine Dyckman, Mary Garvin, and Elizabeth Libert, *The Spiritual Exercises Reclaimed*, 89.

63. 위의 책.

64. 위의 책, 90.

65. William Barry, *Allowing the Creator to Deal with the Creature* (New York: Paulist Press, 1994), 9; Katherine Dyckman, Mary Garvin, and Elizabeth Libert, *The Spiritual Exercises Reclaimed*, 90에서 재인용.

66. 사랑의 언어로 '원리와 기초'를 재구성한 좋은 예는 데이비드 플레밍과 엘리자베스 리버트에게서 발견할 수 있다. David L. Fleming, S.J., 『당신 벗으로 삼아주소서: 영신수련 현대적 해석』, [23]; Elizabeth Libert, *The Way of Discernment*, 이강학 역, 『영적 분별의 길』(서울: 좋은 씨앗, 2011), 100 참조.

2. 제1주간: "사랑받는 죄인(Beloved Sinner)"의 정체성

이냐시오는 첫째 주간을 위한 첫 번째 수련으로 타락한 천사들의 죄, 아담과 하와의 죄, 대죄를 지은 한 사람의 죄를 차례로 묵상하게 한다[45-54]. 두 번째 묵상은 피정자 자신의 죄에 대한 성찰로 이어진다[55-61]. 세 번째는 앞의 두 수련에 대한 반복이며[62-63], 네 번째는 세 번째 기도의 반복이다[64]. 다섯 번째 수련은 지옥에 대한 묵상으로 오감을 사용하여 기도하도록 한다[65-71]. 이냐시오는 하루 동안 진행되는 다섯 번의 묵상만을 제시한 것처럼 보이나, 실제로는 이 다섯 가지 묵상을 피정자가 5-6일에 걸쳐 심도 있게 기도하도록 안내한다.

이처럼 첫째 주간이 죄에 초점을 두고 있기 때문에 전통적으로는 '죄 묵상의 주간'으로 알려져 있으나, 실제로는 '자기를 아는 주간'으로 이해하는 것이 더욱 적절하다.[67] 첫째 주간에 일어나는 자기 인식은 두 가지 차원을 포함한다. 첫째는, 자신이 얼마나 심각한 죄인인지를 깨닫는 것이다. 피정자는 자신의 죄의 경향성과 내면의 무질서를 인식하게 되며, 왜곡된 애착이 자신을 비탄과 불행에 빠뜨렸고, 나아가 이 세상의 죄와 파멸에도 일조하였음을 깊이 자각하게 된다.[68] 둘째는, 자신이 그럼에도 불구하고 하나님의 크신 사랑을 받고 있는 '사랑받는 자(God's beloved)'임을 깨닫는 것이다. 피정자는 첫째 주간을 통하여 '사랑받는 죄인(beloved sinner)'로서의 역설적이고 신비로운 정체성을 체험적으로 인식하게 된다.

이는 첫째 주간의 '구할 은총'의 내용에서도 잘 드러난다. 첫째 주간의 피정자는 "나 자신에 대한 부끄러움(shame)과 당황하는 마음

---

67. 류해욱, 『여울지는 강물을 따라: 영신수련의 해설과 적용』, 136.
68. Joseph A. Tetlow, S. J., 『사랑의 발걸음: 영신수련 주제별 해설』, 103.

(confusion)을 청한다"[48]. '구할 은총'은 각 주간마다 고유한 내용을 지니며, 이는 해당 주간의 기도의 지향과 기대하는 영적 열매를 보여주는, 일종의 "강물의 흐름을 이끄는 키"의 역할을 한다.[69] 이를 통해 피정자는 각 주간의 기도 여정 속에서 어떤 내적 변화를 경험하고자 하는지를 분명히 인식하고, 그것을 바라보며 갈망하게 된다.[70]

여기서 '부끄러움(shame)'은 우리가 자신의 죄인됨을 깊이 자각하며 갖게 되는 정서적 체험을 의미한다. 그러나 이 부끄러움은 실수를 책잡혔을 때나 자기가 정해놓은 이상에 도달하지 못했을 때 느끼는 좌절감이 아니다. 오히려 하나님의 크신 사랑 앞에서 섰을 때 느끼는 마음이다. 피정자는 자신의 삶 속에 가득한 하나님의 지극한 선하심과 사랑을 인식하고, 그 사랑에 얼마나 합당하게 응답하지 못했는지를 깨달으며, 그로 인해 마음 깊은 곳에서 부끄러움을 느낀다.[71]

'당혹감(confusion)' 또한 하나님의 사랑 앞에서 일어나는 정서적 반응이다. 사람들은 흔히 자신이 사랑받을 만하지 않기 때문에 죄인이라고 여긴다. 그러나 죄의 본질은 우리가 하나님을 사랑하지 않음에 있다. 사실 우리는 언제나 사랑받을 만한 존재이다. 왜냐하면 하나님이 우리를 변함없이 사랑하시기 때문이다.[72] 이처럼 당혹감은 하나님의 실패함이 없는 사랑(unfailing love)으로 인해 느끼는 감정이다. 로욜라 하우스의 스탭 중 하나인 폴 파나레토스(Paul Panaretos, S. J.)는 이를 "경이로운 당혹감(awesome confusion)"이란 표현으로 잘 설명한다. 즉, 우리는 하나님의 크신 사랑을 거절하고, 그 사랑에 합당하게

---

69. 류해욱, 『여울지는 강물을 따라: 영신수련의 해설과 적용』, 140.

70. 이렇게 구하는 내용은 피정자 자신을 넘어서는 것이다. 우리는 기도할 수 밖에 없다. 이것이 이냐시오적 기도에서 '구할 은총'과 '담화'가 중요한 이유이다.

71. John J. English, Spiritual Freedom, 74-77.

72. 위의 책, 55-56.

응답하지 않는 죄인임에도 불구하고, 하나님은 그런 우리를 무조건적으로, 변함없이 사랑하신다. 이러한 사랑을 마주할 때 우리는 '왜 나같은 죄인을 사랑하시는가?'라는 질문과 함께 깊은 혼란과 당혹감을 느낀다. 바로 이것이 경이로움으로 가득찬 당혹감이며, 첫째 주간의 기도 안에서 피정자가 체험하는 중요한 은총이다.

첫째 주간의 역동 속에서 피정자는 자신이 죄인임을 깊이 자각하게 된다. 이러한 자각은 때로 자기 혐오나 우울감으로 이어질 수 있다. 그러나 첫째 주간의 초점은 단지 자신의 죄성을 묵상하는 데 있지 않다. 그 진정한 목표는 죄된 자기로부터 점차 자유로워지고, 우리의 마음과 생각을 선하시고 자비로우신 하나님께 두는 데 있다.[73] 물론 자신의 죄성을 깊이 인식하는 것은 중요하다. 인간의 무능함과 무력함을 자각할 때, 우리는 더욱 더 하나님을 의지하고 그분의 자비를 향해 나아가게 되기 때문이다.[74] 이처럼 죄인됨의 자각은, 그 죄인된 존재임에도 불구하고 하나님의 깊은 사랑을 받고 있다는 진리를 경이롭게 체험하고, 그 사랑의 관계 안에 뿌리내릴 때 비로소 참된 의미를 지닌다.

결국 첫째 주간의 은총을 깊이 체험한 피정자는 자신이 하나님의 사랑안에서 얼마나 소중하고 가치있는 존재인지를 깨닫게 된다. 그는 죄의 힘도 분명히 인식하고, 죄가 여전히 자신 안에 작용하고 있음도 자각하지만, 동시에 그 죄의 힘 아래에 무력하게 머물러 있지 않다는 내적 인식이 생긴다.[75] 피정자는 하나님의 변함없는 사랑과 자비를 신뢰하며, 영적 자유와 성숙에 대한 소망을 품고 둘째 주간으로 나아간다.

---

73. 위의 책, 56.
74. 위의 책, 57.
75. Joseph A. Tetlow, S.J., 『사랑의 발걸음: 영신수련 주제별 해설』, 103.

3. 제2주간: 그리스도를 "더 알고 사랑하고 따르는" 여정

a. 예수 그리스도의 나라(the Kingdom of Jesus Christ)

『영신수련』의 둘째 주간은 "예수 그리스도의 나라" 묵상으로 시작된다[91-97]. 이 수련의 첫 번째 부분에서 피정자는 먼저 현세의 왕이 자신의 왕국을 위해 "나와 함께 일하자(labor with me)"고 백성들을 부르는 장면을 상상하게 된다[93]. 그리고 올바른 신하라면 이처럼 '관대한(generous)' 왕의 부름에 어떻게 응답해야 할지를 묵상하도록 이끈다[94].

이어지는 두 번째 부분에서는 영원하신 왕이요 온 세상의 주인이신 예수 그리스도께서 하나님의 나라를 위하여 그의 백성들을 부르시는 장면으로 초점이 전환된다. 그리스도께서 "나와 함께 일하자"고 부르신다면, 나는 어떻게 응답할 것인가? 이냐시오는 피정자로 하여금 이 부르심 앞에 진지하게 서게 한다.

이 묵상은 피정자의 자아 인식에 있어 놀라운 전환을 일으킨다. 이제 피정자는 인간의 죄의 본성이라는 어두운 지평선을 넘어, 하나님의 나라 사업의 지평선 안으로 들어가게 된다. 수동적으로 구원된 죄인의 자리에서, 이제는 놀랍게도 하나님의 나라를 위해 그리스도 곁에서 함께 수고하도록 초대받은 죄인임을 깨닫게 되는 것이다.[76] 이는 진실로 "놀라운 초청(extraordinary invitation)"이며, "또 다른 은총의 체험, 또 다른 하나님의 사랑의 표현"이다.[77] 피정자는 이제 '사랑받는 죄인'의 정체성을 넘어, 하나님의 나라의 '동역자(co-laborer)'라는 새로운 정체성의 차원을 부여받는다.

---

76. 위의 책, 106.

77. John J. English, *Spiritual Freedom*, 96.

'그리스도의 나라' 묵상은 봉헌기도로 마무리된다.

> 온 누리의 영원하신 주님, … 저를 바치옵니다. 오직 당신께 더 큰 봉사
> 와 찬미가 되도록 온갖 모욕과 비난을 감수하고 모든 정신적, 실제적 가
> 난에 이르기까지 당신을 본받기를 원하고 바라며 이를 신중히 결정하
> 였사오니 부디 저를 이런 생활과 신분으로 선택하여 주시고 받아주시
> 옵소서.[98]

이 기도의 언어는 '원리와 기초'의 그것과 매우 닮아 있다. "오직 당신
께 더 큰 봉사와 찬미가 되도록"이란 표현은 '창조 목적'을, "온갖 모욕
과 비난을 감수하고 모든 정신적, 실제적 가난에 이르기까지"는 '초연'
을, 그리고 "저를 … 받아주시옵소서"는 '투신'을 각각 드러낸다. 다만 '
원리와 기초'가 객관적 진리를 선언하는 내용이라면, '그리스도의 나라'
묵상의 봉헌기도는 그 진리가 지향하는 삶을 실제로 살아가고자 하는
열망이 담긴 기도라는 점에서 차이가 있다.

또한 이 묵상은 둘째 주간의 여정, 즉 내적 자유를 향해 나아가고 그
리스도의 부르심을 따라 '선택'의 삶을 살아가는 봉헌의 여정의 도입부
에 놓여 있다. 이 묵상은 이후 기도 여정의 방향을 제시하고, 그 토대를
놓으며, 피정자가 그 여정을 시작할 수 있도록 준비시킨다.

또한 정일우는 '그리스도의 나라' 묵상이 예수님의 공생애의 예고편
이면서 축소판과 같다고 말한다. 다시 말해, 이 묵상은 예수님의 공생
애를 관상하는 둘째 주간의 전체를 미리 보여주면서, 동시에 전체를 함
축적으로 요약하고 있다는 것이다.[78] 이러한 여러 의미에서 '그리스도

---

78. 류해욱, 『여울지는 강물을 따라: 영신수련의 해설과 적용』, 244. 예수님은 온전한 자유 안
에서 하나님의 뜻에 순종하며 살아가신 참된 인간의 모델이 되신다. 둘째 주간에서 피정
자는 예수님의 공생애를 관상하면서 "[예수님을] 본받기를 원하고 바라게"[98] 된다. 즉 둘

의 나라' 묵상은 "두 번째 원리와 기초"라고 말할 수 있다.[79]

이 묵상의 목적은 우리에게 주어진 하나님의 '관대한'[94] 사랑의 부르심에 대해 우리가 관대함과 개방성으로 응답하도록 이끄는 데 있다.[80] 이냐시오는 이러한 관대한 태도를 영신수련에 임하는 피정자가 지녀야 할 마음의 자세로 강조하며, 궁극적으로 수련을 통해 피정자 안에 형성하고자 한다.[81] 물론 이 시점에서 피정자가 상당한 수준의 관대함으로 하나님께 응답하기는 어렵다. 피정자는 그 기도 안에서 자신의 현재 상태를 정직하게 표현할 뿐이다. 일반적으로는 자신이 그런 봉헌을 할 수 있게 되기를 희망하는 정도의 관대함을 드러낸다.[82] '그리스도의 나라'의 봉헌기도[98]에서 드러나는 갈망은 '겸손의 세 단계'[167]나 '하나님의 사랑을 얻기 위한 관상'[234]에서 나타나는 갈망과 내용 면에서 유사하다. 그러나 피정자는 시간의 흐름에 따라 실제적 갈망의 깊이나 봉헌의 구체성에 있어서 점진적인 성장을 경험하게 된다. 이냐시오는 이러한 영성 성장을 형성해가기 위해서, 봉헌의 갈망을 반복하여 기도하게 함으로써 피정자를 점차 이끌고 있다고 볼 수 있다. 영신수련의 여정을 따라 그의 봉헌은 점차 구체화되고 명확해질 것이다.[83] 이 시점에서는 '나 같은 자도 부르십니까?'라는 놀라움과 감사 안에서, 예수

째 주간은 예수님께서 자신의 삶을 모델로 보여주시며, 피정자에게 "나와 함께 일하자"고 부르시고, 피정자로 하여금 예수님처럼 하나님께 관대한 응답을 드리도록 이끌어 가는 시간이다.

79. Michael Ivens, S.J., *Understanding the Spiritual Exercises*, 77.

80. John J. English, *Spiritual Freedom*, 104-105.

81. 일러두기 5번에서 이냐시오는 다음과 같이 말한다. "피정자는 창조주이신 주님께 관대하고 기꺼운 마음으로 영신수련에 임하고, 자신과 그가 가진 모든 것을 하나님의 거룩한 뜻에 따라 쓰시도록 자신의 모든 원의와 자유를 주님께 바치는 것이 좋다." 이러한 '관대함(generosity)'는 영신수련에 지속적으로 흐르는 핵심적인 주제 중 하나이다.

82. 위의 책, 106.

83. 위의 책.

님을 따르고자 하는 일정한 수준의 관대함과 개방성을 가지고 여정을 시작하는 것만으로도 충분하다. 피정자의 이러한 반응을 보인다면, 그는 둘째 주간으로 들어갈 준비가 된 것이다.

b. 예수님의 생애 관상

둘째 주간은 『영신수련』에서 중심을 차지하는 가장 중요한 흐름이다. 피정을 실제로 진행할 때도 이 시기는 가장 긴 시간을 차지하게 된다.[84] 『영신수련』에는 12일로 되어 있지만 실제 30일 피정에서는 10일에서 14일 정도의 시간을 할애한다.

둘째 주간은 크게 두 가지 흐름, 즉 예수님의 생애를 관상하는 흐름과, 그리스도를 따르며 '선택'을 식별해가는 흐름으로 나뉜다. 첫 번째 흐름인 예수님의 생애 관상은 다시 두 부분으로 나뉜다: 첫째 날부터 셋째 날까지의 "숨겨진 생애(Hidden Life)" 관상과 다섯째 날부터 마지막 날까지의 예수님의 "공생애(Public Life)" 관상이다.

'숨겨진 생애' 관상은 성육신의 "신비(mystery)"[85] 관상[101-109]으로부터 시작하여, 아기 예수의 탄생[110-117]과 봉헌[268], 이집트 피난 생활[269], 나사렛에서의 유년기[271], 12세 때의 성전 사건[272] 등을 관상한다. 이 시기에는 하루에 두 개의 신비를 관상하고, 이어서 두 번의 반복 기도와 오감 기도를 드린다.

'공생애' 관상은 예수님이 세례요한에게 세례받으시는 신비[158,

---

84. 류해욱, 『여울지는 강물을 따라: 영신수련의 해설과 적용』, 260.
85. 영신수련에서 말하는 예수님의 "신비(mystery)"는 예수님의 생애에서 일어난 사건들 하나 하나, 곧 복음서에 기록된 예수님의 삶의 장면들을 가리키는 용어로, 관상 기도의 대상이 되는 구체적 장면 또는 이야기를 지칭한다. 이냐시오는 둘째 주간부터 넷째 주간에 이르기까지 피정자가 관상할 수 있도록 다양한 신비들을 제시하고 있으며, 이 신비들은 영신수련의 부록[261-312]에 자세히 정리되어 있다.

273]로 시작된다. 이후 광야에서 시험받으심[274], 제자들을 부르심[275] 등과 피정자의 영적 흐름에 적절한 본문들을 관상하게 된다. 일반적으로 종려주일[287] 관상으로 둘째 주간을 마무리한다. 이 기간에는 하루에 한 가지 사건만을 기도한다. 즉 하나의 사건을 두 번 관상하고, 그 내용을 두 번 반복한 후, 오감기도로 마무리한다[159]. 이냐시오는 이러한 방식에 대해 구체적인 설명을 남기지 않았다. 이에 대해 정일우는 두 가지 해석을 제시한다. 첫째, 그 시점까지 이미 많은 내용을 다루었으므로 피정자가 각 관상 내용을 천천히, 깊이 음미할 수 있도록 하기 위한 배려라는 해석이다. 둘째, 공생애 관상을 진행하는 가운데 '선택'을 위한 식별과 결정을 병행해야 하기 때문에, 이를 돕기 위해 관상 구조를 단순화한 것이라는 해석이다.[86]

둘째 주간의 예수님의 생애 관상의 흐름을 주도적으로 이끌어 나가는 가장 중요한 열쇠는 주님께 청하는 '구할 은총'이다.[87] 이냐시오는 매번 관상기도를 드릴 때마다 다음과 같은 은총을 구하도록 한다: "여기서는 나를 위해 사람이 되신 주님께 대한 내적 인식(interior knowledge)을 청하는데 이로써 그 분을 더 사랑하고(love him more) 더 잘 따르려는(follow him more closely) 것이다"[104].

그리스도를 더욱 알고, 사랑하고, 따르는 것이 둘째 주간의 핵심이자 목표이다. 이 세 요소는 서로 긴밀하게 연결되어 있다. 예수님을 더욱 친밀하게 알아갈수록 그분을 더욱 사랑하게 되며, 사랑이 깊어질수록 자연스럽게 그분을 따르게 된다. 이 과정 안에는 이미 '활동 중의 관상(contemplation in action)'의 영성이 담겨 있다. 그리스도를 알고 사랑하기를 간구하는 이유는 이를 통해 어떻게 그분을 따라야 하는지에 대

---

86. 위의 책, 275.
87. 위의 책, 261.

해서도 알 수 있기 때문이다. 『영신수련』은 은둔의 자리에 머무는 조용한 관상이라기 보다는, 활동하는 삶 속에서 이루어지는 '활동 중의 관상'의 영성을 형성한다는 특징을 지닌다.[88] 피정자는 둘째 주간의 흐름 속에서 예수님과의 친밀한 사랑의 관계로 성장하며, 그분의 본을 따라 살아가고자하는 열망과 구체적인 선택으로 나아간다.

c. 이냐시오적 묵상들과 선택

둘째 주간의 한 축이 예수님의 생애를 관상하는 것이라면, 또 다른 흐름은 그리스도를 따르기 위한 삶의 구체적인 '선택(election)'[89]이다. 이냐시오는 이러한 선택과 식별을 돕기 위해 특별히 고안한 일련의 묵상들('이냐시오적 묵상')을 제시하고 있다.[90] "두 개의 깃발(Two

---

88. Joseph A. Tetlow, S.J., 『사랑의 발걸음: 영신수련 주제별 해설』, 117.

89. 이냐시오는 둘째 주간의 중반부 즈음부터 피정자에게 중요한 삶의 '선택' 이슈가 드러나는 경우, 이를 중심으로 식별하고 결정하는 과정을 갖도록 이끈다. 이러한 선택 과정을 돕기 위한 구체적인 지침은 둘째 주간 후반부에 "선택을 위한 길라잡이"[169-189]란 이름으로 정리되어 있다. 이냐시오는 "삶의 신분(state of life)"[135]을 두 가지로 구분한다. 첫째는 주님의 계명을 지키며 살아가는 일반적인 삶의 신분(방식)이며, 둘째는 복음적 완덕을 추구하는 헌신된 삶의 신분으로, 이는 예수님을 닮아 가기 위해 가난과 수치의 삶에 자신을 온전히 투신하는 방식(예: 수도자)을 의미한다. 이냐시오가 말하는 '선택'은 엄밀한 의미에서는 이 두 번째 방식에 대한 선택을 가리킨다. 이냐시오는 이처럼 후자의 삶의 방식을 더 높이 평가하는 중세적 관점을 유지하고 있다.(테틀로우, 122) 하지만 그는 모든 그리스도인이 삶의 자리와 상관없이 그리스도를 따르라는 부르심을 피할 수 없음을 영신수련 전체에서 암시하고 있다.(테틀로우, 123) 종교적 서약을 하는 특별한 선택을 하지 않더라도, 자신의 현재 삶을 쇄신하려는 결정, "즉 자신의 직책과 생활과 신분을 우리 주 하나님의 영광과 찬미, 그리고 자신의 영혼의 구원을 위해 맞추는 것"[189]을 하도록 이끈다. 이 점에서 이냐시오는 현대와 잘 어울린다. 오늘날 영신수련을 현대 피정자에게 줄 때에는 '선택을 위한 지침'을 유비적으로 적용한다. 피정자가 삶의 방향에 중대한 영향을 미칠 수 있는 선택 이슈를 지니고 있다면 그 선택을 식별하고 결정하도록 돕고, 중요한 선택 이슈가 없더라도 현재의 삶을 보다 더 그리스도를 따르는 방향으로 쇄신하도록 식별과 결정과정을 돕는다.

90. 류해욱, 『여울지는 강물을 따라: 영신수련의 해설과 적용』, 288.

Standards)", "세 가지 부류의 사람들(Three Classes of Persons)", "세 가지 단계의 겸손(Three Kinds of Humility)" 등이 그것이다. 피정자들은 첫 두 개의 묵상을 넷째 날에 진행하고, '세 단계의 겸손' 묵상은 다섯 째 날 이후에 기도한다.[91] 이러한 묵상들은 중요한 영적 교리를 담고 있으며, 피정자의 선택의 과정을 식별할 수 있도록 돕는 가치 기준을 제공하며, 그리스도를 닮아가는 둘째주간의 영적 역동을 이끌어가는 역할을 한다.[92] 이 외에도 "식별을 위한 규범들[313-336]," "선택을 위한 길라잡이[169-189]" 등을 통해 이냐시오는 피정자가 바른 선택과 식별을 하도록 돕는다.[93]

첫 번째 묵상인 '두개의 깃발'[136-148]은 매우 중요하다. 이 묵상은 앞서의 '그리스도 나라' 묵상과 연결되면서도 대비되는 내용을 담고 있다. '그리스도 나라'가 그리스도의 부르심에 대해 응답하여 그분을 따르기로 선택하는 마음을 불러일으키는 데 초점을 둔 묵상이라면, '두개의 깃발'은 우리가 따르려는 그리스도께서 어떤 분이시며, 어떤 가치체계를 지니고 계신지, 그리고 그분을 따른다는 것이 무엇을 의미하는지를 깊이 있게 보여주는 식별에 관한 묵상이라고 할 수 있다.[94]

이 묵상은 피정자로 하여금 영적 전쟁의 상황을 상상하도록 이끈다. 바벨론의 벌판에는 사단의 깃발이 세워져 있고, 사단은 마귀들에게 사람들을 어떻게 유혹하여 악행으로 이끌지를 설교하고 있다. 반대로 예

---

91. 이냐시오는 예수님의 공생애 관상이 시작되는 다섯째 날부터 선택의 과정을 병행하도록 구성한다. 이냐시오적 묵상들은 이 과정에 들어가기 직전에 배치된다. 이는 피정자가 선택을 하기 위해 내적으로 준비되도록 돕고, 선택의 방향성을 제시하며 그 여정을 이끌어가기 위한 것이다.

92. Michael Ivens, S.J., *Understanding the Spiritual Exercises*, 74.

93. 위의 책.

94. 류해욱, 『여울지는 강물을 따라: 영신수련의 해설과 적용』, 288-289.

루살렘 벌판에는 우리의 최고 사령관이신 예수 그리스도의 깃발이 세워져 있고, 그리스도께서는 당신의 제자들에게 참된 거룩한 가르침을 전하고 계신다. 이 이미지는 두 개의 상반된 가치체계가 충돌하는 가운데 살아가는 우리의 삶의 현장을 형상화하고 있다.

사단은 "먼저 사람들을 재물에 대한 탐욕으로 유인하고, 그들을 세상의 허영심으로, 그리고 다음에는 한껏 부푼 교만에로" 이끌라고 가르친다[142]. 예수님은 이와 정반대로 사람들을 "부와 반대되는 가난," "세상의 명예와 반대되는 수치 혹은 업신여김," "교만에 반대되는 겸손"으로 이끌라고 가르치신다[146].

왜 부요함이 문제의 시작점이 되는가? 조셉 테틀로우는 사단이 영혼을 유혹하는 전략이 단계적으로 어떻게 작동하는지를 다음과 같이 설명한다. 부요함은 '내가 가진 이 모든 것들을 봐'라는 마음을 불러일으키고, 이는 점차 '이 모든 것들을 가진 나를 봐'라는 허영심으로 이어지며, 마침내 '나를 봐'라는 교만에 이르게 된다. 이런 방식으로 우리는 자신이 세상의 중심이라는 착각, 곧 자기 충분성(self-sufficiency)이라는 교만의 죄에 사로잡히게 된다.[95]

그렇다면 '가난으로 인도한다'는 말은 무엇을 의미하는가? 이냐시오는 가난을 "정신적(spiritual) 가난"과 "실제적인(actual) 가난"으로 구분한다[146]. 이 중 정신적 가난이란 자신이 소유한 것은 아무 것도 없다는 자각, 곧 모든 것이 하나님의 선물이라는 인식을 말한다. 테틀로우의 관점으로 보자면 이는 '이 모든 것의 주인이신 하나님을 봐'라는 하나님께 주목하고 감사하는 태도에 해당한다. 류해욱은 이냐시오가 말하는 가난은 결핍이 아니라 "우리가 지닌 모든 것을 선물로 받아들이고

---

95. Joseph A. Tetlow, S.J., *Making Choices in Christ: The Foundations of Ignatian Spirituality* (Chicago: Loyola Press, 2008), 108.

우리 것이 아니고 [하나님]의 것이라는 태도에서 비롯되는 내적 자유"를 의미한다고 해석한다.[96] 이냐시오는 또한 "하나님께 봉사가 되고 그분이 선택하신다면 실제적인 가난에까지 이끄시는"[146] 예수님을 말하고 있다. 여기서 이냐시오가 말하는 '실제적인 가난'은 우선적으로 수도자와 같이 가난을 서원하는 '종교적 삶의 방식'을 선택하는 것을 의미한다.[97] 이냐시오는 실제적인 가난에 앞서 '정신적 가난'으로 인도하는 것을 중요하게 여겼다. 이는 먼저 마음의 태도가 형성되는 것이 무엇보다 중요하기 때문이다.[98]

이냐시오는 가난에 이어 업신여김과 모욕까지 받아들일 수 있는 단계로 피정자를 이끌고자 한다. 그는 가난과 수치를 받아들임으로써 자연히 겸손이 생겨난다고 말한다. 그러나 이러한 가난, 수치, 겸손의 추구는 자칫하면 매우 가학적인 기괴한 영성처럼 보여질 수 있다. 이 추구는 그리스도와 함께 있고자 하는 갈망, 그분을 본받으려는 열망[99] 안에서 바라볼 때 비로소 이해할 수 있다.[100] 이냐시오가 제시하는 가난, 수치, 겸손의 길은 참된 영적 자유로 나아가는 길이다. 요약하면, '두 개의 깃발' 묵상은 피정자로 하여금 자신이 애착하고 있는 것이 부, 명예, 교만임을 인식하게 하며, 이에 반해 가난, 수치, 겸손을 선택함으로써 예

---

96. 류해욱, 『여울지는 강물을 따라: 영신수련의 해설과 적용』, 294.

97. Dermot Mansfield, "Presenting the Two Standards, I," *The Way Supplement*, 55 (Spring 1986), 29. 수도자가 되기 위한 기본 서약은 가난, 순결, 순명이다. 이 개념을 현대적 상황에서 유비적으로 적용한다면, 이는 극단적 궁핍에 들어가는 것을 뜻하는 것이 아니라, 소비주의적 문화에 맞서 단순한 삶을 자발적으로 선택하는 대항문화적인 태도로서의 가난이라 할 수 있다.

98. 류해욱, 『여울지는 강물을 따라: 영신수련의 해설과 적용』, 294.

99. 그리스도를 본받고자 하는 열망은 '그리스도의 나라' 묵상에서부터 둘째 주간에 지속적으로 드러나고 있다. [98], [147], [167]을 참조하라.

100. Dermot Mansfield, "Presenting the Two Standards, I,", 30.

수님을 따르는 길로 나아가야 함을 깨닫게 한다.

두 번째 이냐시오적 묵상인 '세 부류의 사람들'[149-157]은 둘째 주간의 넷째 날의 마지막 기도로 주어진다. 즉 '두 개의 깃발' 묵상을 하루 동안 묵상한 후, 이를 마무리하는 묵상으로 제시된다. 이냐시오는 이 묵상에서 거액의 재물을 얻게 된 사람들의 상황을 설정하고, 이들이 재물에 대한 애착에서 벗어나기 위해 어떻게 반응하는지를 세 유형으로 나누어 제시한다.

첫째 부류는 애착에서 자유로워지고 싶다고 말하지만 실제로는 아무 행동도 하지 않는다. 둘째 부류는 행동에 나서기는 하나, 자신이 원하는 방식으로 재물을 활용하며 이를 정당화한다. 예를 들어 재물을 선한 일에 사용하지만, 이를 통해 얻어지는 명예와 영광을 놓지 않는다.[101] "자기가 원하는 쪽으로 하나님이 오시기를 바라는" 것이지 "하나님께 가기 위해 그것을 놓을 결심은 하지 않는다"[154]. 세 번째 부류는 재물에 대해 완전한 초연이 이른 사람들이다. 이들은 재물을 실제로 포기하지는 않고 있지만, 그것을 취하든 버리든 오직 하나님을 더 잘 섬기기 위한 기준에 따라 결정한다. 이 상태는 초연, 곧 내적 자유의 상태다.

이 묵상은 '두 개의 깃발'에서 성찰한 하나님 나라의 가치 체계를 피정자가 실제로 얼마나 수용하고 있는지를 점검하는 일종의 영적 케이스 스터디라 할 수 있다. 피정자는 재물을 소유한 상황에서 세 부류의 반응을 바라보며, 자신의 내적 상태가 어디에 해당하는지를 성찰하게 된다. 여기서 말하는 '재물'은 단지 금전뿐만 아니라 모든 유형 및 무형의 '부요함'에 대한 애착을 포괄한다. 피정자는 "무엇이 나를 부자유하게 하는가? 하나님께 온전히 봉헌되고 자유롭게 나아가는 데 방해가 되는 것은 무엇인가?"를 질문하게 된다. 결국 이 묵상의 목적은 초연의

---

101. John J. English, *Spiritual Freedom*, 163.

'내적 상태(disposition)'에 이르게 하는 것이다.[102]

세 번째 묵상인 '세 단계의 겸손'[164-168]은 다섯 째날 이후에 제시된다. 이 묵상 역시 피정자를 초연의 상태로 이끄는 것을 목표로 한다. 첫 번째 단계의 겸손은 모든 일에 있어서 하나님의 법을 따르며, 어떠한 대죄도 저지르지 않으려는 태도이다[165]. 두 번째 단계의 겸손은 더 완전한 겸손의 상태로, 소죄 하나라도 범하지 않으려는 마음이며, "가난보다 부를, 불명예보다 명예를, 단명함보다 장수를 더 원하지 않고 거기에 마음이 더 끌리지도 않는" 초연의 상태이다[166]. 세 번째 단계의 겸손은 가장 완전한 겸손으로, 하나님께 찬미와 영광을 돌릴 수 있다면 가난과 수치와 겸손을 자발적으로 원하고 선택하는 상태이다. 이는 그리스도를 "더 본받고 닮기 위해서" 택하는 깊은 겸손이다[167].

'세 부류의 사람들' 묵상이 우리가 사물과 맺는 관계를 우선적으로 다루고 있다면, '세 단계의 겸손'은 우리가 예수님과 어떤 관계를 맺고 있는지에 초점을 맞춘다.[103] 이 묵상은 곧 피정자가 예수님과 맺고 있는 사랑의 관계의 깊이를 드러낸다. 세 번째 단계의 겸손에서 반복되는 "그리스도와 함께"라는 표현과, 그리스도를 더 본받고 닮기 위해 자발적으로 가난, 수치, 겸손을 원하는 태도는 사랑에서 비롯된 것이다. 이러한 태도는 셋째 주간의 역동, 곧 수난 받으시는 '예수님과 함께' 머무는 여정과 자연스럽게 이어진다.[104]

'세 단계의 겸손' 묵상은 이냐시오가 밝힌 대로 "선택에 들어가기에 앞서"[164] 피정자에게 제시되는 것으로, 구체적인 삶의 '선택' 이전에 먼저 형성되어야 할 초연의 마음 자세(disposition)를 기르기 위한 것이다. 이냐시오에게 있어 참된 선택은, 선택 이슈를 다루기 이전에 먼저

---

102. 위의 책.

103. 위의 책, 170.

104. 위의 책, 171.

하나님을 선택하는 데에서 출발한다[169]. 곧 하나님을 찬미하고 섬기려는 창조 목적을 최우선에 두고, 그 목적에 따라 어떠한 것에도 얽매이지 않고 자유롭게 선택하려는 내적 태도, 즉 초연이 준비되었을 때 비로소 삶의 구체적인 선택으로 나아갈 수 있다. '세 단계의 겸손'은 이러한 마음의 자세를 형성하기 위한 묵상이지, 아직 구체적인 '선택'의 내용을 다루는 것은 아니다.[105] 실제 삶의 선택은 이후에 제시되는 "선택을 위한 길라잡이"[169-189]에 따라, 둘째 주간 후반부에서 다루어지고 결정에 이르게 된다.

이러한 선택의 과정은 이냐시오적 묵상들과 예수 그리스도의 생애를 관상함이 함께 맞물려 이루어지게 된다. 티모시 갤러거(Timohty M. Gallagher)가 밝히고 있듯이, 초연이 형성되기 위해서는 "하나님께서 당신을 무한히 사랑하신다는 기초적인 인식," "당신을 사랑하시는 예수님과의 치유적인 만남," 그리고 "그리스도에 대한 체험적 지식과 사랑이 자라나는 지속적인 탐구"가 선행되어야 한다.[106] 이는 이냐시오가 영신수련의 첫째 주간과 둘째 주간에 걸쳐 의도한 핵심적인 흐름과 맞닿아 있다. 특히 둘째 주간의 역동, 곧 예수 그리스도를 '더 알고, 사랑하고, 따르도록' 이끄는 관상의 여정을 통해, 피정자는 모델이 되시는 그리스도의 내적 자유와 하나님께 철저히 순종하는 삶의 선택을 체험하고 배우게 된다. 이 과정 속에서 피정자의 마음은 그리스도를 사랑하고 본받고자 하는 깊은 갈망으로 채워지게 된다. 따라서 둘째 주간에서 이루어지는 예수님의 생애 관상도 식별과 선택을 위한 내적 준비로 작용하며, 그 결과 피정자는 사랑으로부터 우러나오는 구체적인 삶

---

105. 위의 책, 174.
106. Timothy M. Gallagher, OMV, *Discerning the Will of God: An Ignatina Guide to Christian Decision Making* (New York: The Crossroad Publishing Company, 2009), 48-49.

의 선택으로 나아가게 된다.

4. 제3주간과 제4주간: 그리스도와의 연합과 선택의 확증

셋째 주간은 예루살렘 입성에서 시작해 수난을 당하시고 십자가에 못박혀 죽으신 후 묻히시는 예수님의 수난 여정에 초점을 맞춘다. 이 주간에 피정자는 자신의 죄로 인해 고난을 받으시는 주님 앞에서 "고통과 슬픔, 당혹감을 느끼는 은총"을 청한다[193]. 특히 둘째 관상에서 요청하는 '구할 은총'은 셋째 주간의 방향성을 더욱 분명하게 드러낸다: "고통받는 그리스도와 함께 고통을, 비탄에 빠진 그리스도와 함께 눈물과 애끓는 마음을, 그리스도께서 나 때문에 겪으신 그 많은 아픔으로 인해서 내적인 아픔을 함께 느끼를 청한다."[203] 여기서 반복되는 핵심 표현은 "그리스도와 함께(with Christ)"이다. 셋째 주간의 관상에 중요한 것은 단지 그리스도의 외적인 고통에 동참하는 데 그치지 않고, 그분이 겪으신 내면의 고통과 외로움, 거절당함의 깊은 차원까지 '함께 머무르는 것'이다.[107] 이 때 피정자가 초점을 맞추어야 할 것은 자신의 고통이나 죄로 인한 슬픔 —이는 첫째 주간의 초점이다— 이 아니라, 고통당하시는 그리스도의 슬픔과 아픔임을 기억해야 한다.[108]

넷째 주간은 피정자가 부활하신 그리스도를 바라보며, 그 부활의 기쁨 안으로 깊이 참여하는 시간이다. 피정자는 '예수님께서 어머니 마리아에게 나타나심'[218, 299][109]을 관상함으로 시작하여 '예수님의

---

107. David L. Fleming, S.J., 『당신 벗으로 삼아주소서: 영신수련 현대적 해석』, [191-197].

108. 류해욱, 『여울지는 강물을 따라: 영신수련의 해설과 적용』, 364.

109. 실제로 성경에는 예수님이 어머니 마리아에서 나타나시는 장면이 등장하지 않는다. 그러나 이냐시오는 예수님께서 분명 어머니 마리아에게 먼저 나타나셨을 것이라고 믿으며, 그 놀라운 기쁨의 재회로부터 부활 관상을 시작하도록 제안한다.

승천'[312]까지를 관상한다. 이 주간에 피정자는 "우리 주 그리스도께서 누리시는 그 큰 영광과 기쁨에 힘입어 나도 한없이 기뻐하고 즐거워하는 은총"을 청한다[221]. 넷째 주간의 관상에서도 핵심은 '그리스도와 함께' 하는 데 있다. 다만 이번에는 고난이 아닌 부활의 기쁨에 함께 함으로써, 피정자는 마음 깊은 곳에서 우러나오는 내적 기쁨을 체험하게 된다.

셋째 주간과 넷째 주간은 '파스카 신비(Paschal Mystery)'로서 서로 긴밀하게 연결되어 있다. 두 주간의 분위기는 분명 상반되지만, 이는 하나의 파스카의 신비라는 사건 안에서 바라보아야 할 하나의 연속된 여정이다. 이러한 이유로 많은 학자들은 이 두 주간을 본래 하나의 흐름으로 이해하며, 그 안에서 일어나는 두 가지 영적 역동으로 본다.[110] 셋째 주간에서 예수님의 수난, 죽으심, 묻히심에 깊이 머물렀다면, 그만큼 넷째 주간에서는 그분의 부활이 주는 기쁨을 더욱 경이롭고 충만하게 체험하게 될 것이다.[111]

셋째 주간과 넷째 주간은 전통적인 영성 성장의 모델로 볼 때 "연합(union)"의 단계에 해당된다. 이 연합은 인간과 예수님 사이의 본성적 일치를 의미하는 것이 아니라, 예수님의 뜻과 마음에 점점 일치되어 가는 사랑의 관계의 깊어짐, 곧 그분과 함께 머물며 그분을 따르고자 하는 내적 일치를 의미한다. 수난과 부활의 관상 안에서 예수님은 우리를 더 이상 종이 아니라 친구로 부르신다.[112] 마치 가까운 친구에게만 자신의 깊은 슬픔과 기쁨을 나누듯이, 주님은 자신의 고통과 기쁨에 우리를 동참하게 하시는 '연합'의 체험으로 우리를 초대하신다.

---

110. 위의 책, 351–352.
111. 위의 책, 374.
112. Joseph A. Tetlow, S.J., 『사랑의 발걸음: 영신수련 주제별 해설』, 146.

이 두 주간은 영신수련의 전체 흐름 안에서, 둘째 주간에 그리스도의 부르심에 응답하여 이루어진 투신의 선택을 "확증(confirmation)"하는 시기이기도 하다. 피정자는 이 기간을 통해 자신의 투신을 더욱 심화시키고, 그 투신이 하나님께 받아들여졌음을 확인하는 체험을 하게 된다.[113] 존 잉글리쉬는 그리스도의 고통에 함께 머무는 것이 피정자에게 더 명확한 식별을 가능하게 한다고 말한다. 식별은 대개 고통 앞에서 확증되기 때문이다.[114] 즉 피정자는 주님의 수난을 회피하지 않고 그분과 함께 머물며, 자신의 선택으로 감당해야 할 제자도의 대가, 곧 십자가를 예수님처럼 지고자 하면서, 자신이 한 선택이 얼마나 진실했는지를 확인하게 된다. 그리고 넷째 주간에 죽음을 이기시고 부활하시는 승리의 파스카 신비를 관상하면서, 그리스도께 대한 자신의 투신이 진정으로 가치있는 선택이었다는 확신을 갖게 된다.[115]

5. 사랑을 얻기 위한 관상

『영신수련』의 여정은 "사랑을 얻기 위한 관상(contemplation to attain love)"에서 정점에 이르며 마무리된다. 보통은 부활 사건을 기도한 뒤, 수련 마지막 하루나 이틀 동안 이 관상을 하게 되며, 혹은 넷째 주간 둘째 날부터 그리스도의 부활에 대한 관상과 이 관상을 교대로 하는 방식도 가능하다.[116]

이냐시오는 이 관상을 시작하기 전에 사랑의 두 가지 속성을 먼저 제시한다. 첫째, "사랑은 말보다 행동으로 나타나야 한다."[230] 둘째, 사

---

113. 류해욱, 『여울지는 강물을 따라: 영신수련의 해설과 적용』, 352.

114. John J. English, *Spiritual Freedom*, 173.

115. 류해욱, 『여울지는 강물을 따라: 영신수련의 해설과 적용』, 375.

116. Joseph A. Tetlow, S.J., 『사랑의 발걸음: 영신수련 주제별 해설』, 159.

랑은 서로 나누고 주고 받는 관계, 즉 "상호 나눔(mutual sharing)"[231]
의 성격을 지닌다는 것이다. 존 잉글리쉬는 이를 "상호 교류(mutuality
of giftedness)"라고 표현하며, 이냐시오가 하나님의 나라를 위한 하나
님과 인간의 "상호 책임성(mutual responsibility)"을 강조하는 이미지
를 제시하고 있다고 설명한다.[117] 이러한 이해는, 하나님의 사랑을 풍성
히 받은 우리가 이제는 그 사랑에 응답하여, 우리의 사랑을 하나님께
되돌려 드리는 삶으로 나아가야 함을 의미한다. 그리고 그 응답은 단지
말에 그치는 것이 아니라, 하나님 나라를 위한 삶의 구체적인 행동으로
드러나야 한다. 이는 곧 '활동 중의 관상(contemplation in action)'이라
는 이냐시오 영성의 핵심을 잘 보여준다.

　　이어서 피정자는 다음과 같은 은총을 청한다. "지금까지 받은 그
많은 것들에 대한 내적 인식을 구한다. 이로써 내가 받은 것들을 온
전히 깨달아 모든 것 안에서 하나님을 사랑하고 섬기고자 하는 것이
다."[233] 즉 이 관상은 피정자가 영신수련 전체 여정 안에서 배워온 것
들을 통합적으로 되새기고, 수련을 통해 형성된 영성의 핵심을 자기 삶
안에 체화하도록 이끌기 위한 것이다.

　　이 관상에서는 총 네 가지 묵상 요점이 제시되며, 이는 피정자가 하
나님의 사랑을 내적으로 더 깊이 인식하고 체험할 수 있도록 돕기 위한
것이다. 첫째, 피정자는 하나님께서 나를 위해 얼마나 많은 것을 주셨
는지를 되새긴다. 선물은 단지 외적인 것에 그치지 않고, 당신 자신까지
내어주셨다는 사실을 마음 깊이 느끼게 한다. 둘째, 하나님께서 모든
피조물 안에, 특별히 인간 안에 현존하신다는 사실을 묵상한다. 셋째,
하나님께서 세상 모든 피조물 안에서 지금도 나를 위해 일하고 계심을
묵상한다. 넷째, 이 모든 은총과 선물의 근원이신 하나님을 깊이 바라

---

117. John J. English, *Spiritual Freedom*, 256.

보게 한다. 요약하자면, 이 관상은 우리에게 선물하시는 하나님, 우리 안에 현존하시는 하나님, 우리를 위해 일하시는 하나님, 모든 것의 근원이 되시는 하나님을 깊이 인식하고 체험하도록 이끈다. 이는 곧 '모든 것 안에서 하나님을 발견하기(finding God in all things)'라는 이냐시오 영성의 핵심을 잘 드러낸다.

이 관상은 "받으소서 주님(Take, Lord, and Receive)"으로 시작하는 소위 "수쉬페(Suscipe)" 기도에서 절정을 이룬다[234].[118]

> 받으소서, 주님. 저의 모든 자유와 저의 기억과 지성, 모든 의지와 제가 가진 모든 것을 받으소서. 당신이 이 모든 것을 제게 주셨나이다. 주님, 이 모든 것을 돌려드리나이다. 모든 것이 당신 것이오니, 당신 뜻대로 처리하소서. 제게는 당신의 사랑과 은총만을 주소서. 그것으로 제게 족하나이다.[119]

피정자는 이 기도를 통해, 하나님께서 자신에게 주신 모든 것들을 '자유와 초연(freedom and indiffernce)' 안에서 다시 하나님께 봉헌한다. 이는 하나님의 관대한 사랑에 자신도 관대한 사랑으로 응답하는 표현이다.

이러한 관상의 흐름을 볼 때, '사랑을 얻기 위한 관상'이란 번역은 이 관상의 본래적 의미를 자칫 오해하게 만들 수 있다. 이 표현은 마치 하나님의 사랑을 '획득'하려는 것처럼 들릴 수 있기 때문이다. 그러나 하나님의 사랑은 이미 너무도 풍성하게 우리에게 주어져 있다. 이 관상의 초점은, 바로 그 이미 주어진 사랑을 깊이 인식하고, 그 사랑에 합당

---

118. 이 기도는 종종 "Suscipe"라 불리는데 이는 이 기도의 첫 단어인 "받으소서(take)"에 해당하는 라틴어에서 유래한 것이다.

119. 류해욱, 『여울지는 강물을 따라: 영신수련의 해설과 적용』, 69.

하게 우리도 사랑으로 응답하는 영성에 이르는 데 있다. 따라서 이 관상은 "[응답하는] 사랑에 이르기 위한 관상" 혹은 "하나님처럼 사랑하기 위한 관상(contemplation to love like God)"[120]이라고 부르는 것이 더 적절하다.

『영신수련』은 '원리와 기초'와 '사랑을 얻기 위한 관상'이 네 주간을 양 끝에서 감싸는(bookend) 구조를 이루고 있다.[121] 이 두 지점은 모두 이냐시오의 카르도넬 강가에서의 체험한 신비적 지식에 기초하고 있으며, 거의 동일한 내용을 담고 있다. 다만 '원리와 기초'가 이성적이고 철학적인 진술의 형태를 취하고 있다면, '사랑을 얻기 위한 관상'은 마치 아가서처럼 상호 사랑의 언어로 가득 차 있다.[122] '원리와 기초'가 하나님의 사랑에 사랑으로 응답하는 삶을 살아야 함을 선언하며 인간의 정체성과 삶의 방향성을 제시한다면, '사랑을 얻기 위한 관상'에서는 그 사랑이 내적으로 깊이 인식되고, 그에 대한 응답으로서의 사랑의 관계가 실제로 형성되어 있음을 발견하게 된다. '원리와 기초'가 하나님께서 우리에게 보내신 사랑의 여정으로의 초대장이라면 —비록 다소 건조한 언어로 표현되어 있지만— '사랑을 얻기 위한 관상'의 '수시페'의 기도는, 이 사랑의 여정 안에서 자라난 우리가 마음 깊은 곳에서 우러나 하나님께 드리는 사랑의 편지라 할 수 있다. 이처럼 하나님의 사랑에 사랑으로 응답하는 영성이야말로, 『영신수련』이 우리에게 형성하려는 영성의 핵심이다.

'사랑을 얻기 위한 관상'에서 드러난 이냐시오 영성의 핵심은 서론에서 언급한 네 가지의 핵심 어구를 통해 정리해볼 수 있다. '활동 중의 관

---

120. 로욜라 하우스의 영성지도자인 폴 파나레토스가 사용한 표현이다.
121. Katherine Dyckman, Mary Garvin, and Elizabeth Libert, *The Spiritual Exercises Reclaimed*, 88.
122. 위의 책, 89.

상가(a contemplative in action)'는 모든 것 안에서 사랑으로 현존하시는 하나님을 발견한다('모든 것 안에서 하나님을 발견하기'). 그는 이러한 관상적 체험에 머무르지 않고 하나님의 사랑에 삶의 구체적 행동으로 응답한다. 이냐시오 영성은 이러한 사도적 실천을 강조하지만, 그것이 관상을 덜 중요하게 여긴다는 의미는 아니다. 오히려 관상은 실천과 행동의 방향성을 이끌어 준다(inform).[123] 또한 '활동 중의 관상가'는 세상을 '성육신적 영성(incarnational spirituality)'의 관점으로 바라보며, 성육신적으로 사랑하려는 삶의 자세를 지닌다. 이러한 응답하는 삶은 '무질서한 애착'에서 벗어나 '자유와 초연(freedom and indifference)'에 이르게 하는 끊임없는 수련을 통해 가능해진다.

IV. 성찰기도: 이냐시오 영성의 실천적 적용

30일간의 『영신수련』을 마치고 일상으로 돌아가는 피정자에게, 영신수련을 통해 형성된 영성 생활을 계속 이어가기 위한 가장 적절한 실천은 "성찰기도(the examen prayer)"일 것이다. 이냐시오는 예수회원들에게 하루에 한 시간 정도 묵상이나 관상 기도를 하도록 명했다. 그러나 아주 중요한 사도적 활동이나 부득이한 사정으로 이것을 실천하기 어려울 경우에는 이 기도를 하지 않을 수도 있다고 했다. 그러나 하루에 15분씩 두 번 하는 성찰기도만큼은 반드시 실천하도록 당부했다. 이냐시오에게 성찰기도는 단순한 기도의 한 형태를 넘어, 어떤 기도보

---

123. Andy Otto, "Contemplatives in Action"; https://www.ignatianspirituality.com/contemplatives-in-action. 이냐시오는 관상과 행동의 균형과 조화를 말하고 있다. 둘째 주간에서 모든 선택과 결정이 그리스도를 알고 사랑하게 되면서 그 열매로 이루어지고 있음을 주목하라.

다도 핵심적인 기도였다.[124] 왜냐하면 이 기도 안에는 이냐시오 영성의 핵심 요소들이 고스란히 담겨 있기 때문이다.

전통적으로 이 기도는 "양심 성찰(examination of conscience)"로 불려 왔다. 그러나 이 표현은 기도자가 자신의 말과 행동과 생각을 돌아보며 그것들의 옳고 그름을 따지는, 도덕적 판단에 초점을 둔 기도라는 인상을 준다.[125] 하지만 이냐시오가 말한 '성찰'의 진정한 의미는, 하루의 삶 안에서 어떻게 하나님이 함께 하셨는지를 인식하고, 그분의 현존에 내가 어떻게 응답했는지를 되돌아보는 데 있다. 따라서 이냐시오의 '성찰기도'는 조지 아센브레너(George Aschenbrenner)가 명명한 것처럼, "의식 성찰(consciousness examen)"로 이해하는 것이 더 적절하다.[126]

이냐시오는 성찰기도의 다섯 단계를 다음과 같이 제시한다: 감사(gratitude) - 청원(petition) - 성찰(review) - 용서(forgiveness) - 쇄신(renewal).[127] 첫 번째 단계인 감사에서는, 하루 동안 나에게 주어진 하나님의 사랑의 선물들을 알아차리고 그에 대해 감사드린다. 두 번째 단계인 청원에서는, 하루를 되돌아보며 하나님과의 사랑의 관계를 성찰할 수 있도록 하나님의 비추시는 은총을 청한다. 세 번째 단계인 성찰에서는, 하나님과 함께 하루의 삶을 돌아본다. 이 때 기도자는 외면적인 사건들 뿐 아니라, 그 사건들 속에서 일어난 마음의 움직임들에 주목한다. 하나님께서 마음과 생각 안에서 허락하신 내적 움직임

---

124. 류해욱, 『여울지는 강물을 따라: 영신수련의 해설과 적용』, 124.

125. 위의 책, 131.

126. George Aschenbrenner, "Consciousness Examen," *Review for Religious,* 31/1 (1972), 14-21.

127. Timothy M. Gallagher, OMV, *The Examen Prayer: Ignatian Wisdom for Our Lives Today* (New York: The Crossroad Publishing Company, 2006), 25.

들 —곧 "영적 위로(spiritual consolation)"— 이 무엇이었는지, 혹은 하나님께로부터 온 것이 아닌 내적 움직임들 —곧 "영적 실망(spiritual desolation)"— 이 무엇이었는지를 알아차린다. 또한 이러한 내적 움직임들에 대해서 자신이 어떻게 반응하며 살았는지를 성찰한다.[128] 네 번째 단계인 용서에서는, 하나님의 사랑에 올바르게 응답하지 못한 자신의 모습을 깨닫고 회개하며, 그분의 사랑과 자비 안에서 용서를 청한다. 마지막 다섯 번째 단계인 쇄신에서는, 하나님의 사랑에 더 충실히 응답하는 삶을 살아가고자 다짐하며, 그 삶을 위한 은총을 소망 가운데 청한다.

성찰 기도에는 이냐시오 영성의 핵심이 녹아들어 있다. 우선 성찰 기도는 '원리와 기초'의 정신을 기준으로 삼아 하루의 삶을 돌아보는 것이다. 즉 '원리와 기초'에서 표현하는 인간의 창조 목적인 하나님을 찬미하고 경배하고 섬기는 삶을 살기 위해 하나님의 뜻을 잘 알아차리고 투신하며 살아가고 있는지를 매일의 삶에서 살피는 것이다.[129]

'감사'는 '모든 것 안에서 하나님을 발견하기'의 영성을 매일의 삶 속에서 실천하는 것이다. 모든 것이 하나님의 선물임을 깨닫고, 모든 것 안에 하나님께서 현존하시며 성실히 일하고 계심을 발견할 때 감사가 자연스럽게 우러나온다. 감사의 기도는 내가 소유한 것은 아무 것도 없고, 모든 것이 하나님의 선물이라는 '정신적 가난'과 '겸손'을 매일 회복하는 시간이다.

'성찰'과 '용서'의 단계에서 우리는 하나님의 사랑에 응답하며 살아가지 못하는 자신의 모습을 식별한다. 우리의 사랑의 응답을 방해하는

---

128. 이러한 내적 움직임들을 이냐시오는 "위로(consolation)"와 "실망(desolation)"이라고 칭했다. 자세한 내용은 "영적 분별의 규칙들"을 참조하라.

129. 류해욱, 『여울지는 강물을 따라: 영신수련의 해설과 적용』, 125.

'무질서한 애착'을 알아차리고, 그 애착에서 벗어나 하나님의 뜻을 따르기를 소원하고 결단한다. 성찰 기도는 매일의 삶 속에서 이러한 식별을 훈련하며, '자유와 초연'의 영성을 기르는 훈련이다.

기도자는 '쇄신'의 기도를 드리고 '수시페' 기도로 마무리하면서, 하나님께 사랑으로 응답하며 투신하는 삶을 살아가겠다는 지향을 새롭게 다짐한다.[130] 성찰 기도는 매일의 구체적인 상황 속에서 하나님의 뜻을 식별하고 선택하는 삶을 훈련하는 '활동 중의 관상가'에게 가장 적합한 훈련이다.

V. 결론

본 논문은 '이냐시오 영성이 무엇인가'라는 질문을 가지고 출발하였다. 필자는 『영신수련』을 이냐시오 영성의 핵심을 담고 있으며, 그 영성이 형성되도록 돕는 이냐시오적 '영성 형성' 안내서로 정의하고, 이냐시오가 『영신수련』을 통해 피정자에게 그 영성을 형성해가는 흐름을 탐구했다.

피정자는 『영신수련』의 출발점인 '원리와 기초'를 묵상하면서 하나님의 사랑으로 창조된 자신의 목적은 하나님을 찬미하고, 경배하고 섬기는 것이며, 이를 통해 자신의 영혼을 구원하는 것임을 깨닫는다. 이와 같은 하나님과의 사랑의 관계 안에서 사는 삶으로 초대받음을 느끼며 사랑의 여정을 출발한다.

첫째 주간에서 피정자는 자신의 죄성을 깊이 인식하며 부끄러움을

---

130. 위의 책, 132. 류해욱은 '수시페' 기도를 성찰 기도의 마침기도로 사용할 수 있다고 한다. 이는 성찰 기도의 마침 기도로 매우 적절하다.

느낀다. 동시에 죄인인 자신을 무조건적으로 사랑하시는 하나님의 실패하지 않는 사랑을 만나며 '경이로운 혼란'을 체험한다. 피정자는 '사랑받는 죄인'으로서의 역설적 정체성을 깊이 체험하며 눈물 흘리고 회개한다.

둘째 주간에 피정자는 하나님의 동역자로 부르시는 하나님의 놀라운 사랑의 초대를 듣는다. 하나님 나라를 위해 "함께 일하자"는 예수님의 초대에 응하여 그분을 '알고 사랑하고 따르는' 여정을 계속한다. 예수님의 생애를 관상하면서, 또 '이냐시오적 묵상'들을 숙고하면서, 피정자는 예수 그리스도의 가난과 수치와 겸손을 추구하는 가치체계와 삶을 배운다. 그분을 알면 알수록 사랑하게 되고 따르게 된다. 그리스도를 본받고자 하는 사랑으로 초연함에 이르고 자신의 삶에서 발견한 하나님의 뜻을 따라 구체적인 삶의 선택을 하기에 이른다.

셋째 주간과 넷째 주간에서는 그리스도와의 더 깊은 사랑의 연합을 체험한다. 예수 그리스도의 고통과 슬픔, 그리고 부활의 기쁨에 함께 머물면서 자신의 선택과 결정을 확증받는 시간을 보낸다. 또한 영신수련을 '사랑을 얻기 위한 관상'으로 마무리하면서 피정자는 '모든 것 안에서 하나님을 발견하고' 감사하면서 하나님의 사랑에 구체적인 삶의 행동으로 응답하고자 한다. 그는 "받으소서"의 기도를 통해 '자유와 초연'을 바탕으로한 헌신적 사랑의 고백을 드리며 투신의 삶으로 나아간다. 『영신수련』의 모든 과정은 하나님의 관대한 사랑에 대해 관대한 사랑으로 응답하며 살아가는 '활동 중의 관상가'를 형성하는 과정으로 말할 수 있다. 영신수련을 마친 피정자는 매일의 삶에서 성찰 기도를 실천하며 '활동 중의 관상가'의 삶을 지속적으로 살아가게 된다.

이냐시오 영성은 사도적 실천을 중시하는 영성으로, 이는 실제 삶의 현장에서 그리스도의 제자로 살아가려는 개신교 영성과도 맥을 같이 한다. 특히 이냐시오가 형성하고자 했던 영성과 그 영성을 빚어가는 과정은 오늘날 교회의 영성 형성에 중요한 통찰을 제공한다.

첫째, 이냐시오적 영성형성은 하나님의 사랑 체험을 그 원동력으로 삼는다. 하나님의 무조건적이고 실패하지 않는 사랑(God's unconditional and unfailing love)을 만날 때, 우리는 진정으로 회개하고 돌이킨다. 그분의 사랑을 알게 될 때, 우리 안에도 사랑이 일어나며, 관대하신 사랑의 부르심에 응답하여 제자의 길을 따를 수 있게 된다. 모든 것 안에서 하나님의 사랑의 현존을 발견하게 될 때, 우리는 감사하며 찬양하고 그 사랑에 응답하는 투신의 삶을 살아가게 된다. 만약 교회의 영성 형성이 하나님의 사랑이 아닌 "해야 한다"는 당위의 동력에 의해 이끌리게 된다면, 진정한 제자로서의 삶은 형성되지 못할 것이다. 외적인 섬김과 사역에만 치우치기 보다, 하나님의 사랑에 대한 깊은 체험과 인식이 사도적 실천의 원천이 되도록 인도하는 것이 중요하다.

둘째, 이냐시오적 영성형성은 머리로 아는 지식이 아니라, 마음으로 체화되는 지식을 지향하며, 이를 기도를 통해 가능케 한다. 한국교회는 성경 공부와 신학 교육이 활성화되어 있지만, 배움이 마음에까지 내려와 삶과 통합되지 못할 때가 많다. 머리에만 머무는 지식은 영성을 형성하지 못한다. 하나님의 말씀이 마음에 내면화되고, 기도 안에서 그리스도를 깊이 체험하게 될 때, 비로소 그것은 살아있는 지식이 된다. 이를 돕는 이냐시오적 관상과 삶 속에서 하나님의 현존을 인식하게 하는 성찰 기도는 오늘날의 영성 형성에 유익한 방법론이 된다.

셋째, 이냐시오적 영성 형성은 내면을 식별하고 내적 자유를 얻는 데 중심을 둔다. 제자의 삶을 살아가기 위해서는 예수님의 뜻을 식별할 수 있어야 하며, 그분의 가치와 삶을 기준 삼아 자신의 삶을 성찰하고 식별해야 한다. 자신 안의 '무질서한 애착'을 인식하지 못하면, 우리의 실천은 하나님의 나라를 위한 것이 아니라 자신의 성취와 영광을 위한 활동으로 전락할 수 있다. 그러므로 교회의 영성 형성 과정은 예수 그리스도의 길을 중심 기준으로 삼고, 자신의 내면의 움직임을 식별하고 내적 자유를 갈망하는 지속적인 훈련 속에서 가능해질 것이다.

이 논문이 독자들에게 이냐시오 영성에 대한 새로운 관심과 이해의 문을 열어주고, 더 깊은 탐구와 성찰로 이어지기를 희망한다. 이 배움이 각자의 삶과 신앙 안에서 자신의 영성을 형성하는 데에, 또한 한국 교회 안에서 건강한 영성 형성의 길을 마련하는데 실제적인 기여가 되기를 바란다.

조나단 에드워즈의 종교적 감성과 영성[1]

조한상 교수 (호남신학대학교 영성학)

I. 들어가는 말

21세기를 살아가고 있는 현대 그리스도인의 신앙은 무엇으로 평가될 수 있는가? 오늘날 많은 이들은 교회에 열심히 봉사하고, 예배에 참여하는 것, 헌금과 선교에 열정적인 것, 그리고 더 나아가 개인의 종교적 체험을 신앙의 척도로 삼고 있다. 그러나 이러한 외적 지표는 종종 피상적이며, 참된 신앙의 본질을 가리기 쉽다. 한편, 이성과 교리를 강조하는 전통적 흐름은 영적 생명력을 잃고 형식주의로 흐르는 위험에 직면해 있다. 이러한 시대적 상황 속에서, 18세기 대각성 시기의 신학자 조나단 에드워즈(Jonathan Edwards, 1703-1758)는 여전히 강력한 도전을 준다. 에드워즈는 미국이 낳은 가장 위대한 신학자이자 철학자 중 한 명으로 평가되고 있다. 그래서 알리스터 맥그라스는 그를 어거스틴, 루터, 칼빈 그리고 칼 바르트와 함께 기독교 역사에서 위

---

1. 본 논문은 다아트 아카데미에서 2025년 5월 26일 발표한 원고를 일부 수정, 보완한 것으로, 「신학이해」 59집(2025), 228-241쪽에 실린 것임을 밝힌다.

대한 기독교 사상가 10인 중 하나로 선정하기도 했다.[2] 조지 마즈던 (George M. Marsden)에 따르면 그의 저서 『신앙과 정서』(*Religious Affections*)[3], 의지의 자유(Freedom of the Will), 그리고 참된 미덕의 본질(The Nature of True Virtue)은 기독교 문학사에 길이 남을 명저들이라고 극찬하였으며, 그의 사상은 지금도 여전히 호소력이 있다고 주장하였다. 따라서 300여 년이 지난 오늘도 그에 관한 연구는 다양한 분야에서 진행되고 있다.[4] 또한, 그는 조지 휘필드(George Whitefield)와 더불어 미국 대각성 운동의 주역으로 활약하였고, 그 영향이 직간접적으로 한국에 파송된 선교사들에게 영향을 주었기에 한국교회와도 깊은 연관성이 있다고 볼 수 있다. 한동수는 초창기 한국교회 선교사 대부분 청교도 신학의 영향을 받아 에드워즈의 영향력 아래 있었으며 초기 평양신학교의 교수였던 곽안련(C. Allen Clark) 선교사의 노트에도 에드워즈가 언급되었기에 초기 한국교회 목회자는 에드워즈의 영향을 받았다고 주장한다.[5]

국내에서도 매년 에드워즈 컨퍼런스가 진행되고 있으며, 최근 여러 분야에서 논문과 저술이 출간되고 있다. 그러나 에드워즈 당시에도 그에 관한 찬반이 극명하게 갈리었다. 예를 들자면, 어떤 이는 "에드워즈를 가리켜 가장 거룩하고 겸손한 사람"이라 극찬한 것에 비하여 또 다른 어떤 이는 "비전적 열광주의자"라고 비난하기도 했다.[6] 그는 『신앙

---

2. 알리스터 맥그라스/ 신재구, 『위대한 기독교 사상가 10인』 (서울: IVP, 1991)

3. affectus를 다양하게 번역할 수 있는데 본 논문에서는 편의상 '정서'라고 번역하여 사용하도록 하겠다. 이에 관한 설명은 본문 종교적 정서란 무엇인가? 에서 설명하기로 한다.

4. 조지 M. 마즈던/한동수 역, 『조나단 에드워즈 평전』 (서울: 부흥과개혁사, 2006), 21; M.X. Lesser, *Reading Jonathan Edwards: An Annotated Bibliography in Three Parts, 1729–2005* (Grand Rapids: Eerdmans, 2008)

5. DongSoo Han, *"Asia,"* in The Oxford Handbook of Jonathan Edwards. ed. Douglas A. Sweeney & Jan Stievermann (Oxford: Oxford University Press, 2021), 514–520.

6. Craig Biehl, *Reading religious affections: a study guide to Jonathan Edwards' classic*

과 정서』에서 "참된 신앙은 무엇으로 증명되는가?"라는 질문에 답하며, 감정과 이성, 영적 실천과 열매, 그리고 성령의 역사를 통합적으로 이해했다. 에드워즈는 단순한 열광이나 외적 행위가 아닌, 하나님의 거룩함을 사랑하는 마음과 그로부터 흘러나오는 삶의 열매를 참된 신앙의 표지로 제시했다.

본 논문은 에드워즈의 영성과 신앙 정서 개념을 분석하고, 이를 현대 신앙의 위기와 연결하여 그 의미를 재조명하고자 한다. 특히, 오늘날 교회가 직면한 감정주의와 형식주의의 양극단 속에서, 에드워즈의 통찰은 참된 신앙의 본질을 회복하는 데 중요한 길잡이가 될 것이다.

Ⅱ. 18세기 대각성 운동의 시대적 배경

1620년경에 미국으로 이민 오기 시작한 청교도들은 제3세대에 이르러서는 건국 당시 처음 지녔던 신앙을 거의 상실해 갔다. 그 결과 18세기 초 북미 식민지 교회는 형식주의와 영적 침체에 빠져 있었으며, 계몽주의의 영향으로 신앙은 점차 지적 동의로 축소되었다. 이러한 상황에서 개인적 회심과 성령의 역사를 강조하는 부흥 운동, 즉 제1차 대각성 운동이 일어났다.[7] 이 운동은 조나단 에드워즈, 조지 휫필드, 길버트 테넌트, 새뮤얼 데이비스 등 주요 인물들의 지도하에서 미국 전역으로 확산되었다. 먼저, 대각성 운동의 시대적 배경을 살펴보면 다음과 같다.

---

on the nature of true Christianity. (Alabama: Solid Ground Christian, 2012), 2-3.

7. 이형기, 『세계 교회사 2』 (서울: 한국장로교출판사, 1994), 353-354; 조금 더 자세한 내용은 다음의 자료를 참고할 수 있다. Thomas S. Kidd, *The Great Awakening: A Brief History with Documents,* Massachusetts: Bedford, 2008.

1700년에 이르자, 아메리카 개신교는 정체 상태를 보였다. 1세대 청교도 이민자들은 활력이 넘치는 신앙적 꿈을 소유하고 있었지만, 그 자손은 그런 꿈을 공유하지는 않았다. 이전 세대 청교도 이민자들의 영적 열정이 수그러들고 그들의 자손이 추구하는 실용주의가 그 자리를 대신하면서 교회 구성원들의 숫자도 줄어들기 시작했다. 유럽에서 건너오는 이민자들이 늘어나면서 유례를 찾아볼 수 없는 다양한 종교의 구성을 갖게 되었다.[8]

그 결과로 뉴잉글랜드 교회는 도덕적 해이와 합리주의 확산으로 신앙의 생명력을 상실해 가고 있었다. 종교적 형식주의가 만연하고, 교회 출석은 유지되었으나 내적 경건과 실천적 신앙은 약화 되었다. 사회적으로는 상업 발달과 물질주의 확산이 신앙 열정을 약화시켰다. 이러한 상황에서 1730년대 후반부터 1740년대 초반에 걸쳐 강력한 종교적 열정을 불러일으킨 대각성 운동이 시작되었다.

초기 부흥의 시작(The Revivals Begin)은 1734~35년경이었다. 조나단 에드워즈가 목회하던 노샘프턴에서 첫 부흥이 발생했다. 그의 설교는 인간의 전적 타락, 하나님의 주권, 회심의 필요성을 강조했다.[9] 이후 영국에서 온 조지 휫필드가 1739년부터 북미 순회 설교를 하며 부흥을 전국적으로 확산시켰다. 부흥의 절정기(The Awakenings Flourish)는 1740~1743년경이었다. 이 시기는 부흥 운동의 정점으로, 초교파적 연합과 대중 집회가 활성화되었다. 인쇄 매체를 통한 부흥 소식 확산은 초기 복음주의 네트워크 형성에 기여했다. 이 시기 다양한 회심 체험과 감정적 반응(Signs and Wonders)이 나타났다. 부흥 운동은 '새로운 탄

---

8. 알리스터 맥그라스/ 박규태 역, 『기독교의 역사』 (서울: 포이에마, 2017), 454.
9. 마크 A. 놀/한성진, 『복음주의 발흥: 에드워즈, 휫필드, 웨슬리의 시대』 (서울: 기독교문서선교회, 2012), 93-97.

생'(new birth)을 강조하며 개인적 구원의 확신을 중시했다. 예배 현장에서는 눈물, 기쁨, 쓰러짐 등 강렬한 감정적 반응이 나타났다. 일부는 이를 성령의 역사로 보았으나, 다른 일부는 과도한 열광주의로 비판했다. 에드워즈는 감정 자체는 중립적이며, 참된 신앙은 변화된 삶의 열매로 판별해야 한다고 주장했다.

부흥 운동은 긍정적인 면도 있었지만, 부정적인 면도 발생시켰다. 그 가운데 하나가 교단 분열과 이에 따른 여러 논쟁(Fragmentation & Debating the Awakenings)이다. 부흥 운동은 구파(Old Lights)와 신파(New Lights) 간의 갈등을 초래했다. 구파는 감정 주의와 무질서를 비판했고, 신파는 성령의 자유로운 역사를 옹호했다. 그 결과 장로교, 회중 교회 등에서 분열이 발생했으며, 침례교와 감리교가 성장했다.[10]

대각성 운동은 복음주의 정체성을 확립하고, 선교와 교육 확장을 촉진했으며, 종교적 자유와 민주화를 강화했다. 그러나 동시에 감정 주의, 교단 분열, 목회자 권위 약화 등 부정적 결과도 초래했다. 학자들은 이 운동을 단순한 종교 부흥이 아닌, 사회·문화적 변화와 연결된 복합적 현상으로 평가한다.[11] 제1차 대각성 운동은 미국 복음주의의 기초를 마련한 역사적 사건이었다.

---

10. 더글라스 A. 스위니/조현진, 『복음주의 미국 역사: 복음주의 운동의 역사』 (서울: 기독교문서선교회, 2015), 80-88.

11. Mark A. Noll, *America's God: From Jonathan Edwards to Abraham Lincoln* (Oxford University Press, 2002), 160-175; Thomas S. Kidd, *The Great Awakening: The Roots of Evangelical Christianity in Colonial America* (Yale University Press, 2007), 200-220.

III. 조나단 에드워즈의 생애[12] 및 영성

3.1. 조나단 에드워즈의 생애

미국의 부흥 운동가, 철학자, 회중교회 목회자요, 신학자인 조나단 에드워즈는 1703년 코네티컷 주 이스트 동 원저에서 목사인 아버지 티모시 에드워즈와 솔로몬 스토다드(Solomon Stoddard)의 딸인 어머니 에스더 사이에서 11명의 자녀 중 외아들로 태어났다. 엄격한 청교도적 분위기 속에서 성장했으며, 가정 교육 후 13세에 예일대학교에 입학하여 인문학을 비롯한 다양한 공부를 하였고, 그 후 신학을 공부하여 목회자가 되었다. 그는 1727년, 매사추세츠 주 노샘프턴에서 저명한 목회자였던 외할아버지 솔로몬 스토다드를 도와 목회 사역을 하였고, 같은 해 사라 피에르폰트와 결혼하여 11명의 자녀를 두었다. 외조부이신 솔로몬 스토다드 사후에는 노샘프턴 교회를 맡아 사역하였는데 그는 목회자이며 신학자로서 하루 13시간의 연구와 경건 생활에 몰두하여 많은 이들에게 모범이 되었다.

그는 대학 시절 건강의 어려움을 겪고 나서 대학원 2학년 때인 1721년에 이르러 회심을 체험하게 된다. 그의 자서전에서 에드워즈는 자신의 회심을 삼위일체 하나님의 은총이었다고 고백했다. 에드워즈는 18세가 되었을 때 그의 삶에 있어서 결정적인 전환점이 일어났는데 그것은 바로 디모데전서 1장 17절 "만세의 왕 곧 썩지 아니하고 보이지 아니하고 홀로 하나이신 하나님께 존귀와 영광이 세세토록 있을지이다. 아

---

12. 이 부분은 다음의 글에 조금 더 자세히 나와 있다. 조한상, "조나단 에드워즈의 회심과 경건" 「신학이해」 vol 55(2021), 159-174; 조지 M. 마즈던/한동수 역, 『조나단 에드워즈 평전』도 참고 할 수 있다.

멘"을 읽던 중 일어난 변화였다. 에드워즈는 하나님의 은혜로 이 시기에 인격적인 하나님을 만나고 진정한 회심 체험을 경험했다. 그 이후 에드워즈는 새로운 종류의 생각과 감각을 소유하게 되었는데 그것이 바로 내면적이며 달콤한 감각이라고 할 수 있다. 그는 '하나님은 얼마나 놀라운 분이신가'라고 생각했다. 또한, 에드워즈는 하나님과 천국을 묵상하며 그 가운데 푹 빠지게 된다면 얼마나 행복하겠는가 하는 생각을 하였다고 고백한다. 그래서 그는 천국과 하나님의 속성에 대한 성경 구절을 가지고 계속 찬송을 불렀고 기도하러 갔는데 예전과는 다른 새로운 방식으로 기도했고 구원과 관련된 체험을 하게 되었다.

회심 전 에드워즈는 하나님의 선택 교리와 주권에 대하여 저항감이 있었지만, 회심 후 그는 하나님의 주권과 정의를 적극적으로 수용하게 되었다.[13] 그리고 에드워즈는 그리스도에 대하여, 구속에 대하여, 그리고 그리스도께서 이루신 영광스러운 구원의 방법에 대하여 새로운 차원의 이해와 생각을 가지기 시작했다. 이런 일들에 대한 내적이고 달콤한 느낌이 자주 마음속에 생겨났으며, 성경을 읽으면서 그리스도의 성품의 아름다움과 탁월함을 자주 묵상하였다.[14] 특별히 에드워즈는 아가서 2장 1절의 말씀을 좋아했다. "나는 샤론의 수선화요 골짜기의 백합화로구나" 같은 말씀이 그에게 기쁨이 되어 아가서 전체를 많이 읽었다. 그럴 때 그는 수시로 내적 달콤함을 경험하게 되었다. 그 경우 하나님께 속한 것들에 대한 느낌이 종종 갑자기 불이 붙어서 타오르곤 했

---

13. Avihu Zakai, "The Conversion of Jonathan Edwards," *Journal of Presbyterian History* 76, no.2 (1998), 128.

14. Jonathan Edwards, *Letters and Personal Writings, The Works of Jonathan Edwards Ed.* by George S. Claghorn, (New Haven: Yale University Press, 1998), 793. (이하 WJE 16:793로 표기함).

다.[15] 이와 같이 에드워즈는 종교적 회심 이후로 영적인 감각이 새로워지며 예전과는 다른 달콤한 감각을 느꼈다고 고백하고 있다. 아울러 에드워즈는 천국과 종말에 일어날 일에 관한 궁극적 관심이 증가하였음을 그의 저서와 삶 속에서 알려주고 있다. 또한, 에드워즈는 회심 후 거룩하고 경건하게 살고자 하는 열망이 생겨났다. 그래서 그는 자신이 평생 살아갈 70개의 결심문을 작성했다. 그의 일기와 결심문의 내용은 대체로 3가지로 분류된다. 첫째 도덕 및 생활에 대한 것이며, 둘째, 구원의 확신을 비롯한 하나님과의 관계에 관한 것이고, 셋째, 믿음과 경건에 관한 것이다.[16]

회심을 체험한 후 에드워즈에게 있어서 하나님의 일들에 대한 감각이 증가하기 시작하며 만물의 모양이 달라 보이기 시작하였다.[17] 즉 모든 사물 속에서 고요하고 달콤한 속성 혹은 신적 영광의 외양이 들어 있는 것처럼 보였다. 하나님의 탁월성, 그의 지혜, 그의 순결함과 사랑이 만물 속에 숨어 있는 것처럼 보였으며, 태양, 달, 별, 구름, 푸른 하늘, 풀, 꽃, 나무들 그리고 물과 모든 자연 안에 존재하는 듯 느끼곤 했다. 그래서 그는 종종 가만히 앉아서 오랫동안 구름과 하늘을 바라보곤 했다. 하나님의 달콤한 영광을 보기 위해 낮에는 구름과 하늘을 쳐다보느라 많은 시간을 보냈다.[18] 아울러 과거에는 두렵기만 했던 천둥과 번개도 자신을 즐겁게 하였다고 고백하며 하나님을 노래했다고 한다.

한편, 앞에서 언급한 바와 같이 그는 1730년대와 1740년대에 일어난 제1차 대각성 운동의 핵심 인물이었다. 그의 설교는 죄, 하나님의 심판,

---

15. Edwards, *Letters and Personal Writings,* WJE 16:793.

16. 양낙흥, 『조나단 에드워즈 생애와 사상』 (서울: 부흥과개혁사, 2003), 130.

17. Lee Kang Hack, "Jonathan Edwards on Nature: An Example for Christian Eco-spirituality" *Torch Trinity Journal*, 14, no.2(2011), 130-141.

18. Edwards, *Letters and Personal Writings,* WJE 16:793-794.

하나님의 주권, 개인적인 회심의 필요성, 믿음으로 말미암는 의를 강조했다. 그의 설교 중 '진노한 하나님의 손안에 있는 죄인'은 바로 이 시기에 전한 설교였는데 미국 고등학교 교과서에 게재될 정도로 매우 유명한 설교였다.

그는 개방적인 성찬식 관행을 제한하려다 23년간 목회하였던 노샘프턴 교회에서 1750년 해임된 후, 매사추세츠 주 스톡브리지로 가서 인디언 선교사로 사역했다. 그는 이 시기에 그의 대표작인 '의지의 자유'(Freedom of the Will, 1754)와 '원죄론'(Original Sin, 1758)을 집필했다. 그 후 에드워즈는 뉴저지 대학(훗날 프린스턴대학교)의 총장으로 임명되었으나, 백신 접종 후유증으로 부임한 지 얼마 되지 않아 54세의 나이로 안타깝게 사망했다.

조나단 에드워즈는 하나님의 절대적인 주권과 하나님의 거룩하심의 아름다움을 강조하는 신학 사상을 발전시켰던 목회자요, 신학자로 지대한 신학적 유산을 남겼다. 그의 저작과 설교는 미국 사회와 문화, 그리고 후대 기독교 사상에 깊은 영향을 미쳤으며, 당시 알미니안주의자들과 대적하여 인간의 전적 타락과 하나님의 절대 주권을 주창하였던 칼빈주의자로서 마지막 청교도라는 평가를 받고 있다. 또한, 그는 인간의 감정과 경험의 중요성을 인식하고, 진정한 신앙은 지적인 동의뿐만 아니라 마음의 변화를 동반해야 한다고 강조했다. 그의 지적 엄밀성과 영적 통찰력은 오늘날까지도 많은 사람들에게 깊은 영감을 주고 있다.

3.2. 조나단 에드워즈의 영성

본 장에서는 에드워즈의 영성을 첫째, 하나님 중심적 세계관에 기초한 영성 둘째, 지성과 정서의 통합을 통한 영성, 그리고 셋째, 거룩함과 아름다움에 관한 갈망을 추구하는 영성을 정리하고자 한다.

첫째, 하나님 중심적 세계관에 기초한 영성이다. 에드워즈의 신학과 영성의 중심에는 하나님 중심적 세계관이 자리한다. 즉 하나님의 절대적 주권과 영광을 우선순위에 놓았다. 존 파이퍼(John Piper) 따르면, 에드워즈는 인간의 구원과 신앙의 모든 과정이 하나님의 주권적 은혜에 의해 이루어진다고 보았다.[19] 따라서 참된 신앙은 하나님의 거룩함과 영광을 사랑하는 마음에서 출발한다. 이러한 하나님 중심성은 그의 설교와 저술 전반에 일관되게 나타난다.[20] 에드워즈에 따르면 신자가 성령의 내주하심을 경험하고 구원을 얻게 되면 그의 전 생애에 걸쳐서 자신을 구원해 주신 하나님의 영광을 위하여 살 뿐만 아니라 하나님의 탁월성과 아름다움을 향유하며 살아가게 된다. 따라서 이 과정에서 하나님 중심적인 세계관이 형성된다는 것이다.[21] 즉, 에드워즈에게 있어 신앙의 정서는 하나님의 영광을 인식하고 그분을 궁극적 목적으로 삼는 의지적 방향성을 포함한다. 또한, 에드워즈는 인간의 행위가 아무리 도덕적으로 보일지라도, 그것이 하나님의 영광을 목적으로 하지 않는다면 참된 신앙의 열매가 아니라고 보았다. 따라서 그의 영성은 철저히 하나님 중심적 세계관에 기초한 것이며, 인간의 구원과 삶의 의미를 하나님의 영광이라는 궁극적 목적 안에서 이해한다.

둘째, 지성과 정서의 통합을 통한 영성이다. 에드워즈는 신앙을 단순한 지적 동의나 감정적 체험으로 국한하지 않았다. 그는 이성과 정서의

---

19. 존 파이퍼·저스틴 테일러/이용중 역, 『하나님 중심적 세계관: 조나단 에드워즈의 유산』(서울: 부흥과개혁사, 2007), 20-43.

20. 이승진, "조나단 에드워즈의 설교 연구-하나님의 영광을 추구하는 설교" 「복음과 실천신학」 10 (2005), 24-25.

21. Ibid.,25.

조화를 강조하며, 참된 신앙은 성령의 조명으로 하나님의 영광을 인식하는 지성과, 그 인식에서 비롯되는 거룩한 정서가 결합 된 것으로 보았다. 아울러 성령은 신자의 마음속에 내주하면서, 그들을 거룩하고 경건한 삶으로 이끌고, 삼위 하나님과의 친밀한 교제를 가능하게 한다. 이는 단순한 감정적 체험이나 교리적 동의가 아닌, 전인적 변화를 의미한다.[22] 이러한 통합적 이해는 당시의 합리주의적 경향과 열광주의적 경향을 동시에 비판하며 두 진영을 끌어안은 듯한 모양새를 취한 것이다. 그는 지식 없는 열정은 맹목적이며, 정서 없는 지식은 죽은 정통주의에 불과하다고 경고하며 양자의 조화와 균형을 주장했다. 따라서 에드워즈의 영성은 통전적이며, 전인적이다. 그는 신앙을 단순한 교리적 지식이나 감정적 고양으로 보지 않고, 성령의 역사로 변화된 본성이 하나님의 거룩함을 인식하고 사랑하는 전인적 경험으로 이해했다.[23] 이러한 관점은 오늘날에도 여전히 유효하며, 감정주의와 형식주의라는 양극단 속에서 혼란을 경험하고 있는 한국교회와 성도들에게 균형 잡힌 신앙 모델을 제공한다.

셋째, 거룩함과 아름다움에 관한 갈망을 추구하는 영성이다. 에드워즈는 하나님의 본질을 거룩함과 도덕적 아름다움으로 이해하였다.[24] 그는 참된 신앙의 본질을 "하나님의 거룩함을 사랑하는 것"으로 규정하며, 신앙의 정서가 단순한 감정적 흥분이 아니라 하나님의 도덕적 탁월성에 대한 아름다움을 인식하는 것에서 비롯된다고 강조했다. 한편, 롤랜드 들라트르에 따르면, "아름다움은 에드워즈가 존재를 이해하는

---

22. Dong Soo Han, "Jonathan Edwards on the Work of Holy Spirit in the Godly life of a Saint" *Journal of Korean Reformed Theology* 65(2020), 16-21.

23. Ibid.

24. 마이클 맥클리먼드, 제럴드 맥더모트/임요한 옮김, 『(한 권으로 읽는) 조나단 에드워즈 신학』 (서울: 부흥과개혁사, 2015), 135-145.

일에 있어서 근본적인 것이다. 아름다움은 존재의 첫째가는 원리이며 존재 자체의 내적 구조적 원리이다"라고 언급했으며, 루이스 미첼 역시 "아름다움의 언어는 에드워즈의 참된 신앙적 체험에 대한 이해를 표현하는 틀을 제공한다"고 주장했다.[25] 이러한 관점에서, 신앙은 죄로부터의 해방과 구원이라는 전통적인 틀을 넘어서, 하나님의 거룩함과 그분의 아름다움에 매료된 사랑의 응답이다. 에드워즈는 이러한 미적 차원을 통해, 신앙을 단순한 의무나 형식이 아닌, 존재론적 기쁨과 만족의 원천으로 제시하였다. 이러한 아름다움에 대한 영성은 그의 설교와 저술에서 반복적으로 나타난다. 그는 하나님의 거룩함을 "가장 고귀하고 사랑스러운 아름다움"으로 묘사하며, 참된 신앙은 이 아름다움에 대한 직관적 인식과 그에 따른 정서적 반응에서 비롯된다고 보았다. 따라서 신앙의 정서는 하나님의 본질적 선과 미를 인식하는 영적 지각 (spiritual sense)의 결과라고 할 수 있다.

IV. 조나단 에드워즈의 종교적 정서[26]

4.1. 종교적 정서란 무엇인가?

먼저, 참된 신앙의 본질은 핍박으로 드러난다. 핍박과 고난은 불순물을 쓸어내고 참된 신앙의 핵심을 드러낸다. 다음으로, 참된 신앙의 본질은 그리스도에 대한 사랑과 그리스도 안에서 기쁨으로 구성된다.

---

25. Ibid., 135.
26. 이 부분은 다음의 책과 글을 참조하였음을 밝힌다. 조한상, 『영적 분별의 이해』 (파주: 한국학술정보, 2024), 167-181; 조한상, "조나단 에드워즈의 『신앙 감정론』에 나타난 영적 분별" 「신학과 실천」 vol. 44(2015). 255-278.

에드워즈에 따르면, '참된 종교는 대부분 거룩한 정서로 구성되어 있다'고 주장하면서 정서란 무엇인지 설명하고 있다. 에드워즈는 정서란 단지 감정이 아니라 한 인간의 영혼을 구성하고 있는 의지와 성향이 지닌 더 활기차고 감지할 수 있는 활동이라고 했다. 즉, 하나님께서는 인간의 영혼에 두 가지 기능을 주셨는데 하나는 인식과 사유할 수 있는 기능인 오성(understanding)이고, 다른 하나는 기울어짐(inclination) 혹은 경향인데, 인식하고 지각하는 대상에 어떤 식으로든 끌리게 되는 기능이다. 경향이 행동과 결합할 때 의지(will)이고, 정신(mind)이 기능의 행사와 관련된 것을 마음(heart)이라고 불리기도 한다.[27] 이 기능이 두 가지 방향으로 움직일 수 있는데 영혼이 바라보는 사물을 인정하고 기뻐하는 방향으로 움직일 경우 사랑 혹은 호감의 정서이며, 반대의 경우로 싫어하며 반감을 갖고, 거절하는 방향으로 움직일 경우를 혐오감 혹은 증오라고 한다.[28]

한편, 정서(affection)와 격정(passion)을 구별할 필요가 있는데, 후자가 잘 통제되지 않을 만큼 사람을 압도하는 성향이지만, 전자는 우리에게 영향을 줄 수 있는 성격이나 이해로 인해 촉발되는 것, 즉 사람이 다른 사람이나 대상에 대해 보이는 능동적인 반응이다.[29] 에드워즈에 따르면, 성경 도처에는 믿음을 두려움, 소망, 사랑, 미움, 갈망, 기쁨, 슬픔, 감사, 불쌍히 여김, 그리고 열정과 같은 정서와 깊이 연관시키며 특별히 사랑을 모든 정서들의 원천이며 정서 가운데 가장 고귀한 것으로 취급한다.[30] 반면 굳은 마음이란 경건한 정서가 없는 마음을 뜻하며 마

---

27. Edwards, *Religious Affections, The Works of Jonathan Edwards Ed.* by John E. Smith (New Haven: Yale University Press, 1959), 96-97. (이하 WJE 2:96-97로 표기함).

28. Ibid.,97.

29. Ibid., 98.

30. Ibid., 106.

음의 죄와 부패함을 마음의 강퍅함과 연결한다. 즉 죄란 강퍅한 마음이며 경건한 정서의 결여된 상태를 뜻한다.

따라서 참된 신앙이란 대부분 정서가 내재된 상태이므로 우리는 정서를 자극하고 움직이게 하는 경향성을 지닌 모든 수단을 동원해야 할 것이다. 예를 들자면 경건 서적을 읽는 일, 말씀을 설교하는 일, 성찬례에 참여하고 집행하는 일, 기도와 찬양으로 하나님께 예배하는 일 등이 그러한 예라고 할 수 있다.[31] 참된 성도에게도 영적이지 않는 정서가 혼재되어 있을 수 있으므로 참과 거짓 정서를 구별하는 것이 필요하다. 그래서 에드워즈는 이를 『신앙과 정서』에서 잘 설명하고 있다.

4.2. 불확실한 표지

에드워즈의 영적 분별은 『신앙과 정서』에서 체계화되어 나타나는데 이는 청교도의 표준적인 설교 양식인 "성경-교리-실천"에 따라 베드로전서 1장 8절에 대한 주석적 해석을 중심으로 씌어졌고, 후반부에는 실천을 첨가하였다.[32] 에드워즈는 대각성 시기에 나타난 다양한 현

---

31. Ibid., 114-116.
32. 제랄드 맥더못(Gerald R. McDermott)은 『하나님을 바라봄 (Seeing God)』에서 에드워즈의 『신앙과 정서』의 잘 분석하였는데 불확실한 표지를 3가지 부류로 나누어 설명하고 있는데 첫째, 신앙적 체험에 관련된 불확실한 표지(unreliable signs involving religious experience), 둘째, 신앙적 행동에 관련된 불확실한 표지(unreliable signs involving religious behaviour), 셋째, 구원의 확신에 관한 불확실한 표지(unreliable signs involving assurance of salvation)로 구분하였다. 반면, 이진락은 표지 1-8은 체험과 관련된 표지들이고, 9-10은 신앙적 행동에 관련되는 표지들이며, 11-12는 구원의 확신에 관련되는 표지들이라고 보았다. 단, 표지 6은 예외적으로 신앙적 행동에 분류하는 편이 낫다고 생각된다고 했다. 에드워즈는 열광주의자들을 염두에 두고 12가지 부정적 표지들을 제시하였을 가능성이 크다. 여기에서 언급한 체험들은 당시 열광주의자들이 보여준 부정적 모습과 관련 있기 때문이다. 이진락, "조나단 에드워즈의 『신앙적 감정』의 구조분석 및 참된 신앙과 거

상 중, 많은 사람들이 참된 신앙의 증거라고 생각했지만 실제로는 구원의 확실한 증거가 되지 않는 12가지 표지를 제시했다. 이 표지들은 자연적 본성, 자기애, 사탄의 속임수로도 나타날 수 있기 때문에, 그것만으로는 참된 은혜를 입증할 수 없다. 그렇다면, 불확실한 12가지 표지는 무엇인가?[33]

첫째, 종교적 열심과 열정이다(Religious fervor or zeal). 에드워즈에 따르면, 강한 열정은 참된 신앙의 증거가 될 수도 있지만, 그 자체로는 불충분하다. 예를 들자면, 성경은 온 마음과 뜻과 힘과 정성을 다하여 하나님을 사랑하는 것과 같은 최고의 신령한 감정을 누리라고 명령하지만(마 22:34-40), 신앙적 정서가 매우 강하게 발휘되거나 높이 고양되는 것 자체는 그 정서가 확실한 표지가 될 수 없다. 그 이유는 출애굽 때 홍해를 건넌 후 모세를 향하던 갈채가 비난으로 바뀐 일(출 17:2-3), 자신들의 눈이라도 빼어줄 것 같았던 갈라디아 교인들의 열정(갈 4:15)도 얼마 지나지 않아서 거짓 복음에 혼미하게 된 일 등 다양한 사례가 있기 때문이다.[34] 따라서 열렬한 신앙적 정서라도 반드시 확실한 표지라고 할 수 없다.

둘째, 강한 신체적 반응이다(Great bodily effects). 예를 들자면, 대각성 기간 중 떨림, 기절, 울음, 외침 등이 나타났는데 이는 자연적 감정의 결과일 수도 있다고 에드워즈는 주장한다. 성경에는 거룩한 정서

짓된 신앙의 구별의 문제," 「역사신학 논총」 19 (2010), 226; Gerald R. McDermott, *Seeing God: Jonathan Edwards and Spiritual Discernment* (Downers Grove, IL: Inter Varsity Press, 1995), 43-78.

33. 에드워즈의 확실한 표지 12가지와 불확실한 표지 12가지는 다음의 책을 참조하였다. Craig Biehl, *Reading religious affections: a study guide to Jonathan Edwards' classic on the nature of true Christianity.*

34. McDermott, *Seeing God*, 46.

가 그들로 하여금 떨게 하였고(스 9:4; 사 66:2, 5), 신음소리를 내게 하였으며(롬 8:26), 울부짖게 하였고(시 84:2), 숨을 헐떡이도록 만들었으며(시 38: 10; 42:1; 119:131), 어지럽게 만들었다(시 119:81; 아 2:5; 5:8)는 언급이 나타난다.[35] 성경에도 경외로 인한 신체 반응이 있지만, 이 역시 확실한 표지는 아니라고 볼 수 있다.

셋째, 풍부한 종교적 언어이다(Abundant religious talk). 즉, 신앙 간증과 말이 많다고 해서 참된 신앙이라고 단정할 수 없다. 예수님 시대에도 많은 사람들이 "주여, 주여" 했지만, 그들의 마음은 멀리 있었다(마 7:21)는 것을 알 수 있다.

넷째, 외부로부터 오는 초자연적 영향처럼 보이는 경험이다(Apparent supernatural origin of affections). 어떤 사람들은 자신이 경험한 강렬한 감정이 외부에서 온 것 같다고 주장한다. 그러나 사탄도 빛의 천사로 가장할 수 있다(고후 11:14)는 것을 유념해야 한다.

다섯째, 성경 구절이 떠오르는 경험이다(That affections come accompanied by Scripture). 성경 말씀이 마음에 떠오르는 것은 자연적 기억 작용일 수도 있다. 우리는 사탄도 성경을 왜곡해 예수님을 시험하였다(마 4:6)는 것을 알 수 있다.

여섯째, 사랑의 감정이다(The presence of love). 사랑이 있다고 해서 반드시 참된 사랑은 아닐 수 있다. 즉, 자기중심적 사랑, 조건적 사랑, 감정적 애착일 수도 있다는 말이다. 사랑의 피상적인 모습(the appearance of love)만으로 확실한 표지라고 말할 수는 없다.[36]

일곱째, 다양한 종교적 정서가 함께 나타나는 경우이다(The presence of many different types of affections). 기쁨, 슬픔, 감사, 열심 등이 동시

---

35. Ibid., 55.
36. Edwards, *Religious Affections*, WJE 2:146.

에 나타나도 참된 은혜의 증거는 아닐 수 있다. 이는 거짓 사랑에서 비롯된 다양한 감정도 가능하기 때문이다.

여덟째, 죄를 회개하고 슬퍼할 때 기쁨과 위안이 뒤따르는 경우이다 (That joys and comfort follow conviction and mourning for sin). 죄에 대한 슬픔 후 기쁨이 오는 것은 자연스러운 심리적 반응일 수도 있다. 참된 회개는 단순한 감정 변화가 아니라 하나님 중심의 변화라는 것을 알아야 한다.

이홉째, 종교 활동에 많은 시간과 에너지를 투자하는 일이다 (Zealous religious activity). 예배, 기도, 봉사에 열심을 내는 것은 중요하지만, 외적 행위만으로는 불충분하다. 성경에도 보면 바리새인도 열심히 종교 활동을 했음을 알 수 있다. 이사야 당시 유대인들은 하나님께 재물을 가져오고, 거룩한 날에 특별한 모임을 갖고, 그리고 많은 기도로 그들의 손을 펼쳤으나, 하나님께서는 이러한 종교적 활동들이 아무런 유익도 가져오지 못한다고 가르쳤기 때문이다(사 1:15).[37]

열째. 하나님께 풍성한 찬양이다(Abundant praise). 찬양과 감사가 많아도 참된 겸손과 순종이 없다면 거짓일 수 있다. 구약성경에서 홍해를 건넌 이스라엘 백성들의 예, 예루살렘 입성 시 예수를 따랐던 무리의 예가 바로 그것이다.[38] 따라서 비록 열정적으로 하나님을 찬양한다고 하더라도 그것은 불확실한 표지에 속할 수 있다.

열한 번째, 강한 구원의 확신이다(Great assurance of One's own salvation). 확신이 강하다고 해서 반드시 참된 신앙은 아니다. 거짓 확신은 자기기만과 사탄의 속임수에서 비롯될 수 있다는 것을 기억해야 한다. 신약성경에서 바리새인들은 그들이 하나님의 나라 안에 있

37. McDermott, *Seeing God*, 63. *Edwards, Religious Affections*, WJE 2:163.
38. Ibid., 59.

다고 확신하였지만 예수는 그들이 속고 있다고 말씀하셨기 때문이다 (마 23:13).[39]

열두 번째, 간증이 다른 사람을 감동시키는 경우이다(That One's Religious affections and testimonies move the hearts of Saints). 감동적인 간증이 반드시 참된 은혜의 증거는 아니다. 즉, 사람의 마음을 움직이는 것은 자연적 수사나 감정의 힘일 수도 있음을 염두해야만 한다.

이상에서 살펴본 바와 같이 외적 현상, 강한 감정, 열심, 확신은 구원의 확실한 증거가 아니라는 것을 알 수 있다. 그렇다면, 어떤 현상이 참된 신앙의 표지일까? 다음 장에서, 참된 신앙은 성령의 내주와 그 열매로 나타남을 알 수 있다.

4.3. 확실한 표지

에드워즈는 참된 신앙의 증거를 성령의 내주로 나타나는 은혜로운 정서(Gracious Affections)에서 찾는다. 그는 12가지 확실한 표지를 제시하였으며, 이것들이야말로 구원의 진정한 증거라고 강조한다. 참된 표지 12가지는 다음과 같다.

첫째, 참된 정서는 신자 안에 영원히 거주하시는 성령의 열매이다(Gracious affections are the fruit of the Holy Spirit that dwells permanently in the believer). 참된 정서는 성령이 영구히 거하는 증거이다. 이는 단순한 감정이 아니라 새 본성에서 비롯된 변화라고 할 수 있다. 성경은 신자들을 가리켜 "하나님의 성전"(고전 3:16)으로, "살아계신 하나님의 전"(고후 6:16)으로, "진리의 영"(요 14:7)이 거하시는 곳으로 묘사한다. 참으로 영적이고 은혜로운 정서는 영적인, 초자연적인

---

39. Ibid., 68.

신적인 영향과 작용들이 그들 마음에 역사할 때 생겨나게 된다는 것이다.[40]

둘째, 참된 정서는 사리사욕과는 거리가 먼, 주로 하나님의 위대하심과 그의 사역에 근거한 사랑이다(Gracious affections are founded primarily upon the greatness of God and his works, apart from self-interest). 즉, 참된 사랑은 하나님 자신 때문에 생긴다. 자기중심적 동기(천국, 복, 안전)가 아니라 하나님의 영광이 근거라고 할 수 있다.

셋째, 참된 정서는 하나님의 거룩함과 그의 사역 대한 사랑에 근거한다(Gracious affections are founded upon the "Loveliness" of the holiness of God and his work). 참된 신앙은 하나님의 도덕적 탁월성(holiness)을 사랑하는 것이다. 거룩함을 싫어하는 자는 하나님을 사랑하지 않는 자라고 볼 수 있다.

넷째, 참된 정서는 신적 조명(Divine Illumination)에서 비롯된 정서이다(Gracious affections arise from Divine Illumination). 참된 정서는 성령의 빛으로 하나님의 아름다움을 보는 데서 생긴다. 이는 단순한 상상, 환상, 지식이 결코 아니다. 성도들이 그들의 새로운 감각으로 느끼는 것은 바로 거룩함의 아름다움이다.[41]

다섯째, 참된 정서는 복음의 진리에 관한 확신이다(Gracious affections are accompanied by the conviction that the gospel is true). 참된 믿음은 복음의 진리를 직관적으로 확신하는 것이다. 즉, 논리적 추론이 아니라 하나님의 영광을 보는 영적 시각에서 나온다. 성령으로 거듭난 신자는 복음의 영광이 진리라는 사실을 확신하고, 초자연적 계시는 지

---

40. Ibid., 85-97.
41. Ibid., 117.

적인 결론을 마음으로 느끼게끔 하여 확신을 하게 만든다.[42]

여섯째, 참된 정서는 참된 겸손을 수반한다(Gracious affections are accompanied by true humility). 자기 의를 부정하고, 하나님 앞에서 철저히 낮아지는 것이다. 이는 외적 겸손, 흉내나 자기 비하가 아닌, 하나님의 거룩함을 본 데서 오는 겸손이다. 미가 선지자도 참 신앙의 의무를 공의와 사랑과 겸손(미 6:8)으로 요약했으며, 예수께서도 천국에 들어가려는 자는 어린아이와 같이 자기를 낮추어야 한다(마 18:3-4)고 했다. 하나님께서는 교만한 자를 물리치시고 겸손한 자를 높이시며(약 4:6), 그러므로 겸손은 모든 기독교적 미덕의 근본이다.[43]

일곱째, 참된 정서는 본성의 변화이다(Gracious affections accompany a change of nature). 거듭남은 본질적 변화이다. 이는 단순한 행동 수정이 아니라 새 마음과 새 성향이라고 할 수 있다. 사도 바울은 우리에게 마음을 새롭게 함으로써 변화를 받아야 할 것을 암시하며(롬 12:2), "오직 심령으로 새롭게 되어 하나님을 따라 의와 진리의 거룩함으로 지으심을 받는 새사람을 입으라"(엡 4:23-24)고 권하였다. 아우구스티누스의 변화 역시 "오직 주 예수 그리스도로 옷 입고 정욕을 위하여 육신의 일을 도모하지 말라"(롬 13:14)는 말씀을 통하여 총체적인 본질의 변화를 경험한 것이다.

---

42. Ibid.,139.

43. 에드워즈는 깔뱅의 『기독교 강요』에 나온 글을 인용하여 겸손에 대하여 언급하고 있다 (Calvin, Institute 2,2.11). "우리의 철학의 기초는 겸손이다"라고 말한 크리소스톰의 말 때문에 저는 항상 엄청나게 즐겁다. 그러나 아우구스티누스 때문에 더 즐겁다. 그가 한 말대로 수사학자에게 누가 질문했을 때 무엇이 웅변의 법칙들 중에서 가장 중요합니까? 그가 대답하기를 발음이외다. 그럼 두 번째는 무엇입니까? 발음이외다. 그럼 세 번째는 무엇입니까? 발음이라고 역시 대답했다. 만약 당신에 내게(John Calvin) 기독교 종교의 가르침에 대해서 묻는다면 저의 대답은 첫째, 둘째, 셋째 그리고 영원히 겸손입니다. Edwards, *Religious Affections*, WJE 2:314.

여덟째, 참된 정서는 그리스도를 닮은 성품이다(Gracious affections promote and are attended with a Christ-like Demeanor). 참으로 은혜로운 정서는 그리스도께서 보여주신 사랑, 온유, 평온함, 용서, 자비의 심령(a Christlike spirit)을 자연스럽게 닮아가게 하고, 또 그렇게 되도록 도와준다.[44] 참된 정서는 온유, 사랑, 용서, 자비를 낳는다. 즉, 공격적, 교만한 태도는 거짓 신앙의 표지이다.

아홉째, 참된 정서는 마음이 부드러워짐이다(Gracious affections soften the heart). 죄에 민감해지고, 양심이 깨어 있게 된다. 하나님과 사람 앞에서 연약하고 부드러운 마음을 갖게 된다.

열째, 참된 정서는 균형과 조화이다(Gracious affections have a beautiful symmetry and balance). 참된 정서는 균형 잡힌 성품을 형성한다. 즉, 사랑과 진리, 기쁨과 경외, 열심과 온유가 함께 나타난다. 참된 영성은 균형을 이루는 것인데, 입술로 고백하는 믿음이 있다면 발로 걷는 믿음 또한 있는 것이다.[45]

열한 번째, 참된 정서는 더 큰 성장을 갈망하지만, 반면에 거짓 정서는 그 자체로 만족한다(The higher Gracious affections are raised, the Greater the desire for spiritual growth, whereas false affections rest satisfied in themselves). 참된 신앙은 자족하지 않고, 더 거룩해지기를 갈망한다. 반면, 거짓 신앙은 자기만족과 안일함에 머물게 된다. 시편의 저자는 "내 영혼이 여호와의 궁정을 사모하여 쇠약함이여"라고 고백한다. 참 영성은 하나님을 더욱 알기를 갈망한다. 루터도 임종 시에 "우리는 거지들이다"라고 고백했다.[46]

---

44. Edwards, *Religious Affections*, WJE 2:344-45.

45. McDermott, Seeing God, 183.

46. Ibid.,196-97.

열두 번째, 참된 정서는 지속적이고 열매 맺는 실천이다(Gracious affections generate Christian practice and fruit). 참된 정서는 반드시 행동으로 나타난다. 즉, 순종, 선행, 인내, 자기 부인이 지속적으로 이어진다. 성경에도 "나무는 열매로 알리라"(마 7:16)는 말씀이 있는데 열매를 보고 판단할 수 있다. 바울도 "우리는 그의 만드신 바라 그리스도 예수 안에서 선한 일을 위하여 지으심을 받은 자니 이 일은 하나님이 전에 예비하사 우리로 그 가운데서 행하게 하려 하심이니라"(엡 2:10)고 하였다. 그러므로 그리스도인의 실천은 우리를 구원하신 목적일 뿐만 아니라 선택하신 목적이기도 하다. 참된 신앙은 머리(지식)와 가슴(정서), 그리고 손(행위)이 함께 작동하는 것이다. 즉, 성령의 내주가 모든 참된 표지의 근원이며, 거룩함과 사랑이 중심축이라고 할 수 있다. 이상에서 에드워즈는 참된 영성을 가짜 회심자의 과도함 예를 들자면 자기에 대한 집착, 환상과 사적인 계시에 매혹됨, 영적인 오만함, 불균형적인 열심, 변덕스러운 행위, 도덕적 자기만족과 대조하면서 신실하고 인내하는 기독교적 실천은 진정한 회심의 가장 분명한 표지며 가짜 회심의 경우 이러한 표지가 적게 드러난다고 주장하고 있음을 알 수 있다.

V. 나가는 말

우리는 영적으로 혼탁한 시대를 살아가고 있다. 따라서 우리가 경험하는 신앙 감정 혹은 정서가 진짜인지 아니면 거짓인지 구분하는 일은 매우 고도의 신중한 접근이 필요하다. 정서(affectus)는 하나님과의 관계에서 자연스럽게 발생하는 요소로, 기쁨, 평안, 사랑 등의 긍정적인

정서는 신앙의 열매로 나타날 수 있으며 중요한 요소이다.[47)]

조나단 에드워즈는 부흥의 시기에 나타나는 다양한 현상을 분석하여 그의 『신앙과 정서』에서 무엇이 참된 표지이고 무엇이 그렇지 않은 표지인지 잘 설명하여 현대의 교회에 중요한 기준을 제시하였다. 에드워즈는 목회자요 신학자의 시각으로 지성과 감성의 조화, 하나님의 절대주권 등을 강조하며 부흥의 현장에서 나타나는 현상을 기준으로 12가지 부정적 표지와 12가지 긍정적 표지로 분류하였다. 다양한 영적 상황이 나타나 혼돈된 현대사회를 살아가고 있는 그리스도인과 목회자에게 에드워즈의 『신앙과 정서』에서 언급한 표지들은 참된 성령의 역사와 거짓 영의 역사를 구분하는 중요한 시금석이 될 것 이라고 확신하는 바이다. 아울러 우리는 에드워즈의 영성이란 하나님의 주권과 영광 그리고 지성과 정서의 통합, 그리고 하나님의 거룩함에 관한 아름다움을 추구하는 삶이며, 파편적인 것이 아니며 통전적임을 알 수 있다.

---

47. 개혁교회는 정서가 신앙의 진정성을 판단하는 유일한 기준이 될 수 없음을 강조했다. 왜냐하면 정서는 일시적이고 변하기 쉬우며, 외부 요인에 의해 쉽게 영향을 받을 수 있기 때문에 개혁교회는 성경, 교회의 전통 등 다양한 요소가 고려되어야 한다는 입장을 취한다.

떼이야르의 성육신적 신비신학

유해룡 명예교수(장로회신학대학교)

삐에르 떼이야르 드 샤르댕(Pierre Teilhard de Chardin)은 1881년에 프랑스 중부 오베르뉴에서 태어났다. 그는 18세에 예수회에 입회하여 1911년 사제가 되기까지 신학, 지질학, 고생물학 등을 연구했다. 소르본 대학에서 포유류의 진화를 연구, 자연과학 부문의 박사학위를 받고 '파리 가톨릭 연구원'의 지질학 교수 자격을 얻었다. 1923년 과학적 사명을 띠고 중국에 파견된 후 20년 이상 지질학 및 고생물학 연구와 탐험에 몰두했다. 1929년 저우커우뎬에서 베이징원인 화석을 발굴한 것은 고고인류학 분야의 가장 빛나는 업중 중 하나이다. 2차 세계대전 후 파리로 돌아와 '파리 과학 연구원 국립중앙연구소장'을 지냈고, 1951년에는 인류학 연구기관인 뉴욕 웬느 그렌 재단의 상임연구원으로 부름을 받아 거기서 1955년 별세하기까지 연구와 집필을 계속했다. 그는 지질학자요 고생물학자이면서 동시에 신학자요 철학자였다. 본 강의와 관련된 그의 저서로는 『자연 안에서 인간의 위치』(*La Place de l'Homme dans la Nature*), 『신의 영역』(*Le Milieu Divin*), 『그리스도』(*Le Christique*), 『인간현상』(*Le Phenomene Humain*)인 등이 있다.

떼이야르는 1916년 친구에게 보낸 편지에서 그리스도와 현대 정신의 화해에 대해서 이렇게 쓰고 있다. "언제나 나의 내적 생활에서 풀리지 않는 난제가 있습니다. 나는 진보와 초탈과의 조화, 이 거대한 세계에 대한 타당하고 정열적인 사랑과 천국에 대한 성실한 탐구와의 조화를 두고 말합니다." 이어서 "내가 우주를 사랑하는 것이 바로 그리스도께 위대한 사랑을 바치는 것이 되기를 바랍니다. 그것이 몽상이나 신에 대한 모독이 되겠습니까? 신과의 합일 및 세계와의 합일이 이루어지지 않고는 세계를 통해 신과 합일할 수는 없지 않습니까?"

떼이야르의 개인적 신앙의 독창성은 흔히 상반되는 것으로 알려진 두 부문의 생활 영역에 그 근거를 두는 데 있다. 그는 성직자요 과학자라는 이중적 임무를 지니고 있으므로, 그리스도교 신앙과 현대 문명을 종합할 수 있는 특수 위치에 서 있었다. 즉 하나님에 대한 사랑과 현세에 대한 사랑/ 그리스도에 대한 신앙과 인간에 대한 신앙/ 종교와 과학/ 그리스도교적 초탈과 현세에의 몰두/ 하나님의 나라와 인간의 업적을 종합하려는 노력이 그의 일생 임무였다. 그는 철두철미하게 인간적이 되지 않고서는 온전한 그리스도인이 될 수 없다고 생각했다. 그는 "하나님의 나라와 세상의 지배"라는 논문에서 종교와 현세적 진보를 피라미드 꼭대기와 밑바닥으로 비유하였다.

1. 떼이야르의 그리스도교의 위기 진단

교회는 상반되는 두 신비주의로 분열되어 있다. 그 결과 인간의 활동력이 여지없이 약화하고 있다. 가) 우리는 현세를 경멸하고 무시해야 할 것인가? 나) 그렇지 않으면 현세를 정복하고 완성해야 할 것인가? "서양의 신비 사상은 우주의 어떤 궁극적 통일을 지향하는 건설과 정복의 신비주의다."

사람들은 그리스도교를 배척하는 이유에 대해 이렇게 말하고 있다. "진리를 따르지 않거나, 아량이 없거나, 충분히 사랑하지 못하거나, 아니면 그릇된 사랑을 가지기 때문이라"고 한다. 그러나 떼이야르는 교회가 직면하고 있는 위기에 대처하는 교회 자체의 공적인 반응을 이렇게 신랄하게 비판하고 있다. 실상 교권(敎勸)이 과학이나 현실적인 인간 발전이나 세계 통일에 이르기까지 관심을 기울이지는 않았다. 성직자들은 세계 발전, 인간 노력 및 과학적 탐구에 대한 신념을 조소하고 비난하였다. 교회는 초자연적 세계와 초자연적 생활에 초점을 두는 동안 "교회는 현실 세계와 접촉하지 않았다. 교회의 지도와 인위적인 의식, 틀에 박힌 신심행사 등으로 서서히 교회를 밀폐시켜 외부 세계와의 담을 쌓게 하였다. 떼이야르는 그리스도의 이상적 초탈은 흔히 현세 도피, 즉 세속사를 떠나 초자연 생활에 몰두하기를 강조하는 동양의 신비주의에서 나온 사랑이라고 해석했다.

현세의 발전을 위한 인간의 노력이 과연 무의미하다면 무엇 때문에 인간이 노력하겠는가? 그는 기독교 정신의 이원성 즉 그리스도인의 임무에 대한 교회의 가르침과 현세는 허무하다는 개념 간의 상충으로 고민하였다. 그리스도는 종교 생활에 필요한 "현세 초탈"과 인간 생활에 필요불가결한 "세속"에 대한 관심을 어떻게 조화시킬 것인가? 그는 교회는 가장 본성적인 활동을 포함한 모든 인간 생활이 성화될 수 있다고 가르친다. 그러면서도 교회는 내세에 비하면 현세는 매우 가치 없는 것으로 생각하도록 가르쳐 왔다. 만약 교회가 '인간적인 것'은 무엇이나 그리스도화 할 의무가 있다고 가르치는 것이 사실이라면, 현세에 대한 신앙보다 더 인간적인 것이 무엇인가? '인간적인 신앙과 희망' 없이는 종교는 냉랭하고 이질적인 것으로밖에 보이지 않는다. 그러므로 "세속신앙"과 그리스도교가 서로 의존하지 않고서는 완전한 발전을 기대할 수 없다.

2. 떼이야르의 사상 개요

그는 진화는 기존의 어떤 위격적 중심을 향하여 수렴하고 있음을 깨달았다. 따라서 우주는 어떤 구조와 방향을 가진다. 그 위격적 중심이란 그리스도이다. 진화를 "앞으로 이끌어 가는 하나님"과 진화를 위로 이끌어가는 전통적인 "강생의 신"인 그리스도는 동일한 분이시다. 이리하여 전 우주는 그리스도를 향하여 진화한다. 떼이야르는 그리스도가 인간적이고 신적인 동시에, 우주적이고 세계적인 속성을 지닌다고 믿었다. 그의 사상적 기조는 요한과 사도 바울 그리고 헬라 교부들의 신학과 맥을 같이 하며, 그들의 가르침을 기조로 하고 있다. 그리스도는 우주 진화의 정점, 곧 진화의 수렴점이다. 그러므로 천국으로 가는 가장 곧은 길은 세상을 피해 가는 길이 아니고, 더욱 훌륭하고 완전한 세계를 건설함으로써 천국에 도달할 수 있다.

초탈은 결코 현세 사물에 대한 멸시와 배척을 뜻하는 것이 아니고, 인간의 노력과 순화를 뜻한다. 자아 포기는 악을 거슬러 싸우는 최후의 형태, 즉 하나님 안에서 이루어지는 승리의 변형이다. 사랑은 이웃의 아픈 상처를 싸매주는 것만을 요구하지 않고, 더욱 훌륭한 세계 건설과 인류 복지를 위해 헌신하도록 우리를 충동시킨다.

떼이야르의 사상은 3단계로 구분된다. (1) 과학적 진화현상론 (2) 우

주의 중심인 그리스도의 신학 (3) 인간 노력의 그리스도교적 신비신학

교회 창립 이래 헬라 문화의 우주관에 따라서 사람들은 세계를 이해해 왔다. 즉 일정한 공간과 시간 안에 제 나름대로 위치한 물체들로 구성된 것이 세계였다. 그러나 19세기에 들어와서 코페르니쿠스적 전환과 동시에 우주관도 변하게 되었다. 차츰차츰 공간을 무한한 것으로, 시간을 유기적인 지속으로 이해하게 되었고, 우주의 모든 구성 요소는 서로 의존하고, 이에 따라 각 구성 요소는 유기적인 전체와의 관련하에서만 이해될 수 있다고 생각되었다. 그래서 우주가 진화한다는 동적인 우주관이 탄생했다. 제2차 바티칸 공의회의 말을 빌리자면, "실재에 대하여 정적인 개념을 가졌던 인류는 이제 동적이고 진화적인 개념을 가지게 되었다. 그동안 정적인 우주관에 입각한 교회의 가르침은 상당한 변화를 겪어야 하는데, 그것을 교회는 위협으로 느껴왔다".

1) 떼이야르의 과학적 진화론에 대한 이해

그는 진화의 여부를 문제로 삼지 않는다. 그는 오직 "진화의 방향은 어디로 향하는가?" 진화는 미래에도 계속될 것인가? 진화는 확산하는가? 수렴하는가를 논란의 문제로 삼았다. 진화에는 방향이 있다는 것이 떼이랴르의 과학적 진화론의 기초다. 떼이야르는 복잡화 의식에 대해서 굉장한 관심을 가졌다. 우리 주위의 물체는 크고 작은 것만 있는 것이 아니고, 단순한 것도 있고, 복잡성을 지닌 것도 있다. 사물의 복잡성이란 구성 요소의 다양성을 말하는 것이 아니고, 그것들이 유기적으로 조밀성을 지니는 유기 조직의 다양성을 의미한다. 실험을 통해 알려진 바에 의하면, 생명과 의식은 최고도의 유기화와 최고도의 배열 및

응축을 향해 뻗어나가는 물질의 특성이라고 한다. 매우 높은 복잡성에서 나타나는 현상이 생명이고, 극단의 복잡성 차원에서 나타나는 결과가 의식이다. 생명은 물질이 고도로 유기화(복잡화)한 결과다. 의식은 계속 증대함에 따라 그 정도가 차차 높아지고, 마침내 반성의 임계점을 거쳐 인간의 지성이 된다. 복잡성의 증대를 측정하는 척도가 있다면, 그것은 두뇌화이다. 복잡성의 추측은 포유류를 거치고, 포유류 중에서도 영장류를, 또 영장류 중에서도 유인원을 거친다. 즉 복잡화 의식의 진로는 두뇌화의 진화적 진전을 따라 마지막으로 유인원을 통과한다. 두뇌화의 진전을 따라가는 복잡화는 마침내 "반성 의식"을 낳게 한다.

반성 의식이란 인간은 인식할 뿐 아니라, 자기가 인식한다는 것을 인식한다. 이것은 단순한 의식이 아니라 반성 의식 즉 "이중 의식"이라 한다. 진화론적 측면에서 볼 때 인간의 출현은 다른 동물학적 과에 속하는 다른 동물들과 다소간 유사성이 있겠지만, 또 하나의 새로운 생명 발생을 의미한다.

반성 의식 즉 무엇을 인식할 뿐만 아니라, 인식 행위 그 자체를 인식하는 인식 주체 능력의 발전으로 인하여 나타나는 결과는 어마어마하다. 자기자신을 인식할 수 있는 존재, 즉 자기가 반성의 대상이 될 수 있는 존재는 개별화된 자기 집중적인 인격이 된다. 이러한 존재는 추상적 사고, 예술, 발명, 예견 및 정서 등 내적 생명이 전반적인 새 세계를 자체 안에 받아들인다. 이러한 특성 때문에 인간은 전체성을 지닌 일종의 새 생명이다. 진화의 축은 하나의 결정적 향방을 가지고, 이 향방은 언제나 가일층의 복잡화와 더 큰 의식을 지향한다. 이 진화의 방향이 인간 안에서는 정신적이고, 인격적인 것을 지향한다. 사실 인간은 진화의 화살촉에 해당한다. 더욱이 인간은 "정신의 광채와 의식을 향하여 줄기차게 전진하는" 전체적 과정을 탐구하고 이해하는 유일한 존재다.

떼이야르가 정신의 우위성을 가정할 때, 진화는 결국 지상에서 최고의 정신적 존재인 인간을 향하여 진행되고 있음을 은연중에 전제하고 있다고 비난을 하기도 하지만, 떼이야르는 진화가 인간을 향하여 진행된다는 전제가 함축적이나마 그의 사상체계의 밑바탕이 되는 것이 사실이다. 이러한 사상이 제기하는 문제는 그가 세운 "가정이 과학적으로 증명될 수 있는가"에 있지 않고, "우주는 그러한 가정하에서 더욱 잘 이해될 수 있는가"에 있다. 여타의 생물의 종은 장구한 기간을 통해 또 다른 여러 종으로 갈라져 새로운 종을 만들려 한다. 그러나 인간의 경우에는 새로운 종이 나오지 않는다. 인류는 분기하는 대신에 자체 안에서 응집된다. 인류는 나누어지려는 경향보다 가일층 결합하고 상호 침투하려는 경향을 가지고 있다. 그런 복잡화 과정을 통해서 의식의 증대가 일어나면서 특수한 세계관과 인생관(철학적 윤리적 미학적 종교적 관점)으로서 물질적 활동과 사회의 발전에 의미와 방향을 제시하고 동기를 유발하여 자극제 구실을 한다.

인간은 전반성적(사고 이전의) 생물의 종들과는 달라, 여러 종으로 나누어지지는 않는다. 그와는 반대로 인류는 자체 안에서 응축되어 점차 결합력을 가지는 하나의 종이 된다. 이렇게 점차적인 복잡화의 증대에 따라 의식의 증대, 즉 문화와 지식이 성장하고 세계관을 발전시켰다. 19세기 말경에 이 팽창기는 끝나고 지구 표면은 인류로 충만하였고, 이에 따라 사회화의 압축기가 시작되었다고 한다. 이를테면 점차적인 정부의 중앙집권화, 여러 방면의 공동체 및 초공동체의 형성 등에서 인간의 집단화 과정을 볼 수 있다. 이 집단화 과정은 인간이 급속도로 사회화하고 있음을 뜻한다. 이것은 신속한 복잡성의 증대와 이에 상응하는 집단의식의 증대를 의미한다.

개인과 사회에 대한 떼이야르의 진화이론에 의하면 세계는 전체주의로 발전할 것인가라는 의문이 제기된다. 사회화의 세력으로써 나치즘, 파시즘 및 공산주의 같은 운동이 바로 그러한 것들이다. 그러나 그것은 응축된 사회화의 문제라기보다는, 오히려 이렇게 된 잘못이 어디로부터 비롯되었는지를 살펴보아야 한다. 떼이야르는 여전히 우주는 복잡화 의식의 축을 따라 더욱 복잡한 배열과 이에 상응하는 더 높은 의식의 상태를 향해 진화한다. 인간의 사회화는 이 진화의 일부분이다. 따라서 사회화의 정도가 높아지고, 복잡성이 증대할수록 인류의 의식도 전반적으로 상승하리라는 기대를 해야 한다. 단지 진화론에서의 사회화는 전제주의적 집단화를 의미하지 않는다. 참다운 사회 즉 결합은 결코 "결속된 구성 요소들을 혼동시키거나 억압하여 개성을 잃게 하지 않는다. 오히려 하나로 통합되는 가운데서 구성 요소들을 초특수화한다".

인간의 목표와 최고도의 창의력은 인간의 개체성에서 찾을 것이 아니라, 인간의 인격 안에서 찾아야 한다. 인격의 참된 결합은 각 개체를 개성화한다. 역설적이지만, 인간은 자아를 타인 안에서 발견하고, 이에 따라 인격의 결합은 통합된 인격들을 특수화, 개성화하고 발전시킨다. 떼이야르는 인간이 상호 결합함으로써 오히려 더욱 많은 자유를 누린다고 주장한다. 인간 사회가 조직화할수록 전문화도 증대된다. 이런 예를 들 수 있다. 친밀한 우정에서나 결혼에서는 인격과 인격이 최고도로 결합하여 인격체로서의 더 큰 발전을 가져온다. 실제로 참다운 결합은 각 개체를 혼동하지 않고 특수화한다. 인간이 인격체가 됨은 반성 의식을 가지기 때문이다. 인간은 자기 자신이 인식 주체임을 알고 있다. 그러므로 인간은 반성 의식의 힘으로 공동의식을 가지는 집단을 이루고, 개체는 주로 의식하는 존재, 즉 하나의 인격체로서 특수성을 나타낸다.

그러므로 개성화와 사회화는 상호보완적인 개념이다.

떼이야르의 진화현상론을 정리해 보면 이렇다. 첫째, 물질계에서 가장 중요한 현상은 생명이다. 둘째, 생물계에서 가장 중요한 현상은 인간이다. 셋째, 인간계에서 가장 중요한 현상은 인류의 집단화, 전체화 및 사회화이다.

2) 떼이야르의 종교에 대한 사상

이러한 진화는 수렴의 성격을 띠고 있다. 진화가 영원히 지속되는 것은 아니다. 떼이야르는 인류가 합일하고 개성화하는 미래의 초점을 '오메가점'(omega point)라고 한다. 오메가점은 자존적인 현실적 존재(인간과는 별개의 존재)라는 가설을 세운다. 오메가점은 애매하게도 진화 과정의 일부분이라 할지라도, 진화의 자연적 산물이라기보다는 오히려 진화 작용을 초월하는 존재로 알려져 있다. 오메가가 진화에 의존하기보다는 진화가 오메가에 의존한다. 자율적, 현존적, 불가역적 및 초월적 오메가를 논해야 할 근거는 "생명이 의미가 있는 것이라면, 오메가는 존재해야 한다"는 생각이다. 그는 진화는 불가역전적이라고 주장한다. 진화는 절멸(絶滅)을 면할 수 있다는 보증이 없이는 도저히 계속될 수 없다. 불가역성을 긍정하며, 초월적인 통일의 중심인 오메가 점의 존재도 긍정한다. 이 지점에서 떼이야르는 "역사 안에 자신을 계시하는 하나님"에 관한 전반적인 문제를 다루게 된다. 떼이야르는 오메가점이 진화를 초월하는 한, 그것이 바로 하나님이라고 주장한다. 오메가는 단순히 미래의 수렴적이 아니라 현존하는 하나님이시다. 여기서 진화의 개념이 달라진다. 이제는 초월적 하나님이 우주를 끌고 가기 때문에 우주가 진화한다는 사실이다.

여기서 떼이야르는 종교의 의미에 대해 언급한다. 종교의 진리는 인간에게 얼마만큼의 의미 있는 세계관을 제공하는가? 또 얼마만큼 인간을 충동하여 의미 있는 활동을 하게 하는가에 그 의미가 있다. 현대인이 종교의 진리를 판가름하는 기준이 이것이다. 그 종교로 인해서 우주가 얼마만큼이나 세계적인 의미를 지닐 수 있는지와 최대의 일관성과 인간의 활동 욕구에 최대의 관심을 두게 하는가로 가늠한다. 이러한 기준에 가장 적합한 종교를 그리스도교라 한다. 인간의 노력을 촉진하여 진화 작용에 적극적으로 참여하는 종교이기 때문이다. 그리스도교는 인간 진화의 중심적인 문이고, 또 우주적 수렴의 정신적 초월적 극과 밀접한 관계가 있다. 현대인은 현세를 뜻있게, 또 인간의 활동을 값있게 해주는 그 무엇을 찾고 있다. 앞으로 인류가 원하고 받아들일 종교는 오직 "세계 진보"를 고무하고, 이것에 의미를 주는 종교뿐이다.

(1) 우주의 중심인 역사적 그리스도

우주(또 우주 안의 만물)가 그리스도를 향해 진화하고 수렴하는 것은 창조주 하나님이 베푸는 무상의 은혜이다. 하나님의 이 무상의 은혜로 현존하는 세계가 그리스도께로 집중된다는 사실은 조금도 과소평가 될 수 없다. 떼이야르는 "그리스도의 물리적인 우주 통치권"에 대한 근거로 요한과 특히 바울의 증언으로부터 그리스도가 바로 오메가라는 주장을 펼친다. 즉 "만물은 그분 안에 존속하도다"(골 1:17)라는 말씀과 "여러분도 그분 안에서 충만하게 되었습니다"(골 2:10; 엡 4:9)의 말씀이다. 이 두 말씀은 "그리스도만이 전부이며 모든 이 안에서 계십니다"(골 3:11)라는 말씀으로 줄일 수 있다. 그래서 역사적 예수(복음서의 그리스도)는 위격적이고 물리적인 우주의 중심이며, 진화하는 우

주의 수렴점이다. `

오메가인 그리스도는 하나님만이 아니라 인간이기도 하고, 세계를 초월할 뿐 아니라 세계의 일부이기도 하다. 그리스도는 강생하여 세계에 들어왔고, 세상사를 친히 경험함으로써 세상을 짊어지고 세상과 융합하셨다. 우주는 진화 도중, 즉 생성 도중에 있다. 다시 말해서 발생에 있다. "그리스도는 우주의 전 실재를 몸에 두르고 있다. 동시에 우주도 그리스도의 온전함과 불멸성을 남김없이 받아 빛나고 있다. 그리고 하나님에 대한 신앙과 세계에 대한 신앙을 하나로 종합하는 원리는 그리스도-오메가가 바로 세계(그리스도로 인하여 의미와 일관성을 가지는 세계)의 중심과 초점이라는 사실에서 찾게 된다."

(2) 창조와 인간의 활동과의 상관관계

참된 신앙생활을 갈망하는 사람들은 현세에 대한 초탈(신자 생활에서 필요불가결한 것임)과 세속사에 대한 관심(인간의 삶을 촉진하는 데 필요불가결한 것임)을 조화하고자 할 것이다. 물론 말할 것도 없이 건강한 교회는 이러한 방식의 진리를 추구하도록 한다. "교회의 일반적인 감화와 예배 예식은 언제나 각자의 처지에 합당한 부분, 즉 자연 진리의 탐구나 인간 활동의 증진을 고귀하게 하고 성화하는 데 그 목적이 있었다."

떼이야르의 관심도 하나님과 십자가를 믿는 사람이 어떻게 세속사의 가치를 철저히 믿을 수 있는가에 있었다. 신자는 가장 기독교적인 것을 모조리 받아들이기 위해 줄곧 하나님을 향해 나가는 사람으로서, 자신의 인간적 의무를 가장 충실하게 전심전력으로 또 자유롭게 수행할 수 있는가에 관심을 가진다. 인간은 단지 존재할 뿐만 아니라 활동한다. 그래서 그리스도인들은 두 방향에서 끌어당길 힘(하나님 신앙과 세속적 신앙)에 영향을 받고 있다. 떼이야르는 이 문제를 신학적으로 어떻게 해결하는가가 그의 중요한 관심사였다. 이런 문제를 해결하는 데 중심되는 사상이 이러하였다. 첫째, 그리스도에게 우주의 지배권과 장대함이 있으며, 둘째, 인간은 전 우주와 더불어 활동한다고 의식할 때 비로소 가치 있는 행위를 할 수 있다.

떼이야르는 하나님을 위해 사는 생활과 현세를 위해 사는 생활이라는 두 길을 어떻게 조화시키는가? 또 그리스도를 믿는 신자와 세속이라는 서로 다른 두 방향을 어떻게 하나로 통일하는가에 있었다. 두 가지 방법으로 해결하고 있다. 첫째, 그는 인간의 활동이 하나님의 창조 활동(그리스도 안에서 만물의 존속과 완성을 목표로 삼는 활동)에 참여하는 것이라고 본다. 둘째, 떼이야르는 인간의 활동은 그리스도의 구속 활동에 참여함이라고 보고 있다.

(3) 창조적 합일

떼이야르는 1948년 "나는 어떻게 생각하는가?"라는 논문에서 경험적이고 실용적인 창조가설을 제시하는데 그것을 창조적 합일이라고 말한다. 그는 과학적 신화 현상론과 그리스도교의 계시에서 나온 원리들을 대립적으로 두지 않고 서로 만나게 한다. 떼이야르는 창조를 어떤 순간적 행위로 보지 않고, 진행 과정 또는 통합 작용으로 보고 있다. 떼이야르는 창조론을 네 단계로 말하고 있다. 제1단계는 신적이고 자기충족적인 제1원인의 존재를 기정사실로 가정한다. 이미 서술한 위격적인 (그리스도의) 오메가와 동일하다. 제2 단계로 제1 원인은 스스로 대립하고, 또 통일적인 행위를 한다. 제3, 제4단계는 비로소 "창조적 합일"

을 서술한다.

떼이야르는 하나님과의 상관되는 존재는 공허라고 말한다. 이 공허야말로 통일될 가능성을 지닌 존재의 무한 다양성이라 서술한다. 무한 다양성이란 현실에 실제로 존재하는 것들을 말하지 않는다. 이것은 창조가 "무로부터 창조"를 긍정하면서 동시에 무를 무한 다수로 묘사한다. 그는 제4 단계에서 창조는 곧 통일이라고 한다. 그리고 창조는 공허(무한 다수)를 충만하게 한다. 그러므로 인간의 경험에 의하면 진화는 시간 및 공간 안에서 진행되고 있는 창조의 모습이다. 이렇게 고찰할 때 진화는 신의 계속된 창조행위(세계는 하나님의 창조행위를 통하여 점차 통일된다)의 표현이라 할 수 있다. 창조는 통일을 이룸으로써 창조한다. 우주는 끊임없이 눈에 뜨이지 않게 무에서 차츰차츰 형성되고 있다.

(4) 우주적 그리스도

창조 과정은 우주 진화의 모습이고, 통일에 의해 진행되는 창조 과정은 그리스도-오메가를 지향한다. 전 창조 신학은 그리스도가 창조의 머리라는 관점에서 전개되고 있다. "그리스도의 강생은 우주의 모든 물리력과 정신력의 갱신이요 복구다. 그리스도는 모든 창조의 도구요 중심이며 종국이다. 그는 만물을 창조하고 성화하며 활기 있게 한다. 만물은 그리스도 안에서 통일된다. 그리스도는 만물의 으뜸이요 머리다. 만물은 그분 안에서 시작되고, 통일되고 마침내 완성된다. 현실계에는 단 하나의 역동이 있다. 그것은 만물을 그리스도께로 이끌어가는 힘이다. 그리스도 안에서 충만이란 그리스도 안에서 만물이 참됨은 그 안에서 만물이 통일되는 것을 의미한다. 그러므로 우주는 그리스도 안에서 계속되는 창조 활동이다. 그러한 하나님의 창조 행위의 목적은 절대자 자신을 위한 우주의 신비적 완성과 성취라고 할 수 있다. 성경에서 보여주고 있는 창조 행위는 출발이면서 오늘도 완성을 향해서 전진해 가는 과정적 행위를 말한다. 그러니 성경의 사건은 오늘 우리의 현실 속에서 반복되고 있으며, 그 유형은 보다 진보된 행위로 나타나게 된다.

하나님은 영원 전부터 강생을 통하여 세계에 들어오려 하셨고, 또 영원 전부터 그리스도 안에서 우주를 창조하였다. 그러므로 이 창조를 인간의 측면에서 보면, 자연계의 창조는 무한적인 은혜의 사건일 뿐만 아니라, 강생을 포함한 초자연 질서 역시 무한의 은혜라 단언한다. 하나님의 계속된 창조는 만물의 양적 충만과 질적 완성을 지향하나. 그리스도가 바로 그러한 방향성을 보여주고 있다. 떼이야르의 창조신학은 어떤 원인에 의해서 밀려오는 것이 아니라, 만물을 통일하시는 그리스도가 앞에서 당기는 힘으로 이루어진다고 생각한다. "모든 에너지는 결합하여 하나의 통일체가 된다. 모든 에너지를 모아 초월적이고 위격적인 통일체로 만드는 것은 그리스도의 인간성이다". "그리스도의 우주적 힘이 만물에 미치고, 그것을 통하여 자신을 인간에게 부여하신다. "강생된 말씀은 마치 우주의 구성 요소처럼 만물 안에 깊숙이 현존하고 있다. 그것은 만물을 속속들이 비추고 있다. 그리스도와 진화의 오메가가 동일하다면 모든 진화, 즉 생성(발생)이 그리스도의 충만을 지향하고, 따라서 그리스도의 힘을 받아 활기를 띠게 된다. 따라서 창조의 통일과 점차적인 충만함을 형성해 가는 것을 그리스도의 발생(형성)이라 할 수 있다.

(5) 인간의 사명

우주 안에서 독특한 지위를 점하고 있는 인간은 하나님 안에서 하나님을 위하여 위대한 창조 사업과 성화 사업을 수행하기 위해서 이기적 욕망을 버리고 하나님의 창조 행위에 동참하는 헌신을 요구받고 있다. 하나님의 창조 의지에 능동적으로 순응하는 그리스도인이 창조 행위에 깊이 관여할수록, 또 자신의 자유를 하나님의 창조 행위 및 통일 활동에 결합하면 할수록 더욱 완전한 하나님의 도구가 된다. 지금도 지성계에서 거창하게 창조 활동이 진행되고 있다. 그리고 우리 각 사람은 미약한 활동이나마 창조의 완성에 이바지하고 있다. 인간의 활동은 아무리 미약하더라고 현실적으로 그리스도의 충만함에 기여하고 있다. 인간은 조금씩 그리스도를 완성해 가고 있다. 이런 의미에서 떼이야르는 1941년 편지에서 "나의 전 영성 생활은 나 자신을 능동적으로 하나님의 현존과 활동 속에 차츰차츰 잠기게 하는 데 있다"고 쓴 바 있다.

그리스도의 강생에 의하여 인류의 일부분만이 아니라, 우주의 일부분이 되셨다. 그리고 그 강생이 우주의 지배원리이다. 그리스도는 전우주를 채우는 "우주적 신체"를 가지고 있다. 이 우주적 그리스도는 아직 완성되지 못했다. 세계는 지금도 창조 도중에 있고, (우주적) 그리스도는 완성되어 가고 있다. 그렇게 해서 하나님의 나라가 도래하고 있다. 그리스도가 자신의 충만에 도달하기 위해서는 인간의 노력에서 나오는 결과가 필요하다. 단순히 선의와 공적을 남길 의향만으로 인간의 노력이 가치가 있는 것이 아니고, 세계의 종국점인 예수 그리스도와 결합할 때 비로소 인간의 노력이 가치가 있게 된다. 떼이야르는 만물이 그리스도의 인력에 의하여, 그리스도를 향해 수렴하고 마침내 그리스도 안에서 충만함이 이루어짐을 언급하기 위해서 "그리스도의 우주적 신체"라는 말을 사용하였다.

인간의 모든 활동은 그리스도와 관련시킬 수 있고 따라서 그리스도의 충만을 이루는 데 도움이 될 수 있다. "모든 인간 활동(아무리 물질적인 것이라도)에 미치는 놀라운 은총은 그것이 물리적 결과에 의하여 그리스도의 신체 건설에 효과적으로 협력한다". 전 우주는 그리스도의 힘으로 움직이고 진화의 방향을 따라 발전한다. 그리스도는 만물을 자기에게로 끌어당김으로써 우주의 만물은 앞을 향해 전진해 간다. 그리스도는 우주 만물을 받아들이고, 그것들을 변화시키고 신화시킨다. 그리스도가 오메가라면 만물은 그리스도의 우주적 신체 건설을 목표로 삼을 수 있다.

떼이야르는 이런 기도문을 남기고 있다. "주여! '이는 내 몸이니라'고 하셨으므로 제대상의 빵만이 아니라, 어느 정도 영성 생활 및 은총 생활을 위해 내 영혼을 길러주는 우주의 만물도 당신의 것이 되고 거룩해졌나이다. 다시 말해서 우주 만물이 신화되고 신화하며 심화할 수 있나이다". 그는 『세상에서 드리는 미사』의 마지막 부분에서 이렇게 기록하고 있다. "나의 하나님, 나의 모든 즐거움, 나의 성공, 나의 존재 이유, 나에 대한, 인생에 대한 애착은 오로지 당신과 우주가 어떻게 결합하느냐에 근본적인 관심에 있나이다 … 보잘것없는 나의 학문, 나의 수도서원, 사제직 그리고 가장 깊은 나의 인간적 신념과 더불어 나 자신을 바치나이다. 주 예수여 나는 이렇게 나와 나의 모든 소유를 바치면서 살고 또 죽으려 하나이다".

(6) 죄의 문제

악이란 물리적 악(무질서, 실패, 고통, 및 죽음)과 윤리적 악 즉 죄를 말한다. 이러한 것들이 발생하는 이유는 아직도 완전히 구성되지 못한 상태인 다양성 때문이다. 피조물이 어느 단계에 속하든 우주의 필연적인 진화적 구조 때문에 악은 다양성이 하나로 통일되는 과정에서 가차없이 생기게 마련이다. 우주에 악이 넘치는 것은 우연적 현상이 아니라 우주의 구조 자체에서 생기는 필연적 현상이다. "진화하는 우주에 수고와 죄의 고통이 있는 것은 불가피한 일이다". 악의 형태는 고통이다. 고통은 우주의 구조 자체로 보아 불가피한 현상이고, 따라서 "생성법칙"의 주요 부분이다. 떼이야르의 죄에 대한 주요 관심사는 우주 진화과정에서 나타난 통일되지 못하는 모습, 혹은 통일의 정도가 낮은 상태로 하강하는 과정에서 나타난다. 그래서 죄는 일반적으로 창조 과정에서 필연적인 부산물로 이해하고 있다. 죄는 통일을 피하려는 고의적인 의지의 운동이다. "악은 오직 하나뿐이다. 그것은 바로 분열(비통일)이다. 죄가 정신계에 미칠 그것은 윤리적 악이 된다. "악은 물질계(무생물계)에서는 물리적 부조화, 즉 분열로, 생물계에서는 재난으로, 자유의지가 작용하는 인간에게서는 죄로 나타난다.

그가 악이나 죄를 언급할 때에 자유의지가 있음과 이 자유의지의 중요성을 강조할 뿐만 아니라, 인간은 자신의 행위에 대한 책임이 있음과 그 책임의 중요성을 아울러 강조하고 있다. 인간은 스스로 진화를 의식하고 이에 따라 진화 과정은 언제나 인간 안에서 더욱 충만한 자유를 얻기 위해 진행된다. 떼이야르는 더욱 큰 통일을 향하는 인류의 진화에 따라서 반역의 유혹도 커진다고 한다. 인간은 오메가를 향하여 성실하게 전진할 것인가 그렇지 못할 것인가를 논할 때, 또 선과 악을 선택할 때 악(죄)에 더욱 마음이 끌리게 된다.

"하나님 나라, 즉 새로운 세계를 점차 형성하는 전 과정은 분리를 밑바탕으로 삼고 있는 집합이다". 최후의 선택은 반역 아니면 경배고, 반역을 택하는 자들은 모든 실제적 조직과 통일의 궁극적 중심에서 영원히 떨어져 나갈 것이다. 끝까지 그리스도-오메가와 결합하기를 거부하는 자들은 버림받아, 의식적으로 영원히 분리되고 다양의 상태에 떨어질 것이다. 그러면서 그는 지옥을 언급한다. "세계의 부정적 극"인 지옥의 존재를 깨달으면 만민을 불러 모아 자신에게 결합하려는 그리스도의 열성도 더 잘 이해할 수 있다, 그러므로 인간이 하나님 앞에 충실해지려면 자기 발전과 세계 정복을 첫째 의무로 삼아야 한다. 떼이야르는 개인 발전과 세계적 발전을 통일의 과정으로 생각하고 있다. 아무리 비천하고 보잘것없는 행위라도 그것이 통일을 지향하는 것이라면 결국 그리스도를 위한 것이다.

(7) 인간의 노력과 그리스도교의 초탈

떼이야르가 생각하는 영성 생활의 교리는 십자가의 교리다. 그는 영성 생활은 초탈과 자아 포기가 밀접한 관계가 있다. 세계에 대한 순종, 세계를 위한 봉사의 의무는 십자가를 지는 것처럼 힘들다. 그리고 각자는 십자가에 달린 그리스도 안에서 자신의 참된 모습을 찾아야 한다. 십자가란 개인적인 성공에서 오는 이기적인 만족보다는, 인생의 성공을 더욱 바라기 때문에 초탈하는 것이다. 사욕을 떠난 노력에는 애착과 초탈이 함께 어울려 있다. 자신과 세계를 하나님에게로 가까이 이끌어 가는 사람은 자신의 활동을 통해 개성화되고 그리스도에게 몰두한다. "인간은 본질적으로 그리스도교적 활동을 통해 초탈하는 동시에 그리스도와 결합한다." 세계의 진보를 참으로 갈망하는 마음(애착)은 바로 이기주의를 버리는 마음(초월)과 동일하기 때문에, 그리스도교 신자는 자신의 활동을 통하여 초탈한다.

그리고 그리스도의 충만함은 현실 세계와의 단절로써가 아니라, 현실 세계의 변형 원리에 의해서만 가능하다. "그리스도의 초자연적인 충만은 세계의 자연적 충만에 근거한다. 떼이야르는 "은총이 자연(본성)을 토대로 삼고 또 자연을 변화시킨다"라는 원리를 적용한 것뿐이다. 어쨌든 그리스도교적 자아 포기는 자연 질서를 무시하거나 현세에서 도피함이 아니라, 세계와 그리스도 신자의(그리스도 안에서의) 새로운 변형을 뜻한다. 초탈이 거부나 후퇴의 형태가 아니라, 정복의 형태로 나타난다고 떼이야르는 말한다. 초탈은 세계를 하나님에게로 인도하기 위하여 현세적 활동에 참여함으로써 현세사에 몰입하는 그리스도교 신자의 정신적 태도이다. '그리스도인들은 십자가적인 초탈로써 현세의 사물에 의지하지 않고도 현세를 사랑할 수 있고, 현세사에 관여하면서도 현세를 초월할 수 있으며 … 현세의 사물을 사랑함으로써 모든 진리와 미를 향하여 초월할 수 있다.' 그리스도교의 이상적인 완덕은 혼탁한 세계를 정화하는 데 있다기보다는 오히려 피조물을 신화하려고 노력하는 데 있다고 떼이야르는 말한다.

　　인간은 누구나 자연적인 실패, 육체적 불구, 지적 윤리적 결함, 게다가 인격 내부의 갈등과 혼란, 번민, 노령을 겪는다. 마지막으로 우리는 누구를 막론하고 "모든 감퇴의 총화요 완성인 죽음"을 기다린다. 이러한 감퇴는 결코 피할 수 없다. 그러나 "우리가 성실하게 하나님에게 의탁하기만 하면, 하나님은 본질적으로 인생의 일부를 이루고 있는 부분적인 죽음이나 최종적인 죽음을 제거하지 않고, 오히려 그것을 더 훌륭한 계획 속에 포함해 그 모습을 바꾼다 …. 하나님을 찾는 사람에게 만사가 즉시 좋은 것은 아니나 만사가 다 좋게 된다". 떼이야르의 근본 개념에 의하면 모든 결합은 자아를 벗어나 타인에게로 이전(移轉)을 뜻한다. 즉 모든 결합은 일종의 이주(사랑하는 대상 안으로 들어가 함께 머묾)이며 부분적인 죽음이다. 떼이야르는 결합은 사랑의 결합이고, 또 사랑은 상대방에게 자신을 주는 행위라고 생각한다. 즉 자아의 죽음은 하나님과 더욱 밀접하게 결합하기 위하여 자신을 벗어남, 즉 자기 이탈이다. 예수 그리스도 안에서 고난을 받으며, 극기하며 끈기있게 참는 사람은 죽음이 생명으로 인도하는 길이다.

그는 이렇게 말했다. "주여! 세계가 궁극적으로 당신과 결합할 수 있는 것은 개인의 성공뿐 아니라 인간의 진보로 보이는 모든 것이 일시적으로 와해하는 일종의 역전, 즉 이탈에 의해서입니다." 그리스도는 우주의 제한성과 감퇴를 변형시키고 또 그것을 그리스도와의 결합시켜, 그것들을 우리의 성장 과정과 통합함으로 이러한 제한성과 감퇴를 지배한다. 그리스도가 친히 십자가 위에서 죽음으로써 그리스도는 죽음 자체를 변형하였다. 이리하여 죽음은 이탈, 변형, 및 하나님과의 결합이라는 가장 중요한 궁극적인 힘을 지니게 된다. 결국 세계는 그리스도와 같이 죽음을 거쳐서 하나님과 결합하게 된다. "그리스도는 죽음을 정복하셨다. 이리하여 죽음은 변형의 존재론적 가치를 가지게 되었다. 이와 함께 세계는 그리스도와 같이 죽음을 거쳐서 하나님과 결합하게 되었다."

부록

예언서에 나타난 하나님 나라와 성령[*]

강성열 명예교수 (호남신학대학교, 다아트 아카데미 원장)

1. 머리말

우리가 흔히 말하는 '성령'(Holy Spirit)은 구약성서에서 '루아흐'라는 히브리어 낱말로 표기된다. 그러나 '루아흐'라는 낱말이 처음부터 성령, 곧 하나님의 영(또는 하나님의 신)을 가리키는 것은 아니다. 구약성서 전체에서 히브리어로 378회, 그리고 아람어로 11회(다니엘서) 사용되는 이 낱말은 본래 구약성서에서 자연과 인간 및 하나님 모두에게 똑같이 적용될 수 있는 다양한 의미들을 가지고 있다. 이 점은 우리말 개역성서가 루아흐를 자연과 인간 및 하나님과 관련하여 30여 가지의 서로 다른 낱말들로 번역하고 있다는 사실[1]을 통해서 금방 확인된다.

먼저 자연계에 적용되는 루아흐는 기상학적인 현상과 관련된 것으로서, 활성화되어 움직이는 공기, 곧 바람(wind)을 가리킨다. 바람으로서의 루아흐는 처음부터 끝까지 하나님의 피조물로, 그리고 창조주이

---

[*] 이 글은 2001년도 총회 교육부 교육 자료집에 실린 것을 조금 손질한 것이다.

[1] 개역성서의 다양한 번역 용례에 대해서는 다음을 참조: 민영진, "구약성서의 영 이해," 『성령과 영성』, 김성재 편 (천안: 한국신학연구소, 1999), 221-223.

신 하나님의 뜻대로 움직이는 것으로 이해되며, 때로는 지혜문학(특히 전도서)에서 인간 삶의 헛됨이나 허무함을 뜻하는 상징적인 낱말로 사용되기도 한다.[2] 그리고 인간에게 적용되는 루아흐는 인간의 본질을 구성하면서도 티끌이요 흙인 인간의 몸으로부터 구별되는 것으로, 인간의 몸에 생기와 에너지, 활력, 운동력 등을 불어넣어 주는 생명의 숨(breath of life)을 의미한다.[3] 아울러 인간의 루아흐는 인간의 감정이나 의지, 성품, 용기 등을 가리키기도 한다.[4] 인간의 루아흐 역시 자연계의 루아흐와 마찬가지로 인간에게서 비롯되지 않으며 인간에게 의존하지도 않는다. 도리어 그것은 하나님에게서 비롯되는 것이다: "… 하늘을 펴시며 땅의 터를 세우시며 사람 안에 루아흐를 지으신 자가 가라사대"(슥 12:1).

마지막으로 하나님께 적용되는 루아흐는 하나님의 영(spirit) 또는 야웨의 영을 가리키는 경우가 대부분이다. 그리고 하나님의 루아흐는 구약성서에서 다양한 기능들을 가지고서 나타나는 바,[5] 사람들을 황홀경(ecstasy)에 빠지게 하거나 예언을 포함한 여러 유형의 말씀과 각종 재능, 능력, 기술 등을 사람들에게 주는 것이 그에 해당한다. 구약성

---

2. 참조: Wilf Hildebrandt, *An Old Testament Theology of the Spirit of God* (Peabody: Hendrickson Publishers, 1995), 8-11.

3. R. Knierim, "The Spirituality of the Old Testament," *The Task of Old Testament Theology: Method and Cases* (Grand Rapids: Eerdmans, 1995), 272-276; 차준희, "구약의 영," 『구약성서의 신앙』 (천안: 한국신학연구소, 1997), 222-228.

4. 참조: 민영진, "구약성서의 영 이해," 227-234; 구덕관, "하나님의 영," 『구약신학』 (서울: 대한기독교서회, 1991), 70-73; W. Hildebrandt, *An Old Testament Theology of the Spirit of God*, 11-17.

5. 이에 대한 상세한 설명을 위해서는 다음을 참조: 박동현, "야훼 하나님의 영과 그의 백성," 『예언과 목회 IV』(서울: 한국장로교출판사, 1996), 18-60. 『성령과 교회』, 김지철 엮음 (서울: 장로회신학대학교출판부, 1998), 5-65; 민영진, "구약성서의 영 이해," 234-238; W. Hildebrandt, *An Old Testament Theology of the Spirit of God*, 18-27.

서의 루아흐와 관련된 이상의 세 가지 주요 유형들을 우리는 기상학적인 의미와 인간학적인 의미 및 신학적인 의미 등으로 규정할 수도 있을 것이다.[6]

이 글에서 다루려는 것은 그 셋 중에서 마지막 것, 곧 하나님의 루아흐이다. 특히 하나님의 루아흐가 예언자들의 활동과 메시지에 어떠한 영향을 주고 있으며, 그들이 선포한 하나님 나라와 어떠한 관계를 가지고 있는지를 살피는 데 이 글의 목적이 있다. 하나님의 루아흐와 예언자들의 예언 활동 및 그들이 선포한 하나님 나라 메시지 사이의 역동적인 관계를 통하여 우리는 새로운 세기를 맞은 한국의 교회와 그리스도인들에게 성령에 대한 새로운 관심을 불러일으키는 한편으로, 교회와 신앙을 새롭게 하는 중요한 전기를 마련할 수 있을 것으로 여겨진다.

2. 하나님의 루아흐와 이스라엘의 예언자들

야웨 자신의 현존을 나타내는 루아흐는 인간을 포함한 피조 세계 전반에 폭넓게 미치는 바, 그 중에서도 중요한 것이 인간에게 작용하는 경우이다. 인간에게 작용하는 하나님의 루아흐는 그 작용 범위에 따라 크게 둘로 나눌 수 있다. 그 하나는 루아흐가 하나님께서 어떤 특별한 일을 시키기 위해 특별히 선택하신 자들에게 개별적으로 작용하는 경우를 가리키고, 다른 하나는 그것이 하나님의 백성 전체에게 임하는 경우를 가리킨다. 역사적으로 본다면 이스라엘 역사의 초기에는 루아흐가

---

6. 차준희, "예언과 영: '문서 예언서'에 나타난 '예언'과 '하나님의 영'의 관계," 『한국기독교신학논총 제15집: 성령과 제3천년대를 향한 새로운 문명 창조』, 한국기독교학회 엮음 (서울: 대한기독교서회, 1998), 56 (각주 16번).

대체적으로 하나님께서 선택하신 인물들 개개인에게 작용하지만, 후기 —특히 바벨론 포로기— 에 가면서부터는 종말론적인 희망의 차원에서 이스라엘 백성 전체에게 임하는 모습을 볼 수 있다.[7]

후자의 경우에 대해서는 다음 항목에서 상세하게 살피기로 하고, 여기서는 전자의 경우만을 살피기로 한다. 하나님의 루아흐는 이스라엘역사 전체에 걸쳐서 이스라엘 민족의 주요 인물들에게 개별적으로 임하는 바, 가장 먼저 언급될 수 있는 인물이 족장 시대의 요셉이다. 요셉은 이집트에 있을 때 하나님의 루아흐에 힘입어 파라오의 꿈을 해석함으로써 종국에는 동족의 생명을 구원하는 일에 주도적인 역할을 수행한다(창 41:38). 바벨론에 포로로 잡혀가 있을 때 하나님의 루아흐에 힘입어 바벨론 왕 느부갓네살의 꿈을 해석하고(단 4:8, 9, 18) 또 벨사살왕 앞에서 왕궁 촛대 맞은편 석고 벽에 쓰인 글귀를 해석한 다니엘(단 5:11-14)도 거의 같은 역할을 수행한다.

그런가 하면 하나님의 루아흐는 출애굽의 지도자인 모세(민 11:17; 느 9:20)와 당시의 70 장로들(민 11:25) 및 가나안 정착의 지도자인 여호수아(민 27:18; 신 34:9)에게도 임하며, 성막 건축 기술자인 브사렐(과 오홀리압)에게(출 31:3; 35:31),[8] 그리고 심지어는 이스라엘을 축복하게 된 이방인 주술사 발람(민 24:2)에게까지 임한다. 또한 하나님의 루아흐는 이스라엘의 구원을 위해 선택된 옷니엘(삿 3:10), 기드온(삿 6:34), 입

---

7. 민수기 11:29에 의하면 모세는 엘닷과 메닷이 진중에서 예언하는 것을 금하도록 청하는 여호수아에게 "야웨께서 그의 루아흐를 그 모든 백성에게 주사 다 예언자 되게 하셨으면 좋겠다!"고 말한 적이 있다. 모세의 이 말은 출애굽 공동체를 통솔하기 어려운 모세의 심정을 그대로 대변한 것으로서, 어디까지나 모세의 개인적인 희망 사항일 뿐이지 예언자들에게서 발견되는 종말론적인 변화의 메시지와는 무관한 것이다. 참조: 박동현, "야훼 하나님의 영과 그의 백성," 55-56; 차준희, "예언과 영," 82.

8. 하나님의 루아흐가 다윗에게 성전의 모형을 가르쳐 주었다고 보는 역대상 28:12도 이와 같은 맥락에 속한다.

다(삿 11:29), 삼손(삿 13:25; 14:6, 19; 15:14) 등의 사사들에게 임하여, 이 방인의 침략으로 인해 고통 당하는 동족 이스라엘을 구원하게 하기도 한다. 사사 시대 이후로는 맨 처음의 두 왕인 사울(삼상 10:6, 10; 11:6) 과 다윗(삼상 16:13; 삼하 23:2; 시 51:11)에게 하나님의 루아흐가 임한다.

그러나 다윗 이후의 다른 모든 왕들에게는 하나님의 루아흐가 임했 다는 언급이 나타나지 않는다. 이것은 아마도 하나님의 루아흐가 지상 의 왕권을 대표하는 왕들로부터 하나님의 왕권을 대변하는 예언자들 에게로 옮겨갔기 때문일 것이다. 실제로 사무엘을 필두로 하여 이스라 엘의 예언자들은 한결같이 하나님의 루아흐에 힘입어 예언 활동을 한 다. 그 첫 예를 우리는 사울의 예언 행동에서 찾아볼 수 있다. 사울에게 야웨 하나님의 루아흐가 임하자, 그가 사무엘을 우두머리로 하는 예언 자 무리의 예언 행동에 감염되어 그들과 똑같이 예언했다는 기록(삼상 10:6, 10)이 그 점을 잘 보여 준다.

그런가 하면 나중에 사울이 사무엘에게 도망간 다윗을 잡기 위해 세 차례에 걸쳐서 보낸 신하들은 사무엘을 비롯한 예언자 무리의 예언하 는 것을 보는 순간, 하나님의 루아흐에 감동되어 그들과 똑같이 예언을 하게 된다(삼상 19:20-21). 뿐만 아니라 다윗을 잡으러 직접 라마로 찾 아간 사울에게도 야웨의 루아흐가 임하여 사울이 그들과 똑같이 예언 을 하는 일이 발생한다(삼상 19:23-24). 이러한 사례들은 사무엘을 비 롯한 예언자 무리가 때때로 야웨의 루아흐에게 감동되어 예언을 했음 을 간접적으로 암시하고 있다.

이것은 엘리야와 엘리사에게도 똑같이 적용된다. 비록 이들의 예언 활동을 하나님의 루아흐와 직접 관련시키는 본문이 있는 것은 아니지 만, 아합의 궁내대신 오바댜가 엘리야에게 말하면서 야웨의 신이 그를 자기가 알지 못하는 곳으로 이끌어 가면 아합이 자신을 문책할 것이라고 얘기하는 것이나(왕상 18:12), 엘리사가 엘리야에게 그의 '영감'(루아흐)의 두 몫[9]을 요구한 것이라든가(왕하 2:9), 엘리사가 엘리야의 겉옷을 가지고서 요단강 물을 쳐서 물이 갈라지게 하자, 그것을 본 예언자 수련생들이 엘리야에게 있던 루아흐가 엘리사에게 옮겨갔다고 말하는 것(왕하 2:12-15) 등은 예언자들의 예언 활동이 하나님의 루아흐에 기초하고 있는 것임을 뒷받침한다. 또한 아합 왕의 궁에서 활동하던 궁중 예언자들의 대표격인 시드기야가 당시의 참 예언자인 미가야의 뺨을 치면서, "야웨의 루아흐가 나를 떠나 어디로 말미암아 가서 네게 말씀하더냐?"(왕상 22:24)고 말하는 것도, 예언자들—특히 참 예언자들(true prophets)—의 예언 활동이 하나님의 루아흐에 기초하고 있다는 기본 인식을 밑바닥에 깔고 있다.[10]

주전 8-7세기에 활동한 예언자들의 경우에는, 그들의 활동을 하나님의 루아흐에 근거한 것으로 보는 본문이 몇 개 되지 않고, 그 대신에 그들에게 임한 야웨의 말씀이 강조되는 경향을 보이고 있기는 하나, 그

---

9. 우리말 개역성서는 이 구절을 '갑절'이라고 번역하나 더 정확하게는 '두 몫'(히브리어로 '피 슈나임')이다. 여기서 말하는 '두 몫'(double portion)은 신명기 21:17(장자가 받을 '두 몫'='피 슈나임')에 근거한 것으로, 장자(長子)가 아버지의 유업을 갑절로 받는 것을 의미한다. 그런데 많은 사람들은 엘리사의 이 요구를 잘못 이해하여, 마치 엘리사가 엘리야가 가지고 있는 것보다 두 배 더 많은 능력을 바랐던 것으로 생각한다. 그러나 엘리사는 결코 엘리야 보다 갑절이나 유명하거나 갑절이나 많은 기적을 행하기를 구한 것이 아니었다. 그가 요구한 것은 엘리야를 능가하게 해달라는 것이 아니라, 자신이 엘리야의 진정한 계승자라는 것을 입증할 수 있는 장자의 몫(예언직의 장자 상속분)을 달라는 것이었다. 그러나 엘리야에게 있던 루아흐는 사람에게 속한 것이 아니요, 사람이 마음대로 만들어낼 수 있는 것도 아니었다. 도리어 그것은 하나님께로부터 오는 것이요, 하나님께 속한 하나님의 영이었다. 따라서 그것은 엘리야가 마음대로 줄 수 있는 것이 아니었다. 그것은 엘리야의 권한밖에 있는 것이었다. 그 까닭에 자신이 하늘로 올리우는 것을 엘리사가 직접 보아야 할 것이라고 말했다(10절). 이것은 곧 하나님의 루아흐를 받아서 영적인 세계를 볼 수 있는 능력이 있어야 예언직 승계가 이루어질 것임을 암시한다: 강성열, 『구약성서와 오늘의 삶 II』(서울: 한국장로교출판사, 1999), 186-188.

10. 참조: W. Hildebrandt, *An Old Testament Theology of the Spirit of God*, 176-182.

들에게 주어진 야웨의 다양한 말씀들이 야웨의 루아흐를 매개로 하여 전달된 것이라는 기본적인 사실에는 변함이 없다. 단지 강조점이 야웨의 루아흐에서 야웨의 말씀으로 옮겨졌을 뿐이다.[11] 이를테면 예언자들을 일컬어 "신(루아흐)에 감동하는 자가 미쳤다"고 말하는 일반 대중의 비난(호 9:7)은 역설적으로 예언자들의 예언 활동이나 그가 선포하는 메시지가 하나님의 루아흐에 기초한 것이라는 지극히 평범한 사실을 기본적으로 전제하고 있다.[12]

그런가 하면 이사야는 야웨의 루아흐에 의해서 예언 메시지들이 책으로 수집되었다고 말하는 한편으로(사 34:16), 남왕국 유다가 이집트와 동맹 관계를 맺은 것이 야웨에게서 비롯된 것이 아니요, 야웨의 루아흐를 따라 한 것이 아니며, 야웨의 입에 물어보지 않은 것이라고 말함으로써(사 30:1-2), 당시의 권력층이 야웨의 루아흐에 의지하여 하나님의 말씀을 선포한 이사야-또한 야웨의 입에 해당하는-의 메시지에 귀를 기울이지 않았음을 은연중에 강조한다.[13] 미가의 다음과 같은 말도 마찬가지이다:

> 오직 나는 야웨의 루아흐로 말미암아
> 능력과 정의와 용기로 충만해져서
> 야곱의 허물과 이스라엘의 죄를 그들에게 보이리라(미 3:8).

---

11. 이러한 강조점의 이동에 대해서는 다음을 참조: 차준희, "구약의 영," 232-234.

12. 방석종, 『호세아/요엘』, 대한기독교서회 창립 100주년 기념 성서주석 26 (서울: 대한기독교서회, 1996), 234. 반면에 이와는 달리 주전 8-7세기의 문서 예언자들이 하나님의 루아흐에 의해서 영감 받은 자들이 아니라는 견해도 있다. 이에 대한 상세한 설명을 위해서는 다음을 참조: 차준희, "예언과 영," 65-74.

13. 참조: Wonsuk Ma, "The Spirit of God in Isaiah 1-39," *Asia Journal of Theology* 3, 1989, 586.

미가는 이 본문에서 자신이 헛된 평화를 외치는 거짓 예언자들과는 달리 야웨의 루아흐에 힘입어 예언직을 수행하고 있음을 강조함과 동시에, 야웨의 루아흐야말로 하나님의 뜻을 예언자들에게 전달하는 매개체라고 주장하는 것으로 보인다.[14]

하나님의 루아흐에 대한 강조는 이스라엘 역사 전체가 위기에 처하게 된 바벨론 포로기와 그 이후의 예언자들에게서 두드러지게 나타난다.[15] 그 대표적인 예언자가 포로기 전후 시기에 활동한 에스겔이다. 에스겔은 자신의 소명에 관해 말하면서 하나님의 루아흐가 자기 안으로 들어온 후로 자신이 예언자로서 하나님의 말씀을 선포하도록 부름 받았다고 말하며(겔 2:2), 자신의 몸이 하나님의 루아흐에 의해 초자연적인 이동 현상을 경험했음을 여러 차례 밝힌다(겔 3:12, 14, 24; 8:3; 11:1, 5, 24; 37:1; 43:5). 바벨론 포로기에 속한 이사야 48:16 또한 야웨께서 예언자 자신을 그의 루아흐와 함께 이스라엘 백성에게 보내셨다고 말함으로써 예언자의 예언 활동이 야웨의 루아흐와 밀접한 관계를 가지고 있음을 보여 준다.[16]

---

14. L. C. Allen, *The Books of Joel, Obadiah, Jonah and Micah* (Grand Rapids: Eerdmans, 1987), 314.

15. 비록 예언서의 범주에 들어가지는 않지만, 남왕국 유다의 아사 왕 때에 하나님의 루아흐가 오뎃의 아들 아사랴에게 임하여 아사에게 야웨 하나님을 잘 섬길 것을 예언했다고 보는 역대하 15:1과 여호사밧 왕 때에 모압 사람들과 암몬 사람들이 유다 나라를 공격했을 때 야웨의 루아흐가 레위 사람 야하시엘 위에 임하여 하나님의 구원의 말씀을 전했다고 말하는 역대하 20:14 및 남왕국 유다의 요아스 왕 때에 제사장 여호야다의 아들 스가랴가 하나님의 루아흐에 사로잡혀 유다 백성을 향하여 그들이 야웨 하나님을 버린 탓에 하나님께서도 그들을 버리셨다는 심판 메시지를 전한 것 때문에 돌에 맞아 죽었다고 보고하는 역대하 24:20-21 역시 하나님의 루아흐를 강조하는 포로기 이후의 신학적인 경향과 관련된다. 이에 대해서는 다음을 참조: 박동현, "야훼 하나님의 영과 그의 백성," 54-55; 차준희, "예언과 영," 80-81.

16. 차준희, "예언과 영," 77-79.

그리고 바벨론 포로기 이후의 스가랴와 느헤미야는 이스라엘 자손이 야웨께서 자신의 루아흐로 과거의 예언자들을 통하여 전한 말에 귀를 기울이지 않고(슥 7:12), 또 그의 루아흐를 통하여 그들에게 경계한 말씀을 듣지 않았다고 말함으로써(느 9:30), 포로기 전이나 그 이후의 예언자들이 한결같이 하나님의 루아흐에 의지하여 예언 활동을 했음을 암시하고 있다.[17]

> 그 마음을 금강석 같게 하여
> 율법과 만군의 야웨가 그의 루아흐로
> 옛 선지자들을 통하여 전한 말을 듣지 아니하므로
> 큰 진노가 만군의 야웨께로부터 나왔도다(슥 7:12).

> 그러나 주께서 그들을 여러 해 동안 참으시고
> 또 주의 선지자들을 통하여
> 주의 루아흐로 그들을 경계하시되
> 그들이 듣지 아니하므로
> 열방 사람들의 손에 넘기시고도(느 9:30).

예언자에게 있는 야웨의 루아흐와 그의 입에 있는 야웨의 말씀들을 병렬시키고 있는 포로기 이후 시기의 이사야 59:21이나, 야웨의 루아흐가 예언자에게 임함으로써 하나님께서 가난한 사람들에게 기쁜 소식을 전하게 하셨다고 보는 이사야 61:1 역시 같은 시각을 반영하고 있다:

---

17. 베드로후서 1:21의 다음 말씀은 부분적이긴 해도 이러한 시각에서 이해할 수 있을 것이다: "예언은 언제든지 사람의 뜻으로 낸 것이 아니요, 오직 성령의 감동하심을 입은 사람들이 하나님께 받아 말한 것이니라."

야웨께서 이르시되
내가 그들과 세운 나의 언약이 이러하니
곧 네 위에 있는 나의 루아흐와 네 입에 둔 나의 말이
이제부터 영원하도 네 입에서와 네 후손의 입에서와
네 후손의 후손의 입에서 떠나지 아니하리라 하시니라
야웨의 말씀이니라(사 59:21).

주 야웨의 루아흐가 내게 내리셨으니
이는 야웨께서 내게 기름을 부으사
가난한 자에게 아름다운 소식을 전하게 하려 하심이라.
나를 보내사 마음이 상한 자를 고치며
포로 된 자에게 자유를,
갇힌 자에게 놓임을 선포하며(사 61:1).

3. 예언자들이 선포한 하나님 나라

이상에서 보듯이 예언자들은 하나님의 루아흐에 감동 받아 활동한
자들이다. 그렇다면 이처럼 하나님의 루아흐에 의지하여 활동한 예언
자들은 구체적으로 어떠한 메시지를 선포했으며, 그들의 예언 활동은
무엇을 목표로 하고 있었는가? 일반적으로 예언자들은 왕정이 시작되
면서 이스라엘 역사의 무대에 등장한 자들로 이해된다. 그들은 지상의
왕권에 맞서서 하나님의 왕권을 선포하는 한편으로, 왕과 지배 계층
및 일반 백성들로 하여금 하나님 나라의 법을 지키도록 경고한 자들이
었다. 한 마디로 말해서 그들은 하나님과 이스라엘 공동체 사이의 계

약 관계[18]에서 비롯된 하나님 나라의 이상을 위해 활동한 자들이었다.

시내산 계약법에 상세하게 규정되어 있는 하나님 나라의 이상은 크게 두 가지의 것을 목표로 가지고 있었다. 그 하나는 하나님의 특별한 구원 은총에 힘입어 그의 거룩한 백성으로 세움을 입은 이스라엘로 하여금 오직 야웨 하나님만을 섬기는 예배 공동체가 되는 하는 일이요, 다른 하나는 이스라엘 안에 있는 사회적인 약자들을 적극적으로 보호함으로써 강자와 약자, 부자와 가난한 자 등이 더불어 살 수 있는 신정 공동체 내지는 평등 공동체를 만드는 일이다. 하나님의 루아흐에 사로잡힌 예언자들은 바로 이러한 목표와 이상을 위해 자신의 삶을 바친 자들이었다.

이러한 사실은 예언자들의 구체적인 활동에 의해서 확인된다. 일차적으로 예언자들은 가나안 정착 이후에 계속해서 이스라엘의 야웨 신앙을 크게 위협했던 바알 종교와 주변 나라의 무수한 이방 종교들(예로써 왕상 11:1-8; 왕하 21:4-6; 23:5-14 등)을 맹렬하게 비판함으로써, 지배 계층을 포함한 이스라엘 백성 전체가 그들을 구원하신 야웨 하나님만을 진실하게 섬기는 올바른 예배 공동체가 되기를 희망했다. 그것은 곧 하나님께서 예언자들을 통해 선포하신 하나님 나라의 이상이기도 했다. 이 때문에 예언자들은, 비록 그러한 하나님 나라의 이상이 이스라엘 백성의 비뚤어진 종교 현실에 의해 번번이 좌절되었음에도 불구하고, 초기의 엘리야(왕상 17-18장)를 비롯하여 포로기 이후의 말라기에 이르기까지 계속해서 이스라엘의 우상 숭배와 종교 혼합주의(syncretism) 및 이방 종교 풍습을 공격했던 것이다(호 1:2-9; 2:5-8; 렘

---

18. 물론 여기서 말하는 계약 관계와 그에 기초한 하나님 나라는 엄밀하게 말해서 출애굽 사건과 시내산 계약에 뿌리를 두고 있다. 이에 대한 보다 상세한 설명을 위해서는 다음을 참조; 강성열, "구약성서의 교회론," 『교회란 무엇인가?』 (서울: 한국장로교출판사, 1999), 16-19.

1:16; 2:20-28; 11:13; 겔 6:4-6; 8:3-16; 사 41:21-23; 44:12-17 등).

아울러 그들은 이스라엘 백성이 하나님을 섬길 때조차도 하나님께서 요구하시는 의로운 삶, 곧 토라-더 정확하게는 시내산 계약법-에 순종하는 삶을 무시한 채로 오로지 희생제사만 드리면 된다고 보는 식의 제사 만능주의 내지는 주술적인 제사 의식을 줄기차게 비판하였다. 이점은 특히 이스라엘 백성 전체를 대상으로 하는 비판과 고발 및 심판 선고에 치중했던 문서 예언자들의 메시지에 잘 반영되어 있다(암 5:21-24; 사 1:11-17; 미 6:6-8; 렘 6:20 등). 그들이 보기에 희생제사란 단순히 하나님께 희생제물을 드리는 행위를 의미하기보다는, 제사 드리는 자의 삶 전체를 하나님 앞에 드리는 것을 의미했다. 달리 말해서 신정 공동체의 생활 규범인 토라에 순종하는 삶이야말로 하나님께서 가장 기쁘시게 받는 제사였던 것이다(호 4:1-2; 6:6).

예언자들의 이러한 비판은 하나님 나라의 두 번째 이상인 평등 공동체의 건설과 깊은 관계를 가지고 있다. 왜냐하면 하나님의 루아흐에 사로잡혀 활동하던 예언자들은 이스라엘 공동체가 사회적인 약자들을 적극적으로 보호함으로써 공동체 구성원 모두가 하나님의 자녀로서 동등한 대우를 받게 하는, 이른바 이상적인 하나님 나라 공동체의 건설에 깊은 관심을 가지고 있었는데, 그것은 사실상 토라에 순종하는 삶을 통해서만 이루어지기 때문이다. 비록 이스라엘의 왕정 제도가 하나님 나라의 이러한 이상을 실현하는 데 많은 한계를 드러내고 있었고, 현직 왕들이나 지배 계층 및 일반 백성들 모두가 평등 공동체의 이상을 실현하는 일에 무관심하기는 했어도, 그처럼 잘못된 현실이 하나님의 루아흐에 사로잡힌 예언자들의 활동을 중단시키지는 못했다.

그들은 목숨을 내걸고서 왕을 비롯한 지배 계층이 권력을 남용하여 힘없고 약한 백성들을 괴롭히고 있는 현실을 고발하였으며, 권력층의 사치와 향락 풍조를 비난하였다. 이로써 그들은 병든 사회가 하나님의 토라에 기초한 건강한 신정 공동체로 바뀌기를 간절히 희망하였다. 그 가장 대표적인 예언자가 바로 최초의 문서 예언자인 아모스였다(암 3:7-8; 7:14-15). 그는 이스라엘 공동체가 현저한 도덕성의 위기에 직면해 있는 것을 통찰하고서, 지배층의 착취와 억압(암 2:6-8; 3:9; 5:11 등) 및 사치와 향락(암 3:15; 4:1; 5:11 등) 등을 매우 강경한 어조로 비판하였다. 아모스의 이러한 메시지는 그보다 약간 늦게 남왕국에서 활동을 시작한 이사야(사 1:21-23; 3:14-26 등)나 미가(미 2:1-2, 8-9; 3:1-9 등)의 경우에도 거의 똑같이 나타난다. 남왕국이 멸망하기 직전에 활동했던 스바냐(습 1:4-9; 3:1-7), 하박국(합 1:2-3), 예레미야(렘 5:1, 26-28; 9:3-9, 13-14 등), 에스겔(겔 7:23; 8:17; 9:9; 22:6-12, 23-31) 등의 경우도 예외가 아니었다.

4. 하나님의 루아흐를 통한 이스라엘 백성 전체의 변화

이렇듯이 예언자들은 하나님의 루아흐에 사로잡힌 채로 활동하는 자들이었으며, 예배 공동체와 평등 공동체를 이상으로 하는 하나님 나라를 선포하고 예언한 자들이었다. 그들은 한결같이 비뚤어진 현실을 비판하고 그에 대한 하나님의 심판을 선고함으로써 이상적인 하나님 나라가 이스라엘 공동체 안에 이루어지기를 간절히 소망했다. 그러나 불행하게도 이스라엘 백성이 하나님 나라의 이상을 실현하기 위해 스스로의 힘으로 자신을 변화시킨다는 것은 도무지 기대하기 어려운 일이었다. 근본적으로 새로운 무엇인가가 필요했다. 그것은 전적으로 하나님 한 분만에 의해서만 가능한 일이었다. 예언자들은 하나님 자신이 이스라엘의 근본적인 변화를 위해 일하시며, 그것이 이스라엘 공동체를 향하신 하나님의 변함없는 사랑에 기인한다는 사실을 확신하고 있었다(호 11:8; 습 3:17).

그렇다면 하나님께서 이스라엘을 위해 이루실 근본적인 변화는 구체적으로 무엇을 가리키는가? 그것은 곧 하나님께서 자신의 루아흐를 통하여 이스라엘 백성 전체를 새롭게 하시리라는 것을 의미한다. 예언자들이 선포한 희망의 미래에 의하면, 하나님은 그들에게 새로운 영과 새로운 마음을 주심으로써 그들로 하여금 스스로를 변화시킬 수 있게 할 계획을 갖고 계셨다. 예레미야(렘 31:31-34)와 에스겔(겔 36:24-31) 및 요엘(욜 2:28-32) 등이 그 점을 강조했다. 그 중에서도 특히 에스겔과 요엘은 그러한 변화가 하나님의 루아흐에 의해서 이루어질 것임을 강조한다.

먼저 에스겔을 보면, 그는 하나님께서 유다 백성과 더불어 영원한 화평의 언약을 맺으실 것이라고 말한다(34:25-30; 36:29-30; 37:26). 이 화평의 언약을 통하여 그들은 모든 다른 피조물들과 평화로운 관계를 맺게 될 것이며, 하나님께서 주신 풍요의 복을 마음껏 누리게 될 뿐만 아니라, 과거의 분열 왕국과는 달리 통일된 하나의 왕국을 이루어 다윗과도 같은 한 방백(히브리어로 '나시'; 개역은 '왕'으로 잘못 번역함; 37:25; 46:2, 4, 8, 10, 12, 16-18도 마찬가지임) 또는 다윗과도 같은 한 참된 목자의 지배를 받게 될 것이다(34:23-24; 37:22, 24-25). 통일 왕국에 관한 이러한 희망의 메시지는 에스겔 37:15-28의 막대기 환상에서 분명하게 드러난다.

그러나 화평의 언약은 통일 공동체의 회복만으로 끝나지 않는다. 하나님은 통일 왕국을 이루게 될 이스라엘 백성의 완악한 마음을 철저하게 변화시키실 것이다. 통일 왕국의 구성원들이 바른 마음을 가지고서 바르게 살지 못한다면, 통일 왕국의 회복 자체가 무의미한 일이 되고 말기 때문이다. 그 까닭에 하나님은 이스라엘 백성을 정결케 하되 그들이 행한 모든 더러운 것에서와 모든 우상 숭배에서 정결케 하실 것이며, 새 루아흐를 그들 속에 두고 새 마음을 그들에게 주되, 그들의 육체에서 굳은 마음을 제하고 부드러운 마음을 주실 것이며, 또 그의 루아흐를 그들 속에 두어 그들로 하여금 그의 율례를 좇으며 그의 규례를 지켜 행하게 함으로써, 그들을 자기 백성으로 삼고 자신은 그들의 하나님이 되고자 하실 것이다(겔 36:26-28; 참조, 11:19-20; 14:11; 37:14, 23; 39:25-29).

하나님께서 통일 공동체의 회복을 위해 이루실 이러한 변화는 에스겔이 해골 골짜기에서 본 마른 뼈의 환상에서 분명하게 드러난다(37:1-14). 이 환상에서 에스겔은 한 골짜기에 가득한 마른 뼈들을 보는 바, 그 뼈들은 하나님의 심판을 받아 가망 없이 버려져 있던 이스라엘 민족을 상징한다. 그러나 에스겔이 하나님의 말씀을 대언(代言)하여 그 뼈들에 생기(루아흐)가 들어가게 하자, 그 뼈들이 서로 연락하여 힘줄이 생기고 살이 오르며 그 위에 가죽이 덮이고 마침내는 큰 군대를 이루게 된다. 이 환상은 마른 뼈들과도 같이 소망이 없던 이스라엘이 생명을 주시는 하나님의 구원 은총에 힘입어 완전히 회복되고, 하나님께서 그들 속에 두시고(37:14) 그들 위에 쏟아 부으신(39:29) 루아흐를 통하여 새로운 생명을 얻게 될 것임을 의미한다.[19]

---

19. 이스라엘 공동체 위에 루아흐가 부어지면 피조 세계와 인간 사회 모두가 정의롭고 풍요로운 것으로 바뀔 것이라고 말하는 이사야 32:15와 하나님께서 이스라엘 자손 위에 루아흐를 부으실 것이라고 말하는 이사야 44:3; 59:21 및 예루살렘 성전을 재건하는 무리들 가운데 하나님의 루아흐가 머물러 있다고 보는 학개 2:5, 하나님이 다윗의 집과 예루살렘 거민에게 은총과 용서를 비는 루아흐를 부어주실 것이라고 말하는 스가랴 12:10 역시 같은 시각에서 이해할 수 있다. 이에 대해서는 다음을 참조: 박동현, "야훼 하나님의 영과 그의 백성," 58-59.

내가 또 내 루아흐를 너희 속에 두어 너희가 살아나게 하고
내가 또 너희를 너희 고국 땅에 두리니
나 야웨가 이 일을 말하고 이룬 줄을 너희가 알리라.
야웨의 말씀이니라(겔 37:14).

내가 다시는 내 얼굴을 그들에게 가리지 아니하리니
이는 내가 내 루아흐를 이스라엘 족속에게 쏟았음이라.
주 야웨의 말씀이니라(겔 39:29).

그런가 하면 요엘은 하나님께서 새로운 계약 공동체에게 주실 물질적인 복(2:18-27)에 더하여 영적인 복이 주어질 것임을 다음과 같이 밝힘으로써, 종말론적인 선물인 하나님의 루아흐가 마지막 때에는 소수의 사람들에 의해 독점되는 것이 아니라 그야말로 모든 인간에게 똑같이 공평하게 부어질 것임을 강조한다:

그 후에 내가 내 루아흐를 만민에게 부어 주리니,
너희 자녀들이 장래 일을 말할 것이며
너희 늙은이는 꿈을 꾸며
너희 젊은이는 이상을 볼 것이며,
그 때에 내가 또 내 루아흐를
남종과 여종에게 부어 줄 것이며 …(욜 2:28-29).

요엘의 이러한 예언은 이스라엘 역사 초기에 소수의 선택된 사람들에게만 하나님의 루아흐가 부어져서 그들이 자신에게 맡겨진 특별한 일을 완수한 것과는 달리, 하나님의 루아흐가 이제는 그러한 범위를 넘어서서 남녀노소 신분고하를 막론하고 모든 이스라엘 백성에게 부어

질 것이요, 심지어는 민족과 인종을 초월하여 세상 모든 사람들에게 부어질 것임을 뜻한다.

이것은 결국 하나님의 루아흐를 통해 인간이 만든 온갖 장벽들과 구별이 사라짐과 동시에, 성별과 나이, 사회적 계층을 초월하는 영의 공동체 내지 예언적 공동체가 생겨날 것임을 의미하기도 하는 것으로서,[20] 베드로의 설교에 의해 사도행전의 오순절 성령강림 때에 성취된 것으로 이해된다(행 2:16-21). 실제로 하나님의 루아흐, 곧 성령은 유대인을 넘어서 이방인 거주지나 다름이 없는 사마리아 지역에 임하고(행 8장), 그 후에는 이방인 고넬료의 집 식구들에게까지 임한다(행 10:44-47).

5. 하나님의 루아흐와 메시야 왕국

하나님의 루아흐에 사로잡힌 예언자들은 또한 변화될 이스라엘 공동체 내지는 하나님의 보편적인 통치에 순종할 평화의 나라가 하나님께서 특별히 선택한 이상적인 지도자, 곧 메시야의 다스림을 받을 것임을 여러 차례 강조한다. 예언자들의 메시야 개념은 본래 현직 왕들에 대한 부정적인 평가에 근거하고 있던 까닭에, 그들이 묘사하는 메시야는 다윗 왕조의 왕들처럼 자신의 왕권에 몰입하지 않고서 하나님의 왕권에 절대적으로 복종하는 자이다.[21] 이사야가 메시야를 평강의 '방백'(히브리어로 '싸르')[22]으로 칭하고 있다는 사실(사 9:6)이 그 점을

---

20. 김정우, "요엘 2:28-42 (MT 3:1-5)에 나타난 성령 강림의 약속과 그 신약적 성취," 『신학지남』 제238호 (1993년 겨울), 12.
21. 메시야 개념의 기원과 그 역사적인 발전에 대해서는 필자의 다음 글을 참조: "구약성서의 메시야 대망과 그 성취," 『신학이해』 제11집 (1993), 7-41.
22. 개역은 '싸르'(prince)라는 낱말을 '왕'으로 잘못 번역하고 있다.

뒷받침한다.

예언자들의 메시야 예언이 갖는 이러한 특징은 메시야의 통치와 그가 다스릴 하나님 나라, 곧 하나님 경외와 공의가 살아 숨쉬고 하나님의 피조 세계 전체가 평화를 누리게 될 메시야 왕국에 대해서 예언하는 이사야 11:1-9에서도 동일하게 나타난다. 특히 1절에 있는 '이새의 줄기'(the stump of Jesse)—더 정확하게는 '이새의 그루터기'(공동번역)—는 현재의 다윗 왕가가 무너질 것임을 뜻하는 것으로, 이 구절이 당대의 다윗 왕가를 준열하게 비판하고 있음을 잘 보여 준다.[23] 이사야보다 약간 늦게 활동한 미가 예언자는 이사야보다 훨씬 더 분명하게 당대의 통치 왕조와 결별하고 있다(미 5:2-6). 그가 예언하는 메시야는 다윗의 후손이면서도 예루살렘 도시 출신이 아니기 때문이다.[24] 그는 다윗의 친족이 거주하는 시골 마을 베들레헴 에브라다 지역에서 새로운 시작을 이룰 것이다. 또한 그는 '왕'이 아니라 이스라엘을 '다스릴 자'('모셸')로 임할 것이다.

이사야나 미가의 이러한 메시야 예언은 이들이 당시의 왕정에 환멸을 느끼고서 다윗 왕조가 근본적으로 새로워져야 함(다윗 왕조의 갱신)을 주장한 것에 다름 아니다.[25] 다른 한편으로 그것은 이스라엘의 구원이 야웨 하나님의 기적적인 개입에 의해서 이루어짐을 암시하기도 한다. 달리 말해서 야웨 하나님께서 전혀 뜻밖의 곳에서 그의 왕권에 전적으로 순종할 한 사람을 일으켜서 이스라엘을 새롭게 통치하실 것이라는 얘기다. 따라서 미가(미 5:2)나 이사야(사 9:6-8; 11:1-5)가 예언한 바와 같이, 하나님의 왕권에 복종할 메시야는 당연히 공평과 정의

---

23. W. H. Schmidt, 『역사로 본 구약 신앙』, 강성열 옮김 (서울: 나눔사, 1989), 300.

24. W. H. Schmidt, 『역사로 본 구약 신앙』, 302.

25. J. L. Mays, *Micah*, Old Testament Library (London: SCM Press, 1976), 115-116.

로 하나님 나라를 다스릴 자요, 모든 사람이 골고루 잘 사는 완전한 하나님의 평화를 이룰 자일 수밖에 없다.

이러한 메시야 개념은 새끼 나귀를 타고 평화의 왕으로 오는 메시야에 대해서 노래하는 스가랴의 메시지에 잘 반영되어 있는 바(슥 9:9-10), 이것은 하나님 나라를 구현하는 이스라엘 공동체가 하나님의 충성스러운 종에 의해 하나님이 원하시는 이상적인 공동체의 모습으로 변화될 것임을 약속한 것이라 할 수 있다. 그러나 이것 못지 않게 중요한 것은 하나님께서 세우실 미래의 이상적인 통치자, 곧 앞서 언급한 하나님 나라의 이상을 실현할 자인 메시야 내지는 종말의 날에 하나님께서 세우실 야웨의 종이 철저하게 하나님의 루아흐의 지배를 받는 자요, 하나님의 루아흐에 사로잡혀 활동하는 자라는 점이다.[26] 이 점은 이사야의 다음 예언에 잘 반영되어 있다:

> 그의 위에 야웨의 루아흐, 곧 지혜와 총명의 루아흐요,
>
> 모략과 재능의 루아흐요,
>
> 지식과 야웨를 경외하는 루아흐가 강림하시리니,
>
> 그가 … 그의 눈에 보이는 대로 심판하지 아니하며
>
> 그의 귀에 들리는 대로 판단하지 아니하며,
>
> 공의로 가난한 자를 심판하며
>
> 정직으로 세상의 겸손한 자를 판단할 것이며,
>
> 그의 입의 막대기로 세상을 치며
>
> 그의 입술의 기운으로 악인을 죽일 것이며,
>
> 공의로 그의 허리띠를 삼으며

---

26. 예수께서 자신을 일컬어 다음과 같은 말씀을 하신 것도 이와 같은 맥락에 속할 것이다: "하나님의 보내신 이는 하나님의 말씀을 하나니, 이는 하나님이 성령을 한량없이 주심이니라"(요 3:34). 참조: B. B. Warfield, "구약에 나타난 성령의 사역," 『구약신학 논문집 (3)』, 윤영탁 역편 (서울: 성광문화사, 1985), 125.

성실로 그의 몸의 띠를 삼으리라(사 11:2-5).

내가 붙드는 나의 종,
내 마음에 기뻐하는 자, 곧 내가 택한 사람을 보라.
내가 나의 루아흐를 그에게 주었은즉
그가 이방에 정의를 베풀리라(사 42:1).

이 두 본문에서 보듯이 메시야적인 통치자는 야웨의 루아흐로 충만할 것이요, 그 루아흐에 힘입어 하나님 나라를 공의와 정직으로 다스릴 것이라는 점에서 기존의 통치자와 구별된다.[27] 이것은 그가 일반적인 의미에서의 정치적인 메시야가 아니라 현실의 권력 구조나 권력 체제와는 다른 통치 방식을 가진 메시야임을 의미한다.[28]

6. 맺음말

이상에서 살펴본 바와 같이, 하나님의 루아흐는 인간과 자연을 포함한 모든 피조 세계에 생기와 활력을 줌으로써 만물을 새롭게 하는 일을 한다. 특히 인간의 생명력과 에너지를 활성화시키고 동력화시키는 역할을 수행한다. 그런가 하면 이스라엘 역사 전체에서 확인할 수 있듯이, 하나님의 루아흐는 어떤 특정 개인에게 임하기도 하고 하나님의 백성 전체에게 임하기도 한다. 예언자들을 불러 하나님의 말씀의 종이 되게 하거나 메시야를 세워 그에게 공의롭고 평화로운 하나님 나라를 건설하도록 하는 것이 전자에 해당하고, 이스라엘 백성 전체 및 주의 이

---

27. E. Jenni, "Jewish Messiah," The Interpreter's Dictionary of the Bible 3 (1962), 362.
28. 참조: 임태수, 『구약성서와 민중』(서울: 한국신학연구소, 1993), 97.

름을 부르는 모든 사람들에게 똑같이 루아흐를 부어주시는 일이 후자에 해당한다.

하나님께서 이처럼 예언자들이나 메시야 또는 백성 전체에게 루아흐를 부어주시는 까닭은 어디에 있는가? 그 하나는 예언자들로 하여금 하나님과의 계약 관계와 그에 기초한 하나님 나라를 선포하게 함으로써 토라에 순종하는 신정 공동체의 이상을 널리 전하게 하거나, 메시야로 하여금 루아흐에 힘입어 하나님의 정의와 평화가 살아 숨쉬는 하나님 나라를 건설하게 하려는 목적에서이다. 그리고 다른 하나는, 앞의 것보다 더 중요한 것으로서, 신앙 공동체에 속한 자들의 삶을 변화시켜 하나님 나라의 이상에 참여하게 하려는 목적에서이다. 달리 말해서 하나님은 루아흐에 사로잡힌 자들 개개인의 삶을 변화시킬 뿐만 아니라, 그들 밖의 세상까지 변화시켜 그들로 하여금 새로운 세계 창조의 주인공들이 되게 하고자 하신다는 얘기다.

이것은 결국 하나님의 루아흐가 사람들에게 새 마음을 부어줌으로써 그들의 내면 세계를 변화시키고(삼상 10:6, 9), 그들로 하여금 하나님의 은혜의 선물을 함께 누릴 수 있게 해주며, 하나님과의 교제를 체험할 수 있게 할뿐만 아니라, 궁극적으로는 세계를 하나님의 뜻에 적합한 것으로 변화시키는 것임을 의미한다. 아울러 그것은 개개인의 삶의 변화나 평화와 정의가 넘치는 하나님의 나라의 건설이 루아흐의 힘이 아니고서는 불가능한 것임을 암시한다. 신약성서의 오순절 사건에서 보듯이, 하나님의 루아흐는 사람들로 하여금 회개하고 예수의 이름으로 세례를 받고 성령을 받아 패역하고 악한 세대에서 구원을 받을 수 있게 하며, 위로부터 임하는 하나님의 초월성에 의지하여 모든 이웃과 더불어 정의롭고 평화로운 세계를 만들 수 있게 하기 때문이다.

오늘의 한국교회와 그리스도인들은 하나님의 루아흐가 갖는 이러한 기본 특징에 충실하지 않으면 안 된다. 모름지기 하나님의 자녀로서 구원받은 자라면 누구나 하나님의 루아흐에 사로잡힌 자들이 되어야 하며, 그 루아흐를 통하여 이 자신을 새롭게 하고 자신이 속한 세계를 포함한 피조 세계 전체를 새롭게 하는 일에 적극 참여하여야 한다. 그러기 위해서는 하나님의 루아흐에 적극적으로 자신을 개방하는 자세가 요구된다. 성령은 사람이 자기 마음대로 사용할 수 있는 어떤 것이 아니기 때문이다. 그것은 전적으로 하나님께 속한 것이요, 하나님께로부터 비롯되는 것이요, 하나님의 뜻에 의해서만 움직이는 것이다.

따라서 교회와 그리스도인 모두는 세계 전체를 위하여 일하시는 성령의 역사에 자신을 온전히 내맡겨야 한다. 한 마디로 말해서 성령의 이끌림을 받아야 한다는 얘기다. 그리고 궁극적으로는 성령에 의한 초자연적인 경험 내지는 신비로운 경험에 지나치게 집착하거나 그것에 예속되어서는 안 될 것이다. 도리어 성령의 외적인 활동에 의하여 드러나게 되는 개개인의 내적인 변화와 세계의 갱신 및 하나님의 계시된 말씀 등에 깊은 관심을 기울여야 할 것이다. 이와 아울러 우리는 마지막으로 다음과 같은 스가랴 4:6의 말씀을 늘 마음 속에 새겨두어야 할 것이다: "만군의 야웨께서 말씀하시되, 이는 힘으로 되지 아니하며 능으로 되지 아니하고 오직 나의 루아흐로 되느니라."

다아트 아카데미 제1기~제10기 세미나의
주제와 발표자들

2021년부터 해마다 두 차례에 걸쳐서 매달 마지막 월요일 오후 3시 반부터 7시까지(석식 포함) 아래와 같은 방식으로 세미나를 진행하고 있으며, 세미나가 끝난 후에는 발표자들의 수정된 원고와 수강생들의 수강 소감문들을 모아 책으로 출간하는 방향으로 진행하고 있습니다.

제1기: "마음에서 길을 찾다"

(2021년 1월부터 6월까지)

1월 25일: "구약성서와 함께 하는 마음 공부"
> 강성열 교수 (호남신학대학교 신학과)

2월 22일: "마음 또는 천태만상의 광활한 내면세계: 신약성서에 펼쳐진 개념의 풍경"
> 차정식 교수 (한일장신대학교 신학과)

3월 29일: "마음에 관한 철학적 통찰"
> 김종헌 목사 (로고스문화교회)

4월 26일: "심리학과 마음"
> 강영신 교수 (전남대학교 심리학과)

5월 31일: "인간 행동에 있어서 마음의 중요성"
> 노영상 교수 (호남신학대학교 전 총장, 총회 한국교회연구원장)

6월 28일: "마음과 영성 – 마음과 기도"

　　오방식 교수 (장로회신학대학교 신학과)

제2기: "몸살이 영성으로의 초대"

(2021년 8월부터 12월까지)

8월 30일: "몸 철학에서 몸 신학으로"

　　김종헌 목사 (로고스문화교회)

9월 27일: "구약성서에 나타난 몸살이 영성"

　　강성열 교수 (호남신학대학교 구약학)

10월 25일: "신약성서의 몸살이"

　　박흥룡 교수 (호남신학대학교 신약학)

11월 29일: "아가서에 나타난 에로스 사랑의 의미를 통해서 본 몸과
에로스 신학"

　　김수천 교수 (협성대학교 기독교영성학)

12월 27일: "영성과 몸"

　　최승기 교수 (호남신학대학교 영성학)

제3기: "사즉생(死卽生)의 신앙: 죽음에서 생명으로"

(2022년 2월부터 6월까지)

2월 28일: "의학자가 본 죽음과 생명"

　　장경식 교수 (조선대학교 의과대학)

3월 28일: "죽음과 생명의 철학적 신학"

　　김종헌 목사 (광주 국제영어마을 대표)

4월 25일: "구약성서로 보는 사즉생(死卽生)의 신앙"

　　강성열 교수 (호남신학대학교 구약학)

5월 30일: "신약성경에 나타난 생즉사와 사즉생"

　　조택현 목사 (광주 서남교회)

6월 27일: "개인의 구원과 중간상태, 그리고 부활에 대한 성경적, 신학적 이해"

　　김도훈 교수 (장로회신학대학교 조직신학)

제4기: "함께 배우는 하나님의 나라"

　　(2022년 8월부터 12월까지)

8월 29일: "하나님의 나라에 관한 서론적 접근"

　　김형곤 목사 (광주 북문교회)

9월 26일: "구약성서로 보는 하나님의 나라"

　　강성열 교수 (호남신학대학교 구약학)

10월 31일: "신약성서에 나타난 하나님의 나라"

　　조택현 목사 (광주 서남교회)

11월 28일: "교회사에 나타난 하나님의 나라"

　　박경수 교수 (장로회신학대학교 교회사)

12월 26일: "조직신학적 관점에서 본 하나님의 나라"

　　김만준 목사 (서울 덕수교회)

제5기: "당신은 누구십니까?: 하나님 바로 알기"

　　(2023년 2월부터 6월까지)

2월 27일: "아랍인의 알라와 하나님"

　　공일주 선교사 (중동아프리카 연구소 소장)

3월 27일: "고대 근동의 배경에서 보는 야웨 신앙"

　　　강성열 교수 (호남신학대학교 구약학)

4월 24일: "신약시대 이스라엘 4대 종파가 바라본 하나님"

　　　조택현 목사 (광주 서남교회)

5월 29일: "창조세계와 문명의 위기를 구원하신 하나님은 어떤 분인가?"

　　　박용범 교수 (호남신학대학교 기독교윤리학)

6월 26일: "보수의 하나님, 진보의 하나님: 계급과 이념에 따른 하나님 이해

　　　의 차이"

　　　노치준 목사 (광주 새길교회)

제6기: "나는 누구인가?: 올바른 인간 이해"

　　　(2023년 8월부터 12월까지)

8월 28일: "인간 존재의 철학적 신학적 이해"

　　　김종헌 목사 (로고스문화교회)

9월 25일: "제4세대의 인권론: 인권을 넘어서 동물권으로"

　　　김형민 교수 (호남신학대학교 명예교수)

10월 30일: "동성애와 차별금지법"

　　　조영길 변호사 (서울)

11월 28일: "죽음 앞에 선 인간"

　　　조성돈 교수 (실천신학대학원 목회사회학)

12월 26일: "첨단기술시대의 기독교 인간 이해"

　　　김은혜 교수 (장로회신학대학교 기독교와 문화)

제7기: "그래도 교회가 희망이다"
(2024년 2월부터 6월까지)

2월 26일: "목사가 살면 교회가 산다"

장경덕 목사 (분당 가나안교회, 예장 통합)

3월 25일: "마을과 꿈을 나누다"

김영진 목사 (충남 보령 시온교회, 예장 통합)

4월 15일: "큰교회 작은교회 함께 하기"

주승중 목사 (인천 주안장로교회, 예장 통합)

5월 27일: "사랑으로 남아 있는 사람들"

안 석 목사(광주 숨쉼교회, 감리교)

6월 24일: "한국교회: 현실과 희망"

김도훈 교수 (장로회신학대학교, 조직신학)

제8기: "하나님의 마음을 담다: 마음 치유의 길"
(2024년 8월부터 12월까지)

8월 26일: "복음과 마음 치유"

김종헌 목사 (로고스문화교회)

9월 23일: "로고 테라피와 마음 치유"

김미라 박사 (한국로고테라피연구소장)

10월 28일: "성찰과 마음 치유"

이재호 교수 (호남신학대학교)

11월 25일: "성경의 인물들과 함께 떠나는 치유 여정"

김영선 루시아 수녀

12월 30일: "기도와 마음 치유"

이강학 교수 (햇불트리니티대학교)

제9기: "그리스도교의 영성은 무엇인가?"
(2025년 3월부터 6월까지)

3월 10일: "일상으로서의 영성"/ 기조 강연
　　　　남택률 목사 (유일교회, 다아트 아카데미 이사장)

3월 10일: "영성의 철학적 신학적 의미"
　　　　김종헌 목사 (로고스문화교회)

3월 31일: "마이스터 에크하르트(Meister Eckhart)의 신비적 영성"
　　　　이준섭 교수 (호남신학대학교)

4월 28일: "로욜라 이냐시오의 영성"
　　　　전준범 목사 (한일장신대학교)

5월 26일: "조나단 에드워즈의 종교적 감성과 영성"
　　　　조한상 교수 (호남신학대학교)

6월 30일: "떼이야르(Pierre Teihard de Chardin)의 성육신적 신비주의"
　　　　유해룡 명예교수 (장로회신학대학교)

제10기: "하나님의 성품을 알고 닮아가기"
(2025년 9월부터 2026년 1월까지)

9월 29일: "하나님의 사랑, 그리고 '헤세드'"
　　　　강성열 명예교수 (호남신학대학교, 다아트 아카데미 원장)

10월 27일: "하나님의 모성과 긍휼"
　　　　김종헌 목사 (로고스문화교회)

11월 24일: "하나님의 정의와 사랑"
　　　　김길 목사 (명신교회)

12월 29일: "하나님의 신실과 온유"
　　　　김의신 목사 (다일교회)

1월 26일: "하나님의 신성과 인격성"

황민효 총장 (호남신학대학교)

다아트 총서 9

그리스도교의 영성이란 무엇인가

　- 남택률 목사 정년 은퇴를 기념하며

지은이　　남택률 김종헌 이준섭 전준범 조한상 유해룡 강성열
엮은이　　강성열
펴낸이　　정덕주
발행일　　2025. 10. 20
펴낸곳　　한들출판사
　　　　　서울시 동대문구 한천로 58길 139
　　　　　등록 제2-1470호. 1992년
홈페이지　www.handl.co.kr
전자우편　handl2006@hanmail.net
전화　　　편집부 02-741-4069
　　　　　영업부 02-741-4070
ISBN　　 89-8349-867-0　93230